SÃO MARTINHO
DE LIMA

Luz do mundo

- *Antônio: palavras de fogo, vida de luz* – Madeline Pecora Nugent
- *Camilo de Lellis: "Mais coração nas mãos!"* – Mario Spinelli
- *Charles de Foucauld: o irmãozinho de Jesus* – Jean-François Six
- *Francisco de Paula Victor: apóstolo da caridade* – Gaetano Passarelli
- *Irmã Dulce: o anjo bom da Bahia* – Gaetano Passarelli
- *Irmão Roger de Taizé: uma esperança viva* – Christian Feldmann
- *João Leão Dehon: o profeta do verbo ir* – Pe. Zezinho, scj
- *João Paulo II: um Papa que não morre* – Gian Franco Svidercoschi
- *Lindalva Justo de Oliveira: a bem-aventurada Filha da Caridade* – Gaetano Passarelli
- *Nhá Chica, perfume de rosa: vida de Francisca de Paula de Jesus* – Gaetano Passarelli
- *Paulo: apóstolo dos gentios* – Rinaldo Fabris
- *Rita de Cássia: a santa dos casos impossíveis* – Franco Cuomo
- *Santa Mônica: modelo de vida familiar* – Giovanni Falbo
- *Santo Agostinho: a aventura da graça e da caridade* – Giuliano Vigini
- *São Martinho de Lima* – Giuliana Cavallini
- *Teresa de Ávila: mística e andarilha de Deus* – Bernard Sesé
- *Teresa de Calcutá: uma mística entre o Oriente e o Ocidente* – Gloria Germani

Giuliana Cavallini

SÃO MARTINHO DE LIMA

Dados Internacionais de Catalogação na Publicação (CIP)
(Câmara Brasileira do Livro, SP, Brasil)

Cavallini, Giuliana
  São Martinho de Lima / Giuliana Cavallini ; [tradução Antonio Efro Feltrin]. – São Paulo : Paulinas, 2013. – (Coleção luz do mundo)

  Título original: Martino de Porres i fioretti.
  Bibliografia
  ISBN 978-85-356-3626-0

  1. Martinho de Lima, Santo   I. Título.   II. Série.

13-09143   CDD-282.092

Índice para catálogo sistemático:

1. Santos : Igreja Católica : Biografia   282.092

Título original da obra: *Martino de Porres: i fioretti.*
© Citta Nuova Editrice, Roma, 2007.

1ª edição – 2013

Direção-geral: *Bernadete Boff*
Editora responsável: *Maria Goretti de Oliveira*
Tradução: *Antonio Efro Feltrin*
Copidesque: *Leonilda Menossi e Camila Ferrete*
Coordenação de revisão: *Marina Mendonça*
Revisão: *Ruth Mitzuie Kluska*
Assistente de arte: *Ana Karina Rodrigues Caetano*
Gerente de produção: *Felício Calegaro Neto*
Capa e diagramação: *Jéssica Diniz Souza*

Nenhuma parte desta obra poderá ser reproduzida ou transmitida por qualquer forma e/ou quaisquer meios (eletrônico ou mecânico, incluindo fotocópia e gravação) ou arquivada em qualquer sistema de banco de dados sem permissão escrita da Editora. Direitos reservados.

Paulinas
Rua Dona Inácia Uchoa, 62
04110-020 — São Paulo — SP (Brasil)
Tel.: (11) 2125-3500
http://www.paulinas.org.br
editora@paulinas.com.br
Telemarketing e SAC: 0800-7010081
© Pia Sociedade Filhas de São Paulo — São Paulo, 2013

SUMÁRIO

Prefácio 9

Introdução à primeira edição 11

I. Mais um mulatinho 13

II. Aprendiz de barbeiro 21

III. A caminho 25

IV. A conquista de si 33

V. Vida de oração 43

VI. O dom completo 61

VII. As virtudes religiosas 75

VIII. Sabedoria e fé 93

IX. Caridade ativa 107

X. Entre os jovens 129

XI. A amizade 147

XII. O serviço dos pobres 159

XIII. O amor por todas as criaturas 183

XIV. A união 199

XV. Ministro dos dons 217

XVI. Ocaso na terra 237

XVII. Vigília noturna 251

XVIII. Vida nova 259

XIX. Três séculos 269

XX. A mensagem 295

Referências bibliográficas 305

... vividos como lâmpadas ardentes
com a pérola da justiça
na Santa Igreja.

(Santa Catarina. *Diálogo*, c. 134)

PREFÁCIO

A nova edição da vida do dominicano São Martinho de Lima, na leitura fiel e inteligente de Giuliana Cavallini, é justificada pela modernidade de sua presença junto de Deus e dos homens, que o torna ponto de referência para quem procura, mais ou menos conscientemente, um bem que não tem, um sentido da vida e um fascínio pelo Absoluto.

Martinho de Lima quer responder a perguntas de uma sociedade contemporânea que tenta encontrar o caminho, emergir da subversão de ideias e de comportamentos que ameaçam sufocá-la. Submersa pelas coisas, iludida por um progresso nem sempre razoável, corrompida pela violência e pela desordem, a cidade terrena não consegue se governar com justiça, é incapaz de acolher o diferente.

A figura de São Martinho de Lima, humilde, pobre e discriminado pela sua origem, se destaca na cena deste nosso mundo com uma nobreza original e uma grandeza surpreendente. Em uma sociedade não menos problemática que a nossa, simplifica toda dificuldade, supera o mal com uma bondade surpreendente, estima a todos mais que a si mesmo, ama a todos, vive o mandamento da caridade sustentado pelo amor apaixonado a Jesus Crucificado, a Jesus na Eucaristia.

Sua posição na sociedade o torna uma voz interessante: pobre e simples, torna-se amigo e conselheiro de estudiosos, de governantes e de políticos, sem abandonar, porém, os doentes, os mais necessitados, os solitários e os incrédulos. Acolhe os humildes e deixa que os grandes se aproximem dele com a certeza de quem tem para dar algo certo, verdadeiro e grande: Deus e o seu amor. Ele busca no Evangelho a visão humana e cristã da fraternidade autêntica. Pregador da justiça entendida como verdadeira e primeira caridade, trabalha, serve, ama como homem justo; em simplicidade e caridade, desempenhando tarefas humildes, abre-se para um apostolado social corajoso e novo, vivendo a lei evangélica da igualdade social, fazendo esquecer qualquer diferença.

Aos aspectos mais sérios da sua originalidade, se unem expressões singelas, inéditas e extraordinárias, de familiaridade com todas as criaturas. Não somente homens e mulheres, mas plantas e animais são testemunhas da sua ternura cheia de solicitude, que sabe se aproximar de toda criatura no universo de Deus.

Homem moderno e livre, inteligente e humilde, Martinho de Lima tem, ainda hoje, muito que dizer a quem procura um sentido para o próprio existir, a quem quer conhecer um homem que vive pobre, na alegria, na presença de Deus que ama.

Anna Maria Balducci

INTRODUÇÃO À PRIMEIRA EDIÇÃO

Estes episódios não são histórias críticas da vida de Martinho de Lima, nem seguem uma cronologia, mas são apenas fatos extraídos dos testemunhos daqueles que o conheceram em vida e foram chamados a depor, sob juramento, sobre tudo o que sabiam a respeito dele no processo para sua beatificação; certamente, eles relataram os fatos como os recordavam, fielmente. Muitas coisas extraordinárias tinham acontecido para que o tempo pudesse ter apagado da lembrança.

O fato de ter acesso aos testemunhos juramentados dos processos é a única justificação de todos os eventos – inexplicáveis do ponto de vista puramente natural – que encontraram espaço nesta narração da vida do beato. Eles se inserem nela naturalmente e também, pode-se dizer, necessariamente, porque não seria fiel e completo o retrato de Martinho de Lima que descuidasse desses aspectos exteriores da sua santidade.

Mas podemos aceitá-los e saboreá-los com serenidade, sendo evidente que a santidade autêntica do frade de Lima apoia-se sobre uma base totalmente diferente: a prática constante e heroica das virtudes, principalmente da caridade, que marca inconfundivelmente toda a sua vida.

Muitas vidas do beato Martinho foram escritas nestes últimos cem anos, especialmente nos Estados Unidos. Lá, o seu culto foi-se afirmando de modo realmente notável, principalmente quando, em 1866, o Rev. Felice Barotti ergueu, em Washington, uma capela onde gostaria de reunir os negros aos quais havia consagrado o seu apostolado, e a dedicava ao

Santo negro, propondo-o como exemplo e sinal de esperança para aqueles que não tinham classe social.

E, verdadeiramente, a figura deste filho de São Domingos, rica de vários aspectos, atrai o olhar e o conforta. Religioso fiel à tradição mais severa da Ordem, Martinho tem a alma aberta e atenta para todas as necessidades do próximo; e, enquanto projeta e realiza obras grandiosas no campo que hoje chamamos do apostolado social, não deixa de exercer sua arte e talvez também seus dotes taumatúrgicos em favor dos animais e das plantas.

Em meio a tão vasta literatura, que ostenta nomes de primeiro plano, florescem, humildemente, os *fioretti* seguindo o desenvolvimento espiritual daquela "árvore de amor" que foi a alma do beato Martinho, segundo o esquema que Santa Catarina expressa na alegoria da árvore plantada no terreno da humildade e alimentada na oração: é frondosa na caridade, para louvor de Deus e para utilidade do próximo. Essa árvore estende seus ramos no belo azul do céu de Deus e as florzinhas do campo gozam do frescor espalhado por seus ramos. E quando se diz *fioretti*, todos logo sabem de que se trata, e não vão procurar, entre as ervas do campo, as flores da serra.

Giuliana Cavallini

I.
MAIS UM MULATINHO

> São belos os caminhos do Senhor, e
> todas as suas veredas são de paz.
>
> (Pr 3,17)

São Martinho nasceu em Lima, Peru, no dia 9 de dezembro de 1579.

Não tenho nenhuma intenção de fazer aqui a descrição de Lima nem de contar sua história. Para quem tem alguma dúvida sobre a posição geográfica da cidade, basta dar uma olhada no mapa da América Latina: percorrendo com o olho o traçado da costa ocidental de norte a sul, a um terço do caminho, encontraria infalivelmente o nome de Lima, perto do nome do seu porto, Callao.

A história, pois, dos primeiros decênios da conquista é um tamanho emaranhado de audácia e de crueldade, que é quase impossível qualquer admiração dos gestos arriscados dos pioneiros para se estabelecerem, quando comparada à aversão causada por sua falta de humanidade. Os primeiros brancos que desembarcaram nas costas do "Novo Mundo" foram, é verdade, intrépidos ao enfrentar e superar as mil incógnitas que apresentava a entrada em uma terra selvagem, infestada de feras e de insetos mais agressivos que as feras, e em um clima, para os brancos, considerado insuportável. Porém, a sede do ouro os tornou autores de crueldades em contraste estridente com a missão de anunciadores do Evangelho, da qual gostavam de "se gloriar" e, provavelmente, com sinceridade de intenção.

Que a fé tenha podido se afirmar entre os índios apesar dos sistemas brutais dos conquistadores, é uma espécie de milagre.

"Também os brancos cristãos vão para o paraíso?", teria perguntado Hatuey, cacique de Cuba, ao missionário que lhe oferecia o batismo, enquanto os invasores, insatisfeitos com o ouro que ele pôde oferecer à sua avidez, se preparavam para queimá-lo vivo. Após a resposta afirmativa, dizem que o cacique acrescentou: "Então prefiro não recebê-lo".[1]

Mas, rapidamente, os índios encontrariam bons defensores. Em 1510, doze frades Pregadores fundavam um convento na ilha de San Domingo, e em um dia de domingo do mesmo ano Padre Antônio de Montesino denunciava, do púlpito, o comportamento desumano daqueles brancos: "pela vossa crueldade e tirania contra um povo inocente e pacífico, vós estais mais longe da salvação do que estão os muçulmanos que renegam o nome do Senhor Jesus Cristo!". E declarava que nem ele nem os seus coirmãos dariam a absolvição a quem maltratasse os indígenas.

Indiferente aos protestos e às ameaças que sofria, Padre Montesino continuou usando o mesmo tom nos domingos seguintes, até que embarcou em um navio rumo à Espanha, a fim de patrocinar a causa dos índios diante do rei. Não lhe foi fácil chegar a Fernando: todos os interessados na exploração incondicional das terras de além-mar lhe atravessaram o caminho. Parece que finalmente Frei Antônio – dotado não somente de um corpo atlético, mas de um espírito corajoso – caminhou até a sala das audiências livrando-se de um guarda que estava plantado no vão da porta para lhe impedir a passagem.

---

[1] BALDWIN, L. D. *The Story of the Americas*. New York, 1943, p. 91.

Do colóquio de Frei Antônio com o soberano, surgiram as primeiras leis que tiveram por objeto a proteção dos direitos dos índios: as Leis de Burgos, de 1514.

Além disso, a pregação de Frei Antônio despertou o interesse de ninguém menos que Bartolomeu de las Casas, então sacerdote secular, depois religioso dominicano e bispo, que dedicaria toda a vida à causa dos índios, merecendo se tornar quase o "típico" defensor dos indígenas contra a prepotência dos brancos.[2]

As Novas Leis que, em 1542, coroaram a obra de Las Casas não tinham sido ainda promulgadas quando os Pizarro e os Almagro, com poucos homens e muita audácia, desceram do Panamá sentido sul num navio pequeno com destino à fabulosa terra dos Incas. É triste, porém não surpreendente, sabermos que na conquista do Peru aconteceram as mesmas cenas de horror que houve nas regiões conquistadas nos anos anteriores. Os Incas possuíam uma cultura tão notável e um governo tão perfeitamente organizado que se torna ainda mais dissonante o contraste entre o modo brutal da conquista e a suavidade dos costumes de uma população que não tinha nada de primitivo, sendo até mais refinada em algumas de suas instituições; apesar disso, os europeus violentamente substituíam a autoridade dos Incas pela própria.[3]

Não foram precisos muitos anos para submeter à coroa espanhola todo o país. Na Epifania de 1535, Francisco Pizarro colocava os fundamentos da nova capital, destinada a substituir a antiga, a cidade de Cuzco, situada entre as montanhas e muito distante das estradas do tráfego vindo do mar.

Essa nova capital, primeiramente, recebeu o nome de Cidade dos Reis em memória do dia de sua fundação; mas depois a recordação dos antigos Magos foi suplantada pela

---

[2] Ibid., pp. 109-110.
[3] Ibid., pp. 150ss.

presença – viva e sonora – do curso de água que a atravessava, e de Rimac se fez Lima.[4]

Os primeiros anos de Lima foram atormentados por diversas lutas, tanto entre espanhóis e indígenas quanto entre os próprios espanhóis, pois a ganância pelo domínio e pelo dinheiro fazia com que as pessoas não avaliassem a crueldade que cometiam, pensavam apenas que não importava a atitude, desde que abrisse a porta de um tesouro. Além disso, os conquistadores também disputavam entre si cargos mais honrosos e rendosos.

Nem sete anos se passaram desde sua instituição como cidade, quando seu fundador foi morto no próprio palácio, vítima de uma conspiração chefiada pelo filho de Diego Almagro, a quem Pizarro tivera como companheiro na conquista do Peru e de cuja morte não poderia se dizer inocente.

No entanto, com aquela rapidez de desenvolvimento que toda semente importada do velho mundo parecia adquirir no contato com a terra ainda virgem do novo mundo, Lima não demorou a atingir o equilíbrio que lhe permitiu tornar-se centro de cultura, além de capital política e comercial. Em 1551, os dominicanos fundaram em Lima uma universidade –

---

[4] A *Enciclopedia Universal Ilustrada Europeo-Americana* da Espasa Calpe (vol. 51, p. 587, verbete Rimac) explica a derivação do nome de Lima: vem do nome do Rio Rimac, com o costume dos conquistadores espanhóis de mudar pelo doce das palavras locais, também não excluindo que a palavra "lima" possa refletir simplesmente a pronúncia dos indígenas da região costeira, menos pura que a dos nativos da "serra". Quanto à palavra "rimac", que "a língua quichua quer dizer 'o falante', teria sido atribuída ao rio para expressar, em forma poética, o murmúrio das suas águas". Segundo W. H. Prescott (*The History of the Conquest of Peru*, p. 258), o rio teria tomado o seu nome de um templo situado no vale, muito frequentado pelos índios para os seus oráculos.

D. Enrique Tusquet (*Los grandes contrastes de un continente*, p. 376) discorda da etimologia geralmente aceita e escreve: "Lima foi fundada por Pizarro... e a batizou com os nomes de Lima e Cidade dos Reis. O primeiro em atenção ao grande número de limas que cresciam na região, e o segundo pelo propósito de fazer dela, com o tempo, a capital do vasto império das possessões espanholas na América" (A "lima" é o fruto da "limeira"; os peruanos chamam "lima" o fruto e a árvore).

a Universidade de São Marcos –, a primeira que foi fundada em todo o território das duas Américas.

Lima não tinha senão dezesseis anos.

Os filhos de São Domingos tinham sido os primeiros a anunciar o Evangelho na terra dos Incas, tendo compartilhado com Pizarro os riscos da aventura peruana nos mesmos naviozinhos sem recursos que com ele e os seus homens desciam para o sul nas ondas do Pacífico. Missionários de muitas outras ordens viriam em seguida: franciscanos, agostinianos, mercedários, jesuítas. Mas da messe que entre a costa oceânica e a áspera muralha da cordilheira atraía a si os operários evangélicos, a Providência divina reservava para os primeiros evangelizadores as mais belas primícias.

A primícia do episcopado, com Frei Vicente de Valverde.

A da cultura, com a Universidade de São Marcos.

E, superior a qualquer outra, a primícia da santidade, com Rosa de Lima.

Mas, ainda antes de as águas do batismo infundirem com a graça, na alma da pequena Rosa de S. Maria, o germe da santidade, sete anos antes, na mesma fonte da igreja de São Sebastião de Lima, se abria para a vida sobrenatural outra alma privilegiada, destinada a atingir a mais alta perfeição na Ordem dos Frades Pregadores.

Martinho nasceu de João de Lima, nobre senhor espanhol, cavaleiro da Ordem de Alcântara, e de Ana Velazquez, uma negra libertada. Quando o pai viu que o pequeno tinha a pele negra, ficou tão triste que não quis reconhecê-lo como seu filho. No registro do batizado realmente se lê: "Martinho, filho de pai desconhecido". Mas depois, dom João se arrependeu de sua dureza e reconheceu legalmente Martinho e a pequena Joana, nascida alguns anos mais tarde.[5]

---

[5] *Ad novas*, pp. 4-5 (*Responsio Ad novas Animadversiories R.P.D. Fidei Promotoris super Dúbio ecc.* – Romae, 1742).

Martinho passou os anos da primeira infância com a mãe e a irmãzinha. Como era esperto e perspicaz, sua mãe o mandava algumas vezes fazer compras. Martinho saía com o dinheiro e com o cesto de pão vazio. Muitas vezes – nem sempre – voltava sem dinheiro e com o cesto de pão ainda vazio. Havia muitos pobres em Lima, e Martinho não sabia recusar a quem lhe pedia por caridade.

E quanto tempo levava para cumprir as tarefas! Para gastar aquelas poucas moedas, era capaz de empregar metade da manhã. Não que parasse para brincar com outros meninos, mas se ele encontrasse igreja no caminho, entrava para saudar o Pai do Céu que o havia feito seu filho, enquanto o pai da terra o repudiava. Passava da luz da rua para a penumbra misteriosa e recolhida, percorria a nave espaçosa com passo apressado, e ia se ajoelhar diante do altar. Permanecia concentrado, os grandes olhos arregalados, tão brancos no seu rosto escuro, fixos no Crucifixo, na imagem de Nossa Senhora, envolto no silêncio das grandes arcadas, naquela paz grandiosa tão diferente da monotonia e da tristeza da sua casinha.

Em casa, depois, devia haver-se com a mãe. Ela, apesar de poucos recursos, não conseguia repreender aquela generosidade do filho: "Veja, por sua causa hoje todos faremos jejum, não somente você, mas também a sua irmãzinha e eu!".

Martinho recebia as broncas em paz; lamentava, às vezes, as dificuldades da mãe. E, na primeira oportunidade, começava tudo de novo.[6]

---

[6] GAFFNEY, H. G. *Blessed Martin Wonder Worker*. Tralee, 1949, pp. 12-13.

... *voltava sem dinheiro e com o cesto de pão ainda vazio...*

Entretanto, no pequeno círculo de conhecimentos de Ana Velazquez, começava-se a notar naquele menino grande esperteza e bondade. Alguém, talvez, pudesse menear a cabeça e dizer palavras ofensivas contra João de Lima, que, sendo rico, deixava a mulher e os filhos na miséria.

João de Lima, naqueles anos, não vivia em Lima, mas em Guayaquil, no Equador, onde exercia autoridade de governador. De vez em quando ia a Lima. De uma dessas visitas, voltou para Guayaquil com os dois filhos, e os conservou consigo, tratando-os verdadeiramente como pai. Enquanto confiava o cuidado da instrução a mestres competentes, ele mesmo completava a educação nos contatos cotidianos, dedicando-se aos seus filhos no tempo livre das ocupações de seu cargo.

Aconteceu então que uma vez, indo passear com Martinho e Joana, dom João encontrou seu tio, dom Diego de Miranda, que lhe perguntou quem eram aquelas duas crianças. Ele respondeu francamente: "São filhos meus e de Ana Velazquez. Eu os sustento e cuido de sua educação".[7] Martinho tinha então oito anos, Joana seis.

Porém, esse período de tranquilidade não durou mais do que quatro anos; acabou quando João de Lima teve que deixar o Equador e ir para o Panamá como governador. Confiou Joana aos cuidados do tio, dom Diego de Miranda, e levou Martinho de volta para a mãe, em Lima, e quis que recebesse a crisma antes que fosse embora. Partindo, deixou para Ana o dinheiro necessário para que ele completasse os estudos e aprendesse uma arte – além do dinheiro necessário para viver sem muitas dificuldades.

---

[7] Ad novas, p. 5.

II.
APRENDIZ DE BARBEIRO

> Sabedoria do homem prudente é
> discernir seu próprio caminho.
>
> (Pr 14,8)

Quando tinha aproximadamente doze anos, Martinho precisou fazer sua primeira escolha importante: a decisão do ofício que deveria lhe servir para ganhar a vida, a fim de cuidar de si e de sua mãe, uma vez que o tio dom Diego se preocupava em providenciar o suficiente para a irmãzinha.

É provável que tenha tomado a decisão por amor e em conformidade com o pai, o qual, antes de ir embora de Lima, avaliou junto com Martinho os "prós" e os "contras" das diversas opções de ofícios oferecidas. Porém, não parece que dom João de Lima fizesse sua autoridade influenciar na escolha do filho, e sim que Martinho tenha feito sua opção livremente, de acordo com suas inclinações e seus desejos.

Martinho começou, portanto, a frequentar o negócio de Marcelo de Rivero para aprender o ofício de barbeiro, que, naquela época, não era apenas cortar barba e cabelos, mas também tirar sangue, medicar feridas e fraturas, e até prescrever remédios para os casos mais comuns. O *barbero* ou *cirujano* era de fato, ao mesmo tempo, barbeiro, cirurgião, médico e farmacêutico.

Martinho se aplicou com entusiasmo ao estudo da sua arte. Talvez previsse quanto se utilizaria dela para ajudar os pobres. Começava então a se manifestar nele, junto com muita boa vontade, também uma inteligência pouco comum. Bem depressa Marcelo de Rivero não teve grande trabalho para lhe ensinar e, alguma vez, devendo se ausentar, deixava-o de plantão no "pronto-socorro".

Numa dessas vezes, Martinho viu chegar ao ambulatório três ou quatro homens que traziam nos braços um índio todo machucado e ensanguentado devido a muitas feridas recebidas numa briga de rua. Esses bons samaritanos, quando souberam que o médico não estava, ficaram preocupados em entregar a um rapaz aprendiz um homem naquele estado! Mas toda desconfiança desapareceu quando o viram trabalhar com firmeza e com graça: lavou as feridas e as enfaixou com arte, reanimou o homem, enfraquecido pela perda do sangue, com um bom copo de vinho. Os homens ficaram ainda mais felizes quando o índio, depois de poucos dias, pôde voltar às suas ocupações, forte e saudável como antes.[1]

Por esse e por outros fatos semelhantes, começou a se espalhar em Lima a fama do jovem estudante que já mostrava possuir uma habilidade não inferior à do seu mestre que veio do além-mar. E tamanha era a graça do estudante que, aos poucos, os clientes chegavam a preferir seu olho e sua mão às do professor.

Martinho, então, poderia ter ganhado dinheiro em quantidade e viver tranquilo junto com sua mãe. Mas aquele mesmo amor que o havia levado, ainda criança, a dar aos pobres o dinheiro que a mãe lhe entregava para que comprasse o pão de cada dia, lhe sugeria agora dar o seu trabalho aos pobres, por caridade. Recusava o dinheiro quase com repugnância. Não parecia, no entanto, que isso despertasse na mãe a mesma reprovação que a sua despreocupada caridade infantil. Depois que João de Lima voltou a se ocupar

---

[1] Gaffney, H. G. *Blessed Martin Wonder Worker*, cit., p. 16.

com a vida daquela pequena família, a pobreza não se fazia mais sentir, e Ana Velazquez, que também tinha uma grande bondade na alma e no seu coração, uma vez garantido o necessário, sentia-se feliz, pois não era mulher que desejasse o supérfluo.[2]

Ana não tinha mais motivo para comentar sobre o hábito que Martinho adquirira na primeira infância, de visitar as igrejas que encontrava por onde passava, pois o Martinho de agora, rapaz e estudante, sabia que era mais forte do que quando ele era criança. Ele não voltava mais tarde, ao contrário, saía mais cedo, no raiar do dia e, ao longo do caminho entre a sua casa na Calle Malambo e o negócio de Marcelo de Rivero, parava na igreja de São Lázaro e lá ficava durante um longo tempo ajudando no maior número possível de missas. E, mesmo assim, na hora exata, estava no estabelecimento de Rivero.

À noite, depois de ter dedicado todo o seu dia em se aperfeiçoar na arte e em usá-la em socorro dos pobres, fechava-se em seu quarto para ampliar o espírito na leitura e na oração. Mas, como não aceitava o dinheiro dos clientes, e talvez não quisesse que Ana soubesse de suas longas vigílias, pedia à dona da casa (dona Ventura) que lhe desse os pedaços muito curtos das velas para fazer bonito com os candelabros; e ela os dava com prazer. Mas, numa noite, curiosa pelo contínuo pedido de Martinho, dona Ventura de Luna quis ver o que ele fazia até aquela hora. Foi, portanto, até a porta do quarto, de mansinho apoiou nela o ouvido e ficou escutando. Pareceu-lhe ouvir suspiros e gemidos sufocados. Então, se inclinou para olhar pelo buraco da chave. De joelhos, com o rosto banhado em lágrimas, com os braços abertos em cruz, os olhos fixos no crucifixo, imóvel, Martinho parecia ter

---

[2] Kearns, J. C. *The Life of Blessed Martin de Lima*. New York, 1937, p. 15.

concentrado toda a sua vida naquele olhar, naquela atitude de conformidade com o objeto de sua contemplação.

Dona Ventura ficou olhando, prendendo a respiração, depois se retirou devagar. Como aquela cena a tinha deixado realmente impressionada e ela não conseguia tirar de sua mente, sentiu a necessidade de falar sobre ela com as amigas. E fez ainda mais: convidou-as para presenciar aquele espetáculo. Assim, noite após noite, as amigas de Ventura de Luna espiaram através da porta o segredo da misteriosa troca de amor entre Cristo crucificado e Martinho, enquanto ele continuava felizmente ignorando aquela indiscrição.[3]

Nesse tempo, o Senhor quis dar uma primeira amostra – uma das primeiras – dos prodígios que realizaria por meio do seu Martinho: o jovem tinha plantado um limoeiro no quintal da casa onde morava. Logo se tornou uma pequena árvore que dava frutos durante todas as estações do ano. Muitos anos depois da morte dele, o "limoeiro de Frei Martinho" conservava a mesma qualidade preciosa.[4]

---

[3] ANÔNIMO. *Vita del B. Martino de Lima*. Roma, 1837, p. 9.
[4] Ibid., p. 10.

III.
A CAMINHO

> Vem e segue-me.
>
> (Mt 19,21)

Os clientes de Rivero, tanto os que iam para fazer a barba e os cabelos quanto os que iam para tirar sangue ou que tinham uma ferida para curar e até os que queriam ervas para fazer chás, já se sentiam também clientes de Martinho. Eram muitos os clientes jovens e velhos, brancos, mulatos e negros. Numa manhã, eles se sentiram muito mal quando souberam que Martinho se retirava da profissão a fim de ir para o convento. Se nos dias passados ele tivesse deixado transparecer alguma coisa sobre esse propósito, teriam tentado dissuadi-lo e o teriam feito compreender que era uma insensatez, uma louca ilusão do egoísmo, ou talvez do orgulho, deixar uma vida empregada no alívio imediato dos pobres para se isolar da sociedade e cuidar de si. A glória de Deus? Ele deveria combater pela glória de Deus na vida da cidade, onde os pobres sofriam e os poderosos abusavam do poder se autoproclamando católicos e mensageiros da fé de Cristo, quando, na verdade, na maioria das vezes, eram a negação viva do Evangelho.

Além disso, naquela sociedade tão distante ainda de uma organização justa e pacífica, as pessoas de outras raças – os índios deserdados e os negros arrancados da sua terra e relegados ao último lugar – não tinham direito de olhar para Martinho como um libertador? A sua vida era uma resposta certa para aqueles que, numa época ainda não muito antiga, se perguntavam, com seriedade, se os negros tinham uma alma como a dos brancos e podiam, portanto, receber o Batismo.

Por que tirar dos bons – enquanto as sombras pareciam superar a luz – o conforto daquele seu exemplo luminoso, daquela sua vida toda empregada no exercício da mais pura caridade? Por que abandonar os pobres? O seu lugar junto deles não seria ocupado por ninguém mais.

Martinho devia ter ouvido essas objeções surgirem no segredo da sua consciência. Mas a vida que tinha vivido até aquele momento, embora tivesse sido uma vida feita de trabalho e de oração e de boas obras, não lhe era mais suficiente.

Há os que aspiram a posições fáceis e quando as conseguem se julgam felizes pelo resto dos seus dias. Mas há os que de toda posição conquistada olham para cima, para as posições que devem ser conquistadas, e não têm paz até que não veem satisfeitos o seu desejo de repousar *"lá onde é ótimo ficar, no vértice puro e límpido"*.[5]

Martinho era assim. Tinha sede de perfeição e daquele dom completo e total de si, que é uma exigência da caridade, daquela caridade que se acendera nele nas longas meditações da noite, nas quais tinha saboreado as palavras de São Paulo: "Cristo humilhou-se, fazendo-se obediente até a morte – e morte de cruz!" e a outra: "me amou e se entregou por mim".[6]

E o "tenho sede" do Cristo moribundo na cruz, tal como lhe havia comunicado a "sede da honra de Deus na salvação das almas", da mesma forma tinha sido para ele um convite irresistível para levar, de sua parte, todo o frescor da sua alma para o desejo do seu Senhor. Santa Catarina de Sena escreve: "O doce e bom Jesus, ao mesmo tempo que manifesta a sede, pede que te seja permitido beber. E quando é que pedes de beber às almas? Quando nos mostras teu afeto

---

[5] PASCOLI, G. *La piccozza*.
[6] Fl 2,8; Gl 2,20.

e tua caridade... É muito oportuno que aquele que ama seja amado. Então, a alma dá de beber ao seu Criador quando lhe retribui amor com amor".[7]

Para seguir esse convite soberano, Martinho deixou de trabalhar com Rivero e se apresentou aos Frades Pregadores do convento do Santo Rosário para pedir a coisa mais humilde e a que melhor expressava, no nome, a sua vontade de se doar: pediu o hábito de Donato.

Os Donatos eram membros da Ordem Terceira que ofereciam sua obra a um convento e nele moravam estavelmente, recebendo comida e alojamento como retribuição pelos seus trabalhos. Encarregavam-se dos trabalhos mais pesados e eram considerados inferiores aos irmãos conversos. O seu hábito era a túnica de lã branca e o manto negro, sem escapulário nem capuz.

Martinho julgou que possuir aquele hábito – indicador do grau ínfimo na escala da dignidade religiosa – valia mais que a sua liberdade, a sua profissão, o seu apostolado no mundo. Por isso, ofereceu tudo, com simplicidade de coração, para consegui-lo.

Tinha então quinze ou dezesseis anos.

É bem provável que Martinho, apresentando-se no convento do Santo Rosário com o intuito de pedir para ser recebido na família de São Domingos, não se apresentasse lá como um desconhecido. É provável que os frades o tivessem observado enquanto rezava na sua igreja, ou que ao ouvido de algum deles tivesse chegado o elogio de algum de seus clientes, e a notícia daquela sua vida tão rica de boas obras. Não se deve sequer excluir que ele já tivesse, antes disso, procurado junto aos dominicanos uma orientação para a sua vida espiritual.

---

[7] Carta 8.

... tinha-se apresentado humildemente para pedir algo...

De resto, um pedido tão humilde assim não precisava de grandes recomendações.

O Prior do convento do Santo Rosário falou disso ao padre provincial, e ambos – o Padre João de Lorenzana, provincial, e o padre Francisco Vega, Prior – estiveram de acordo em abrir para Martinho as portas do convento e da Ordem Dominicana.

E fizeram bem. Por meio deles a Ordem oferecia a Martinho o caminho seguro das suas constituições, oferecia-lhe o conforto de uma tradição já rica da experiência de vários séculos, de uma espiritualidade já experimentada na vida de muitos, o que era bom para Martinho.

Mas ele, de sua parte, levava para a Ordem uma vontade decidida de trilhar o caminho indicado, em todo lugar e sempre, sem voltar atrás: aquela têmpera de vontade que faz os santos. E isto era bom para a Ordem, que, com ele, veria aumentar o número dos seus santos.

Muitos anos mais tarde, quando a santidade de Martinho não era mais um segredo para ninguém, e ele era procurado como conselheiro pelas pessoas mais respeitáveis, eclesiásticas e leigas, um coirmão lhe diria, um dia, a queima-roupa: "Frei Martinho, não seria melhor para o senhor ficar no palácio do senhor arcebispo do México, em vez de estar aqui limpando os lugares comuns do convento?". Sem pestanejar, Martinho lhe teria respondido então com as palavras do salmista: *Elegi abiectus esse in domo Dei mei* [Escolhi ser o último na casa de meu Deus] (cf. Sl 84[83],11).

É provável que no momento de sua entrada no convento Martinho não soubesse falar com as palavras dos salmos. Mas o sentido daquele versículo ele já o tinha esculpido na alma, e soube dizê-lo com os fatos. Disse-o bem claro quando precisou defender a sua "dura intenção" da guerra que lhe declarou o pai.

Para João de Lima pareceu, de fato, que Martinho tinha ido longe demais. Que seu filho começasse a fazer parte daquela *Inclitus Praedicatorum Ordo*, surgida do coração e do gênio de um santo espanhol, e já gloriosa por obras insignes e por gigantes de santidade na pátria e fora dela, não era coisa que lhe pudesse parecer indigna. Mas que quisesse entrar nela como Donato, rebaixando-se por toda a vida ao nível dos servos, isso não podia conceber nem tolerar. Exerceu, portanto, toda a sua influência e pressionou o padre provincial para induzi-lo a receber Martinho, se não como clérigo, pelo menos como irmão converso, pois para aceitação de Martinho entre os clérigos podia haver algum impedimento, mas nada se opunha a que ele fosse recebido entre os leigos.

Para deixar dom João de Lima feliz, o padre Lorenzana procurou persuadir Martinho a "receber o capuz", mas o encontrou firme em sua decisão, duro como a rocha: *elegi abiectus esse* [eu preferi ser um nada]. Não houve acordo.[8]

Exemplos dessa firmeza de Martinho aparecem diversas vezes. Desde o momento em que ele era verdadeira e profundamente humilde, e, portanto, da mesma forma profunda e plenamente obediente, é preciso pensar que tinha motivos absolutamente superiores para não ceder.

Ao perceber isso, Padre Lorenzana fez dom João de Lima compreender que não era o caso de insistir. E dom João de Lima precisou abaixar a cabeça, ele que estava tão habituado a ver os outros abaixarem a cabeça diante da sua vontade. Mas, talvez, o fez sem amargura: quem o enfrentava, naquele embate, não era um estranho, mas o seu filho; e naquele embate, Martinho lhe mostrava digno de ser seu filho, pois apresentava nobreza em sua alma, assim como

---

[8] *Ad novas* (XXIV), p. 103. (O número em algarismo romano entre parênteses é o citado no volume ao qual a nota se refere como número do testemunho no Processo.)

seus nobres antepassados: alma de cavaleiro, sensível às exigências do ideal e decidido a enfrentar todas as dificuldades.

E talvez o seu bom senso de cristão o tenha feito intuir que, justamente por aquela vontade obstinada de ser o último, Martinho daria ao nome da família a glória mais elevada e mais pura.

IV.
A CONQUISTA DE SI

> É melhor o paciente que o valente;
> quem domina a si mesmo vale mais
> que o conquistador de cidades.
>
> (Pr 16,32)

Para Martinho, entrar para o convento não quer dizer deixar de trabalhar, mas, ao contrário, trabalhar tanto quanto e até mais do que antes. Começaram pedindo que limpasse os pátios e os corredores. Confiaram-lhe a limpeza dos "lugares comuns".

Martinho se dedicou àquele trabalho ingrato com simplicidade e ardor, sem se maravilhar com eles. Fora ele quem quis a posição humilde do Donato, sendo lógico que faria os trabalhos menos agradáveis.

Nós, muitas vezes, não somos lógicos porque não somos constantes: a nossa generosidade se esgota no impulso inicial. Já as almas profundas – os santos – são coerentes até às últimas consequências, e uma vez conhecida, à luz da fé, a própria posição diante da majestade de Deus, tudo se torna simples e natural para eles, aconteça o que acontecer.

Aquele trabalho material, de resto, estava – e Martinho sabia-o perfeitamente – em função do trabalho espiritual, o mais importante, ou melhor, o único verdadeiro trabalho ao qual ele se dedicava entrando para o convento. A vida religiosa é endereçada à aquisição da perfeição visando a alma o seu pleno desenvolvimento na caridade. Santa Catarina compara a alma a uma árvore feita por amor, que para se alimentar de amor, conforme as exigências da sua natureza, deve aprofundar as raízes no terreno da verdadeira e profunda humildade. A humildade, de fato, alimenta a caridade e todas as virtudes que brotam do seu ramo. "A primeira doce Verdade ensina-nos a nos tornar grandes: com quê? Com a baixeza da verdadeira humildade", escrevia a Santa de Sena ao bispo de Florença enquanto o exortava a ser viril na virtude, porque "aqueles que não são viris na virtude não são constantes.[1]"

A humildade é, por si mesma, uma virtude escondida que foge do controle: vive a sua vida no profundo da alma e ninguém pode dizer com certeza se existe verdadeiramente ou não, porque nenhum olho criado pode penetrar até lá. Mas, quando existe, tem consigo uma companheira como indicador da sua presença: a paciência, que por ela está em campo sem desviar golpes, mas se alegra com a batalha e "perseverando vence".[2]

Martinho, portanto, empunhou a vassoura e passou-a pelas passagens e pelos pátios, pelos corredores e pelas celas do convento do Santo Rosário, com boa vontade. E a teve assim frequentemente nas mãos, a ponto de merecer que se tornasse uma das suas características iconográficas. Hoje, no Peru, são distribuídas, por devoção a São Martinho, pequenas vassouras de poucos centímetros.

Mas a vassoura não foi o único instrumento de trabalho que o Donato Martinho usou: as tesouras de barbeiro, o bisturi do cirurgião, e muitos e muitos outros vieram logo fazer-lhe companhia.

E Martinho, sempre ativo e calmo, soube alternar no seu dia obras delicadas e trabalhos grosseiros, sem que um esforço físico anterior tornasse pesada a sua mão de cirurgião, ou que o pensamento de uma tarefa importante lhe fizesse descuidar o manejo da vassoura. Dedica-se totalmente àquilo que faz, momento por momento. Se não tivesse feito assim, não poderia ter cumprido todos os ofícios que com

---

[1] Carta 242.
[2] Carta 201.

o tempo se acrescentaram àquele primeiro simples encargo dos trabalhos domésticos, e que se tornaram, aos poucos, muito importantes, a ponto de parecer impossível que um só homem pudesse ser suficiente para todos.[3]

Esses encargos trouxeram consigo uma multidão de ocasiões magníficas para exercitar a paciência. Um "bom" sob este ponto de vista, foi o de barbeiro. Voltando a exercer a sua velha arte no convento do Santo Rosário, Martinho encontrou uns trezentos clientes garantidos, e nem sempre dos mais fáceis de contentar. Com os anciãos, as coisas caminhavam sempre bem, mas quando chegavam os jovens, Martinho devia armar sua paciência com a máxima firmeza.

O Padre Francisco Velasco Carabantes depôs no processo informativo sobre um fato acontecido com ele mesmo durante os seus verdes anos. Tinha procurado Martinho, mas não queria que lhe cortasse o cabelo e ficava lá se entretendo com alguma coisa, sem se decidir, nem a ir embora, nem a fazer a tonsura. Na verdade, a sua indecisão tinha algum motivo: não gostava da mísera coroa de cabelos prescrita pela regra, mas não tinha coragem de pedir ao irmão barbeiro que perdoasse os seus cabelos porque sabia que, quando se tratava de afrouxar sobre qualquer ponto da regra, Martinho fingia não compreender.

Enquanto ficava assim tão pensativo, sentiu, de repente, a cabeça nas mãos de Martinho, toda molhada, depois coberta de espuma, depois raspada, com a coroa exatamente nos termos prescritos. Levantou-se furioso e começou a investir contra ele, chamando-o de cão mulato, hipócrita, enganador. Ele, sem se importar com aquele dilúvio de insultos, enxugou-lhe bem a cabeça e o convidou a se olhar no espelho: veria que a coroa não estava tão mal cortada como ele pensava.

---

[3] *Ad novas* (XXII), p. 74.

... sentiu a cabeça nas mãos de Martinho...

Entretanto, o Padre Afonso Gamarra, que tinha assistido à cena, aperfeiçoava a obra de Martinho com uma solene repreensão, como lhe permitia o seu ofício de "zelador", e a confirmava impondo ao noviço uma bela penitência.

Um pouco por isso, um pouco porque no espelho se vira menos feio do que esperava, Frei Francisco se acalmou. Então, Martinho lhe pousou a mão sobre a cabeça dizendo: "Esta cabecinha, se ficar com essas leviandades, encontrará muitas dificuldades na Ordem".

Mas a coisa não podia terminar ali. Quem insultava Martinho adquiria o título mais certo de reconhecimento, e Francisco não devia pagar o castigo do presente que lhe dera por aquela afronta. Por isso, Martinho foi até o padre mestre e pediu-lhe que perdoasse Frei Francisco: o fradezinho tivera perfeitamente razão em dizer-lhe aquilo que lhe dissera, porque ele, Martinho, era realmente um grande pecador, e sua mãe uma pobre negra, e, portanto, o título de cão mulato lhe era apropriado. Por que punir alguém que não havia dito senão a pura verdade? Francisco não era digno de castigo, mas de prêmio. E, de fato, no mesmo dia, tendo obtido a revogação da penitência, Martinho lhe mandou como presente alguns abacates e um pêssego.

Em seguida – é quase uma lei da natureza que perto das almas sedentas de humilhações se encontrem almas prontas a satisfazê-las –, todas as vezes que Frei Francisco queria conseguir alguma coisa de Martinho, tinha o cuidado de enfeitar o seu discurso com aqueles mesmos epítetos que tinham tido tão bom sucesso na primeira vez.

E Martinho, sempre igual e sempre tranquilo, ria e dava ao irmão aquilo que estava procurando, deixando que o outro acreditasse, se isso podia deixá-lo feliz, que ele cedia como um tonto aos seus caprichos e às suas palavras maldosas.

Mas, no final, aconteceu aquilo que devia acontecer: Francisco inesperadamente abriu os olhos e viu as coisas sob outra luz. Percebeu que Martinho sabia muito mais e melhor do que ele e percebeu quem dos dois era o tonto. Então mudou completamente, observando tudo o que o irmão negro dizia e fazia, e se esforçou para imitar a sua vida santa. E conservando até a velhice, fresca e intacta, a memória das coisas vistas na juventude, o Padre Francisco Velasco Carabantes pôde deixar no processo informativo um testemunho entre os mais vivos e ricos.[4]

Como já foi dito, a arte de barbeiro naquela época também englobava o que hoje é reservado à medicina e à cirurgia. Os superiores do convento do Santo Rosário perceberam logo a ajuda que podia dar à enfermaria da comunidade alguém com tanta prática naquela arte. Num dado momento, foi confiado a Martinho o cuidado dos doentes; então ele voltou a exercer plenamente sua profissão, como tinha feito antes de entrar para o convento.

Servia os doentes com amor, em todas as suas exigências, também, e especialmente, as mais repugnantes. Frequentemente, os servia de joelhos "com um coração ardente de anjo", segundo o testemunho de alguém que o havia visto.[5]

Era aquela, afinal, a sua atitude preferida, sobretudo diante dos padres da Ordem. Nunca se sentaria na presença de um deles; os seus joelhos se dobravam naturalmente, por um impulso do seu coração humilde, e o olhar se abaixava até à terra para beijar os pés dos anunciadores do Evangelho da paz.[6]

---

[4] Ibid. (VII), pp. 26-27.
[5] Ibid. (IV), p. 58.
[6] Ibid. (IV), p. 104.

Martinho nunca perdia a sua paz, embora outros pudessem se esforçar para submetê-la a duras provas. Não era raro que os doentes retribuíssem seus cuidados com palavras injuriosas. Martinho não se admirava com isso. Como médico, sabia quais profundos desequilíbrios pode causar em todo homem o mal localizado numa parte do seu organismo. Tinha pena... e se alegrava por poder se oferecer como válvula de escape para o humor do paciente.

O Prior o encontrou, um dia, prostrado por terra fazendo reverência diante de um religioso enfermo. O que havia acontecido?

"Estou recebendo as cinzas, embora estejamos longe do primeiro dia da Quaresma" – explicou Martinho, mostrando um rosto sorridente, quase divertido com a estranheza da situação: "Este reverendo padre me recordava o meu nascimento e me impunha sobre a cabeça a poeira dos meus defeitos. Para dizer-lhe o meu reconhecimento, beijo-lhe não somente as mãos veneráveis que tocam todo dia no Senhor e que eu não sou digno de tocar, mas os pés, e o faço com grande reverência, porque são os pés de um ministro do Senhor".[7]

O fato é que Martinho estava verdadeiramente convencido de não ser nada. Todos podem dizer isso, mas se alguém aceita que outros o digam, é sinal que pensa realmente assim. A sua humildade "profundíssima e bem consolidada", segundo o Padre José de Villarsbia, "nascia do conhecimento das grandezas de Deus"; e naquela luz não era exagero para Martinho considerar-se mesmo um nada, e "imperfeitíssimo, muito vil e o maior pecador do mundo". Baseado nessa convicção, achava muito natural que outros a compartilhassem e a lançassem em rosto, abertamente. Sentia até que devia ser reconhecido a quem o fazia: "E preciso servir melhor e

---

[7] *Vita...*, cit., p. 20.

amar mais a este", dizia, quando um enfermo o havia tratado de modo mais grosseiro: "porque me conheceu melhor que os outros".[8]

Uma virtude que se anunciava tão vigorosa devia ser provada por quem tinha a responsabilidade da vida espiritual de Martinho, e os superiores do Santo Rosário não faltaram a esse seu dever. Não raramente aconteceu, atesta o Padre Carabantes, que, para humilhá-lo, o repreendessem severamente, "como se fosse um delinquente perigoso"; e ele, de joelhos, agradecia-lhes e lhes mostrava no rosto risonho a alegria que lhe causava o sentir-se maltratado. "Mereceria muito mais" – dizia – "e Deus sofreu muito mais por mim!".[9]

Assim, a humildade de Martinho resistiu a todas as provocações contrárias, dobrando-se às exigências várias da sua longa vida sem nunca se deixar abater tanto diante de elogios quanto de insultos; e como tolerou as palavras injuriosas de quem estava acima dele, também tolerou as faltas de atenção de quem, recebendo dele toda espécie de ajuda, poderia ser considerado seu inferior. É verdade que, entrando para a Ordem como Donato, Martinho tivera a intenção precisa de evitar, de uma vez por todas, qualquer distinção e qualquer honra. Mas é também verdade que as suas muitas capacidades de trabalho e o seu gênio de organizador o levaram a exercer ofícios aos quais está ligada certa autoridade. A humildade, no entanto, o havia situado tão embaixo – *elegi abiecíus esse* [eu escolhi ser rejeitado] –, que não podia imaginar uma posição inferior.

Por isso, enquanto tratava os seus pobres "com grande mansidão, docilidade e humildade", alegrava-se, afirma o Padre Cristóvão de Toro, "que todos mandassem nele com

---
[8] *Ad novas* (VIII), p. 103, e (XLIX), p. 60.
[9] Ibid. (VII), p. 26, e (Vss), pp. 91-92.

autoridade e superioridade, como se fosse escravo de cada um em particular". Mas o mesmo padre dá o motivo disso, quando diz que Martinho o fazia "olhando estes como a Jesus Cristo".[10]

Muitos anos deveriam passar antes que Martinho pudesse dar prova cabal de sua humildade na paciência com os pobres beneficiados por ele. É, porém, dos primeiros anos de sua vida religiosa o fato citado pela maioria dos biógrafos de Martinho como aquele que dá a exata medida da sua humildade e abnegação. Aconteceu assim:

Certo dia, Martinho soube que o Prior tinha saído para vender alguns objetos preciosos, pois não tinha com que pagar algumas dívidas do convento e prover às necessidades da comunidade. Essa notícia o deixou preocupado. Certamente, para se decidir a dar cabo daquilo que pertencia ao patrimônio do convento, o Prior deveria estar realmente em dificuldades. Mas não se podia remediar de alguma outra maneira?

Martinho se recordara, então, de ter ouvido a história de São Domingos, que, para resgatar o irmão de uma pobre mulher da escravidão dos sarracenos, havia se oferecido para estar no lugar dele como escravo, e disse para si mesmo que se o seu Pai pudera pensar em sacrificar a sua vida preciosa para consolar aquela infeliz, não haveria nada de estranho que ele, tão sem importância, oferecesse a sua vida pelo convento ao qual pertencia.

E eis que Martinho saiu correndo pelas ruas de Lima atrás do Prior, que ia até onde os comerciantes costumavam se encontrar para tratar dos seus negócios. Alcançou-o e, ainda ofegante, fez-lhe a sua proposta: não iria vender os objetos que tinha consigo, mas venderia a ele, Martinho, porque, segundo o próprio, para o convento era muito prejuízo

---
[10] Ibid. (XXII), p. 56.

continuar a manter aquele pobre idiota de mulato, enquanto um comerciante de escravos poderia pagar-lhe bem, por ser forte e poder trabalhar. E para ele seria muito bom encontrar, finalmente, quem o tratasse como merecia!

O Prior ficou petrificado; não conseguia, de improviso, compreender. Quando finalmente entendeu o "plano" de Martinho, viu-se com os olhos cheios de lágrimas e disse: "Volte para casa, irmão, você não pode ser vendido...".[11]

---

[11] Ibid. (VIII), p. 103.

V.
VIDA DE ORAÇÃO

> É a voz do amado! Ei-lo que vem...
> Ei-lo de pé atrás do muro, espiando pelas janelas, observando através das grades.
>
> (Ct 2,8-9)

A humildade é somente a alimentadora das virtudes, a oração é a sua mãe. A relação que ela estabelece entre a alma e Deus é, ao mesmo tempo, uma abertura para o conhecimento e para o amor do bem, e um canal pelo qual toda coisa boa do Sumo Bem chega até nós.

A vida religiosa – escola de virtudes, segundo São Tomás[1] – não poderia, portanto, ser concebida sem uma intensa vida de oração. Mais ainda a vida religiosa dominicana, se o programa da Ordem dos Pregadores pode ser sintetizado nestas três palavras: *contemplata aliis tradere [dar aos outros o resultado de nossa contemplação]*. A contemplação é o pressuposto necessário do apostolado: somente quem se alimentou do fruto da contemplação pode ter alguma coisa a dizer aos irmãos.

Martinho tinha cultivado a oração já antes de entrar para o convento. Uma vez no Santo Rosário, a intensificou até torná-la quase contínua. De qualquer ocupação – atestou o Padre Estêvão Martinez – o seu espírito tirava argumento para se elevar quase espontaneamente à contemplação das

---

[1] *Status religionis est quaedam disciplina vel exercitium tendendi in perfectÉonem. Quicumque autem instruuntur vel exercitantur ut perveniant ad aliquem finem, oportet ut directionem alicuius sequantur, secundum cuius arbitrium instruantur vel exercitentur ut perveniant ad illum finem, quasi discipuli sub magistro.* S. Th., 2a 2ae, qu. 186, art. 5.

coisas de Deus. Em todos os seus deveres – quando cuidava dos doentes, quando limpava, quando socorria os pobres – sempre os seus pensamentos estavam fixos em Deus.[2] Semelhante estado de oração não é, geralmente, um dom, mas é mais o fruto de exercício constante e generoso, e de muito boa vontade: "A oração perfeita não se adquire com muitas palavras, mas com afeto de desejo".[3]

Martinho, obrigado a fragmentar o seu tempo em variadas ocupações, tinha compreendido que devia aproveitar tudo que podia para alimentar sua vida de orante. Bastava, aliás, que olhasse ao seu redor: o próprio lugar onde vivia era como um contínuo convite às coisas de Deus e do espírito.

Havia, ainda, as imagens sagradas: nos corredores, nos patamares das escadas, nas paredes da enfermaria, do capítulo, das celas, a Virgem Maria lhe sorria mostrando-lhe o Menino Jesus; o crucifixo lhe abria os braços e o coração como para convidá-lo a uma união cada vez mais íntima com ele; os santos da Ordem Dominicana, mesmo na rigidez um tanto rústica dos seus traços esculpidos na madeira ou modelados na argila, lhe repetiam: "Coragem, Martinho, nosso irmão: aquilo que nós fizemos, faça-o também você".

Martinho queria bem a todas aquelas figuras que lhe colocavam na alma uma semente de pensamentos bons e não esquecia, encontrando-as na sua passagem, de saudá-las com uma inclinação ou até colocando-se de joelhos. Enfeitava-as de flores e de luzes, especialmente uma imagem de Nossa Senhora que estava no átrio do dormitório, Mas, sobretudo, procurava honrar o Senhor, a Virgem Maria, os santos, com a oferta de atos virtuosos. Esses, junto com a devoção do seu coração – adverte o irmão Donato Francisco de Santa Fé –, exalavam "maior fragrância que os buquês e as flores que ele colocava nesses altares".[4]

---

[2] *Ad novas* (CXV), p. 39.
[3] *Diálogo*, c. LXVI.
[4] *Ad novas* (LV), p. 79.

Além disso, havia a igreja, com o seu tabernáculo e com os seus altares. A capela que Martinho frequentava mais era aquela da Rainha do Santo Rosário. O desejo que lhe ardia no coração, de amar o seu Filho, ia dizer a ela, naquela capela, assim como a ela contava todo sofrimento seu; e lá, toda noite, suplicava que o guardasse e que não lhe permitisse cair nunca em pecado.

O amor por Maria Santíssima lhe era espontâneo, justamente como o amor de um filho pela mãe. Martinho estava sempre com Maria. Passava seus momentos livres – de noite ou durante o silêncio da tarde – na capela da Virgem Mãe. Não havia perigo de faltar ao Rosário que, à tarde, recitavam em comum, ou ao pequeno ofício de Nossa Senhora que precedia as Matinas do Ofício Divino, de madrugada. Toda manhã, antes da aurora, estava no campanário para lançar no espaço, com os toques do Ângelus, o convite para saudar Maria *Aurora consurgens*. Nunca renunciou a esse ofício, nem mesmo quando a idade já avançada e as forças enfraquecidas por uma mortificação sem trégua tornavam isso verdadeiramente pesado.[5]

Mas todos esses não eram senão momentos em relação às vinte e quatro horas do dia. Também as visitas à capela, às imagens de Maria, Martinho não poderia multiplicá-las ao infinito: tinha muitas outras coisas para fazer.

Felizmente, havia o terço do Santo Rosário. Martinho levava um terço grande ao pescoço, segundo o costume dos seus coirmãos da província de São João Batista do Peru. Levava outro terço na cintura, ou ainda o tinha continuamente nas mãos, deixando-o cair da cintura somente quando as suas mãos estavam ocupadas em algum trabalho, para retomá-lo em seguida, logo que as mãos estivessem livres, e continuar a dar a Maria o louvor que alegra com as suas alegrias, se compadece nas suas dores, exulta na sua glória.[6]

---

[5] *Ad novas* (LV), p. 79.
[6] Ibid. (V), p. 40, e (XXIV e XLVIII), p. 78.

Martinho amava Maria: até uma criança o entenderia somente ao ouvi-lo pronunciar o seu nome.[7]

E também Maria amava Martinho. Gostava de vê-lo diante de si como alguém que vai ao mestre para que o ensine. Quando aluno, era muito atento, bastava dizer-lhe as coisas uma vez para que ele nunca mais as esquecesse. Dia após dia, um pouco na capela do Rosário, um pouco entre as Ave-Marias do grande terço, Maria ensinou a Martinho muitas coisas. Foi justamente ela quem lhe disse que, para o fogo arder continuamente, é preciso recolher tudo aquilo que possa alimentá-lo, até um fio de capim caído na rua. Foi ela quem lhe explicou que a sede da alma não se mata senão em Deus, e que a graça – que é Deus na alma – é conseguida a mancheia pelos sacramentos. Foi ainda ela que o fez compreender que Deus podia ser encontrado em todas as suas criaturas, mas especialmente nas mais necessitadas, nas mais sofredoras. E lhe concedeu penetrar – ela que havia conservado no coração toda palavra do seu Jesus – o valor de muitas palavras belas como amor, sacrifício, obediência, pureza e bondade, que permanecem sons vagos enquanto não se tornarem realidades vivas. Ela o fez conhecer quanto poder adquiriram aquelas palavras depois que o Verbo de Deus, seu Filho, as disse e viveu aqui.

Maria lhe ensinou tudo isso. E, numa noite em que a lição tinha sido um pouco mais longa, para que Martinho, na pressa de correr até o coro para as Matinas não tivesse que tropeçar no escuro, e para que todos vissem quanto estava feliz com o seu aluno, mandou dois anjos em vestes branquíssimas para escoltá-lo com tochas acesas até lá.[8]

---

[7] Ibid. (CXV), p. 79.

[8] *Positio*, p. 6 (*Positio super Dúbio na constei de fama sanctitatis in genere ecc.* – Romae, 1669).

Dia após dia, Maria ensinou a Martinho muitas coisas.

Não é, portanto, de admirar que Martinho chegasse a encontrar Deus em tudo e a transformar toda a sua vida em oração: tinha sido aluno fiel da Virgem Sapientíssima.

Outro poderoso atrativo chamava Martinho insistentemente para a capela do Rosário, um amor vivo e profundo: sobre aquele altar estava o tabernáculo onde se conservava habitualmente a Santíssima Eucaristia.

Alguma vez, em lugar de ficar rezando na capela, Martinho subia ao sótão da igreja, onde tinha descoberto um esconderijo ideal para contemplar o tabernáculo sem ser visto por aqueles que estavam embaixo. Foi encontrado um dia, depois de uma busca infrutífera em todo canto do convento: Martinho tinha os joelhos dobrados, mas distantes alguns palmos do pavimento; a contemplação tinha-se transformado em êxtase, a fidelidade de todo momento havia atraído dom Francisco Delia Torre, oficial da guarda e seu bom amigo.[9]

Toda vez que passava pelo pátio superior, onde se abria uma das janelas que davam luz à capela do Santo Rosário, Martinho se ajoelhava e, lá da grande grade, adorava a Presença invisível.

Os seus grandes dias eram os das celebrações eucarísticas: a festa e a oitava de Corpus Christi, o terceiro domingo de todo mês, a quinta-feira. Quando o Santíssimo Sacramento ficava exposto para a adoração, Martinho passava horas e horas diante do ostensório, imóvel. Da atitude da pessoa transpareciam a fé e o amor da sua alma humilde.

Durante a manhã, assistia às várias missas, como, aliás, já tinha se acostumado a fazer desde quando estava em casa com a mãe. Quando os primeiros padres subiam ao altar, ele já estava na igreja. Havia muitos que celebravam naquela hora, e era quando ele se encontrava livre de outras obrigações. Sua

---

[9] *Ad novas* (XXXXII), p. 43.

devoção enquanto servia ao altar era contagiante, era como um fogo que se espalha, uma chama que incendeia tudo o que está ao seu redor.[10]

Os irmãos leigos geralmente recebiam a Santa comunhão nas grandes festas do Senhor e de Nossa Senhora, e todo domingo. Martinho havia conseguido a permissão de acrescentar a esses dias a quinta-feira. Mas a consciência não o deixava em paz, continuava a repreendê-lo por ter sido muito presunçoso. Para fazê-la calar de alguma forma, e conciliar a humildade com o desejo muito vivo de se unir ao Senhor, imaginava receber a comunhão da quinta-feira como viático. Na hora da morte, pensava, também um indigno como ele podia ter a coragem de pedir o Pão vivo que o Senhor nos deixou em memória da sua Morte, para dar-nos a vida.[11]

Quando ia receber a comunhão, o seu rosto se animava de tal forma "que parecia uma brasa acesa".[12] Fazia de maneira a ser sempre o último, depois desaparecia na sala do capítulo, e por algum tempo ninguém conseguia mais encontrá-lo. Escondia-se, simplesmente, em algum canto escuro, ou se tornava invisível mesmo ficando num lugar descoberto à vista de todos? Acontecia, talvez, às vezes uma coisa, e às vezes outra. As testemunhas, de fato, falam de horas e horas de agradecimento transcorridas por Martinho na solidão de Limatambo – uma fazenda pertencente ao convento a alguma distância de Lima – e falam de um Martinho em vão procurado por todo o convento, que se apresenta à ordem do superior, que está presente sem que tenha sido visto chegar: está presente repentinamente onde não se encontrava.[13]

---

[10] Ibid. (VI, VII, XXIII), p. 16, e (LV, CXV), p. 17.

[11] Ibid. (VI), p. 15.

[12] Ibid. (VII), p. 15.

[13] Ibid. (LI, LX, LXII, LXIII, CXV), pp. 14-16.

O seu dia eucarístico era passado em Limatambo, de tarde. Uma vez visível, Martinho se ocupava com as mulas e os bois da fazenda: reabastecia com capim fresco os cochos da estalagem, trocava a palha das camas dos animais. Se alguém lhe observava que não era preciso que ele se sujeitasse àquele trabalho, uma vez que havia os negros contratados justamente para aquilo, respondia que os negros tinham trabalhado o dia todo enquanto ele não tinha feito nada, e era um prazer poder reparar tanta inatividade antes que chegasse a noite.[14] A humildade tomava as suas precauções contra o orgulho indiscreto, recordando-lhe as palavras de São Paulo: "E para que a grandeza das revelações não me enchesse de orgulho..." (2Cor 12,7).

Portanto, os dias nos quais recebia a Santíssima Eucaristia eram, para Martinho, dias inteiros de oração ininterrupta, de conversação íntima e suave com o seu Senhor. Naqueles dias, enquanto se imergia na contemplação do Dom por excelência, se retemperava e se reacendia nele aquela chama de amor que irrompia depois em palavras tão ardentes que o fazia parecer "um Etna de fogo" toda vez que falava do amor que impeliu o Verbo a se encarnar e a permanecer sempre conosco no sacramento do altar.[15]

Aquilo que nós fazemos, com a palavra e com as obras, pela salvação do próximo é, segundo Santa Catarina, verdadeira oração, embora seja necessário consagrar algum espaço de tempo à oração propriamente dita.[16]

O convite a mergulhar nesses oásis da presença de Deus se fazia sentir em Martinho no decorrer do dia, em meio às suas várias ocupações: "Estando nos exercícios dessas

---

[14] Ibid. (XII), p. 56.
[15] Ibid. (CXVII), p. 17.
[16] *Diálogo*, c.LXVI.

coisas... o Espírito costumava chamá-lo, e ia o Servo de Deus para a cela, fechava a porta, e se colocava de joelhos no chão, num canto, onde permanecia como se as preocupações anteriores tivessem sido preparatórias para aquela...". Assim atesta Frei Fernando de Aragonês, o enfermeiro chefe, que, tendo uma segunda chave da cela, surpreendeu duas vezes Martinho imerso em oração. Duas vezes, mas não três, porque na segunda vez, vendo que não conseguia girar a chave, e não querendo ser surpreendido na intimidade do colóquio divino, Martinho prendeu um sininho à porta.[17]

Além disso, tinha as suas grandes reservas de tempo completamente livre para a oração. A noite era, naturalmente, a principal. Martinho tinha para si uma espécie de cama composta de tábuas cobertas com uma esteira e por travesseiro usava um pedaço de madeira. Mas era difícil que fosse dormir nele, à noite: quando muito, podia fazer lá alguma sesta, de dia, quando estava certo de que não teria tempo de descansar porque, de repente, alguém viria chamá-lo. À noite, quando o sono o surpreendia irresistivelmente, dormia cá e acolá, onde se encontrava, na posição mais precária.[18] Mas, durante a noite, tinha mais que fazer. Como a Esposa dos Cânticos, Martinho ia à procura do seu Amado. Procurava-o, depois de ter pedido a Maria que lhe mostrasse o rosto bendito do seu Filho, no coro superior, onde ficava rezando depois das Matinas. Procurava-o na sala do capítulo, onde algumas vezes os irmãos o surpreenderam elevado do chão até à altura do grande crucifixo, com os braços em cruz, as mãos sobre as mãos pregadas do Cristo, como se o abraçasse. Procurava-o nos subterrâneos do campanário onde, esperando a hora de tocar o Ângelus, terminava a sua noitada de oração e de penitência.

---

[17] *Positio*, p. 39.
[18] *Ad novas* (XII, XIII, XV, XXIII), pp. 90-91.

Martinho, rapidamente, tinha compreendido uma grande coisa, uma coisa que não passa despercebida a nenhum daqueles que se colocam na escola de Maria. Tinha compreendido que, para fazer progressos verdadeiros na oração, é preciso a mortificação. Pensava da mesma forma um santo quase contemporâneo de Martinho – Filipe Néri, o mais proverbialmente alegre entre os santos – que dizia: "Querer se entregar à oração sem se mortificar é como ser um passarinho e querer voar antes de lhe crescerem as penas".

Desta forma, pode-se dizer que Martinho havia compreendido muito bem essa lição. Os santos, é verdade, não fazem as coisas pela metade, mas ele exagerava – fazia aquilo que ultrapassa a capacidade de resistência de qualquer criatura. E, no entanto, resistia. Quer dizer que, pelo amor que o fazia procurar com tanta determinação o sofrimento, o dom da fortaleza sobrenatural descia para suprir a fraqueza da natureza.

O padre Gaspar de Saldanha lhe ordenou, uma vez, que lhe dissesse o que havia de verdadeiro nos comentários que corriam sobre as suas mortificações. "Não seria propriamente o caso de falar sobre elas" – respondeu Martinho, todo envergonhado, "o Senhor fará conhecer, uma vez ou outra, aquilo que importa saber sobre isto". Dado, porém, que o superior não se contentava com uma resposta tão vaga, precisou confessar que, toda noite, fazia três disciplinas, como, aliás, fazia o seu Pai, São Domingos. Depois lhe pediu que não lhe perguntasse mais nada.[19]

Vivia no convento um jovem, certo João Vázquez que, sendo para Martinho uma espécie de assistente voluntário em todas as suas ocupações, tinha livre acesso a todo lugar.

---

[19] *Positio*, p. 28.

Esse Vázquez disse alguma coisa sobre as mortificações noturnas de Martinho.[20]

A primeira disciplina era feita quase sempre na sua cela, onde se fechava logo depois da Ave-Maria da tarde. Aqui, por três quartos de hora rezava e se flagelava com uma tríplice corrente de ferro, tornada mais áspera por rosetas rústicas também de ferro. Oferecia aos golpes todo o corpo, nu, porque queria experimentar o que o Senhor Jesus havia experimentado quando o despojaram e flagelaram, depois de o amarrarem a uma coluna. A pele inchava, abria-se aos golpes, o sangue escorria.[21]

Martinho pensava na sua vida, em cada ação da sua vida de religioso, oferecido em holocausto para a glória de Deus, e a achava tão mesquinha, tão fria e vazia! Olhava para si mesmo na luz ofuscante da majestade de Deus: ele pertencia àquela infinita Perfeição por uma opção especial, por um convite livre que fora livremente aceito. E o que podia encontrar de agradável aos olhos de Deus que pousavam sobre ele? O que teria encontrado na terra, no decorrer de todos os séculos, o olho puríssimo do Pai, para se alegrar, se não o Filho amado e a oferta dolorosa do seu amor?

Mas a paixão de Jesus continua no seu Corpo Místico. Cada membro unido à Cabeça e partícipe dos seus sofrimentos pode escutar da voz do Pai palavras de uma doçura inefável: "Também você é um meu filho amado, objeto do meu agrado".

Por isso, Martinho se flagelava com tanta energia e desfrutava pelo sangue que gotejava das feridas: sabia que a oferta que fazia de si em união com o Sangue de Jesus torná-lo-ia agradável ao Pai.

---

[20] *Ad novas* (XXX), pp. 36 e 87, e (XXII), p. 88.
[21] Ibid. (CVT), p. 40.

Depois que terminava, chamava João Vázquez para que o ajudasse a medicar as feridas. O remédio – vinagre forte – tornava a dor mais cruel. A pele do rapaz se arrepiava toda, vendo-o naquele estado de fazer dó, e suplicava-lhe para que não fizesse mais aquilo, que escolhesse outra penitência. Martinho cortava logo: "É o que preciso para a minha salvação", dizia alegremente, com uma bela risada.

Se ele, que era médico, dizia, o que poderia objetar João Vázquez?

À meia-noite e quinze, Martinho fazia a segunda disciplina. O instrumento era uma corda cheia de nós, o lugar era a sala do capítulo. Essa segunda disciplina era dedicada aos pecadores, com o fim de reparar a ofensa feita a Deus com os pecados, de impetrar em favor das almas distantes a graça de voltar a ele.

A vida, como transcorria em Lima, tinha muitas ocasiões para armar o braço de Martinho com nova força. Era todo um pulular de pecados: os pecados dos soberbos injustos – dos avarentos que fecham o coração para a miséria dos irmãos – dos sensuais que renegam o espírito. Martinho redobrava os golpes. Que horrível pântano de lodo o olho "daquele que vê no segredo" devia descobrir debaixo das riquezas da cidade, embora muito bela no frescor ainda novo de seus palácios, suas igrejas, suas ruas apontadas para os quatro pontos do horizonte! Todo dia, na multidão dos pobres que recorriam a ele, Martinho tocava com as mãos todas as coisas, as consequências desastrosas do mal feito e do bem omitido.

Mas aqui, diante do grande crucifixo do capítulo, o pensamento do amor que "mantém o Deus-e-homem pregado na cruz", lá onde nenhuma força criada poderia obrigá-lo – que o mantém lá justamente para reparar o pecado e poder perdoar os pecadores – esse pensamento se sobrepunha a qualquer outro pensamento. Então, da humilhação dolorosa daquele exercício de penitência, o Senhor o atraía a si, elevava do chão o seu corpo, concedia à alma penetrar as inacessíveis profundidades do amor divino, o "segredo do coração". Várias vezes, João Vázquez o surpreendeu durante essa oração, elevado da terra até à altura do crucifixo.

Quando esse segundo trecho do seu itinerário noturno tinha sido percorrido, Martinho se concedia um pouco de repouso. Sem subir até sua cela, se deitava para dormir sobre o catafalco dos mortos que estava na sala do capítulo: não poderia encontrar nada melhor para temperar o descanso do repouso com o desprazer do leito humilde e com o pensamento da morte!

E, finalmente, ao raiar da aurora, Martinho se submetia à terceira e mais dolorosa disciplina. Até o lugar escolhido para essa penitência tinha alguma coisa de horrendo: uma sala subterrânea, aos pés do campanário, escura e insalubre. Ainda uma vez a camisa rústica era rasgada pelas feridas vivas. Mas depois do sofrimento das duas primeiras disciplinas, das longas e ardentes orações, da vigília quase ininterrupta, Martinho não confiava mais na força dos seus músculos. Por isso, se fazia ajudar, algumas vezes, pelo jovem Vázquez, mais frequentemente por algum seu beneficiado, índio ou negro, que armava com varas de marmelo, pedindo-lhe que, se tivesse algum reconhecimento pelo benefício, batesse nele sem misericórdia. Assim, o suplício se tornava duplamente humilhante e muito doloroso. Eram sempre rapazes robustos e de alma simples, prontos para dar um prazer a um amigo sem muito sofisticar sobre seus gostos, e os seus músculos, avessos aos trabalhos mais pesados, se exercitavam sem esforço naquela ginástica matinal.

Enquanto, na escuridão daquela espécie de cárcere, as varas dilaceravam os seus membros doloridos e reabriam as feridas, Martinho se identificava com as almas para as quais o cárcere do purgatório esconde a luz inefável de Deus; as almas que não podem, por si, apressar o momento da própria libertação, e esperam ajuda da caridade de outros. Talvez também para se assemelhar melhor a elas, Martinho queria receber aquela flagelação dos seus amigos; sentir-se impotente, passivo, sem outra ajuda para si senão a voz. Não que a empregasse para dizer "basta", mas para pedir e suplicar que golpeassem sem piedade.

Paravam quando a hora do *Ângelus* chamava Martinho das trevas do subterrâneo para a luz rosada na qual se projetava a torre do campanário.

No mesmo momento, talvez, as almas por amor de quem havia oferecido os seus sufrágios dolorosos – quem poderia dizer quantas? – passavam das trevas para a visão da Luz eterna, e saudavam, no raiar do seu dia sem ocaso, a Rainha do Céu.[22]

Assim, nas suas orações noturnas, Martinho unia a contemplação à penitência, sob o impulso da caridade. Olhava e amava a sua alma e as almas dos seus próximos na luz e no amor de Deus; olhava e procurava Deus e o encontrava participando nas dores de Cristo.

E se, no começo da noite, tinha podido fazer suas as palavras do Cântico dos Cânticos: *surgam... quaeram quem diligil anima mea* [Vou levantar-me... procurando o amado de minha alma], o aproximar-se do dia, depois de ter provado as inefáveis doçuras da união na dor, certamente a sua alma repetia: *tenui eum, nec dimittam* [Segurei-o e não o soltarei].[23]

Voltava, portanto, aos seus deveres para não se deixar separar do objeto do seu amor. E conseguia. Dele se poderia

---

[22] Ibid. (XV, IX, VII, XXII), pp. 86-88 e (LIII), p. 91.
[23] Ct 3,2.4.

dizer – observa o Padre Agostinho de Valverde – aquilo que se lê de São Martinho bispo de Tours, *nunquam spiritum ab oratione relaxabat* [nunca afastava da oração o espírito], porque sabia fazer ao mesmo tempo as atividades de Marta e as contemplações de Maria.[24]

Coisa bonita, fácil de dizer, mas não igualmente fácil de fazer. Para muitos parece até impossível. Martinho tinha experimentado a chave do sistema da espiritualidade dominicana, e tinha chegado através da sua aplicação pessoal, do seu estudo assíduo, a possuir tão bem a arte de usá-la que fazia de si como uma atuação viva do ideal de vida mista, característico da Ordem dos Frades Pregadores.

De resto, prolongava os seus exercícios da noite durante o dia – como a oração, e também a mortificação – vestindo um cilício e cingindo uma grande corrente de ferro. E, da mesma forma que à noite, na sua cela, no capítulo ou no subterrâneo da torre do campanário, também durante o dia Martinho ia frequentemente se flagelar na solidão de Limatambo.[25]

E, além do mais, jejuava continuamente, porque, aos tempos de jejum prescritos pelas leis da igreja e pelas constituições da Ordem, acrescentava muitos outros tempos por motivos particulares de devoção, de forma a transformar praticamente todo o ano em tempo de jejum: "Para o referido servo de Deus, todos os dias eram dias de jejum de preceito", no dizer do seu colega, o Donato Francisco de Santa Fé. Para se fazer uma ideia do rigor desses jejuns, basta ver como eram as refeições de Martinho nos dias festivos. Depois de uma Quaresma inteira a pão e água, e na abstinência total de todo alimento nos últimos três dias da Semana Santa, no

---

[24] *Ad novas* (XXIII), p. 39.
[25] Ibid. (LIX), p. 87.

dia da Páscoa "como grande presente comia algumas raízes chamadas camotes. E no segundo dia, depois da solenidade da Páscoa, comia um pão recheado e um pouco de couve, sem comer carne".[26]

No final das contas, Martinho jejuava a vida toda à base de pão e água, pois as raízes de "camotes" são o "pão" para os índios e, portanto, devem ser consideradas nada mais que "pão".[27]

Martinho era muito generoso com o Senhor. Mas o Senhor não era menos generoso com ele. A suavidade com a qual inundava a sua alma era tão grande que Martinho não podia conservá-la para si, e era quase obrigado a gritar: "Oh! Quão suave é Deus!" ou "É muito digno de ser amado!".[28]

João Vázquez estava há pouco tempo no Convento do Rosário quando, numa noite, perto das onze horas, foi despertado por um forte tremor de terremoto. Cheio de medo, pulou da cama e correu para chamar Martinho, mas ficou ainda mais desconcertado quando viu a cela toda inundada de luz e Martinho estendido por terra, com o rosto voltado para baixo e o terço na mão. Quase fora de si, se inclinou sobre ele, gritou para que se levantasse, que tomasse cuidado para que a cela não caísse sobre ele, agarrou-se a ele como alguém que está para se afogar...

As paredes oscilavam como bêbadas, as vigas rangiam. Martinho permanecia imóvel, e João Vázquez se sentia enlouquecer. Agarrou as suas roupas, colocou-as sob os braços e correu para o pátio. Lá, enquanto se vestia, viu o Donato Frei Miguel de São Domingos e gritou para ele a grande

---

[26] Ibid. (XII), p. 89.
[27] Ibid. (XLVIII), p. 98.
[28] Ibid. (I), p. 88.

maravilha daquela noite: a luz envolvia Martinho, imóvel na oração, enquanto tudo corria perigo.

"É verdade, acredito", respondeu Frei Miguel, "mas se você continuar a conviver com Frei Martinho, vai ver muitas coisas desse tipo...".

No entanto, para contentá-lo, acompanhou-o até a cela onde Martinho ainda estava imerso no esplendor daquela luz, enquanto as paredes tinham se tornado imóveis e o edifício, mais firme e compacto que nunca. Depois, compadecido com o estado do rapaz que ainda havia visto poucas coisas semelhantes, Frei Miguel o levou consigo e lhe preparou uma espécie de cama na sua cela.

Mas, na manhã seguinte, voltando à cela de Martinho, João ouviu dizer, com orgulho e com firmeza: "Tome cuidado para não fazer comentários sobre aquilo que você poderá ver aqui dentro... Mesmo que aconteça alguma coisa extraordinária, que você tenha visto, paciência: mas não vá espalhar por todo lado...".[29]

Martinho devia guardar o "segredo do Rei". Chega depois o tempo em que todas as ações mais escondidas devem ser "proclamadas sobre os telhados", como diz o Evangelho, para louvor ou para reprovação de quem as realizou.

Esse tempo chegou, para as obras de Martinho. Mas, falar sobre todos os fatos extraordinários que acompanhavam sua oração e sobre os prodígios que as suas orações souberam realizar seria muito longo aqui. É melhor deixar a narração para outro capítulo.

---

[29] Ibid. (XXX), p. 36.

VI.
O DOM COMPLETO

> Um olhar luminoso alegra a alma.
>
> (Pr 15,30)

Embora a oração e a mortificação e aqueles minutos de sono sobre o catafalco da sala do capítulo lhe ocupassem grande parte da noite, Martinho devia também reservar um pouco de tempo para visitar os seus doentes quando havia algum muito grave que precisasse da ajuda naquelas horas.

Havia no convento uma velha escada, escura, e tão gasta pelo uso que se tornara quase impraticável. Num dado momento, até para impedir que alguém rolasse escada abaixo pelos degraus gastos, a sua passagem tinha sido fechada. Mas, depois, Martinho percebeu que aquele era o caminho mais direto entre a sua cela e a enfermaria, e decidiu passar por ele para os seus serviços noturnos aos doentes.

Foi assim que, uma noite, enquanto se dirigia para aquele lado com as mãos e os braços carregados de roupa para a enfermaria, logo que chegou diante da escada se lhe apresentou uma vista de fazer gelar o sangue: um corpo monstruoso lhe barrava a passagem, e daquela coisa informe se erguia uma caricatura horrível de rosto humano, que lampejava ódio e maldade nos olhos lívidos.

Não precisava muito para compreender de que se tratava.

"O que você faz aqui, maldito?" – perguntou Martinho.

Dizem que o demônio é muito inteligente, mas às vezes, pelo modo como age, não pareceria.

"Estou aqui porque aqui estou bem" – respondeu ele arrogantemente –, "e porque espero ganhar alguma coisa boa".

"Vá para as malditas cavernas onde você mora!", disse-lhe Martinho. O outro nem se moveu. Martinho não tinha vontade de perder tempo com discussões: colocou no chão o braseiro aceso e a roupa branca dos seus enfermos, tirou a cinta de couro que lhe apertava a túnica na cintura, e desceu uns golpes contra o monstro.

Certamente, não pelos golpes, que não podem fazer mal a um espírito, mas por estar convencido de que não havia nada a esperar, o demônio, imediatamente, deixou livre o terreno.

Martinho, então, tirou do braseiro um tição, traçou na parede o sinal da cruz, e se ajoelhou para rezar e para agradecer ao Senhor, que lhe havia dado a vitória sobre o espírito do mal, justamente como, trezentos ou trezentos e cinquenta anos antes, tinha feito o seu coirmão Tomás de Aquino depois de ter desmascarado o inimigo, que, daquela vez, tinha escolhido um disfarce completamente diferente.[1]

É muito natural que os progressos que uma alma faz na virtude enervem o inimigo do bem. Por isso, os santos, alguns mais e outros menos, têm, uma hora ou outra, de enfrentar lutas abertas ou ocultas contra ele. É muito menos natural, ao contrário, que o bem despreze as almas boas. E, no entanto, acontece, como se relata na vida dos santos de todos os tempos, além de acontecer na nossa vida de todos os dias.

Essa inveja do bem, entre os bons, é uma das coisas mais maçantes e mais dolorosas que se encontra na face da terra – é como um laço que aprisiona na ação, como uma ponta sutil que penetra e dói no mais profundo da alma.

---

[1] Processo 1660 (LXII), cc. 496 – 497 (*Processus ordinaria attctoritate fabricatus, super sanctitate Vitae, Virtutibus heroicis et Miraculis*).

Parece que Martinho não experimentou essa dor. É verdade que muitas vezes o tratavam mal. Mas se alguém lhe dissesse "cão mulato" não o fazia por inveja da sua virtude. Fazia-o simplesmente porque algum motivo qualquer de irritação de repente havia incomodado todo aquele complexo de preconceitos, enraizados na alma e herdados com o sangue de todo bom espanhol do século XVI, que hoje nós chamamos preconceitos raciais. Mas o fazia, poderíamos dizer, em boa fé, e assim Martinho o entendia, porque "sabia" ser verdade todo o mal que se podia dizer sobre ele.

Se, no entanto, as repreensões, as humilhações, os maus tratos, vinham de um superior, a coisa era ainda mais pacífica. Sabe-se que os superiores têm o dever de provar os indivíduos e de ajudá-los a caminhar por um atalho um pouco mais íngreme que aquele onde a nossa vontade fraca se dobraria muito facilmente.

No caso de Martinho, aquele seu gosto tão pronunciado pelas humilhações era avaliado para ver se era realmente genuíno. É relativamente fácil colocar-nos por nós mesmos nos últimos lugares, mas é muito difícil deixar-nos colocar no último lugar pelos outros. Os superiores do convento do Santo Rosário deviam ver como Martinho reagia quando eles o colocavam em posição inferior. Precisaram também tomar consciência – uma vez que começaram a ter a notícia das graças extraordinárias das quais era objeto aquele pobre mulato – da autenticidade de tantos dons sobrenaturais. Nada de estranho, portanto, se exerceram escrupulosamente esse seu direito e dever.[2]

Isso não quer dizer que entre Martinho e seus superiores e coirmãos houvesse, do começo ao fim, total lealdade. Deviam colocá-lo à prova para ver como se comportava sob

---

[2] *Ad novas* (Vss), pp. 91-96.

pressão, e o fizeram. Mas, uma vez aprovado, não hesitaram em reconhecê-lo como metal bom, branco ou negro que fosse.

Algo precisa ser dito para louvor deles: quando a santidade de Martinho apareceu evidente, não houve preconceito de nascimento ou de cor que pudesse impedir aos frades do Santo Rosário reconhecê-la como tal. Aconteceu, então, que religiosos cuja dignidade sacerdotal os elevava a um nível muito superior ao dos Donatos tomaram Martinho como modelo de vida, e lhe pediram que os considerasse como filhos.

Deve-se dizer também para louvor de Martinho, porque aqueles que o estimavam assim não eram os que tinham chegado primeiro. Os dominicanos são homens positivos, habituados a raciocinar mais que a poetizar, e nada inclinados a construir castelos no ar, aos exageros, aos entusiasmos. Muito menos aqueles do Santo Rosário, que era um convento de estudos, sede da primeira universidade do Novo Mundo, e podiam, portanto, considerar-se como uma aristocracia do espírito e da cultura; se disseram: "Martinho é um santo", pode-se ter a certeza de que não o disseram por acaso. Resta-nos ver como chegaram a esta conclusão.

Frei Francisco Velasco Carabantes ouviu tal parecer do Padre André de Lisón, que era o mestre dos noviços e devia, portanto, saber muito em termos de espiritualidade. "Sabemos", havia declarado o Padre André a todo um grupo de noviços e a alguns professores, "sabemos que este mulato é santo, e como santo haverão de venerá-lo muito; nesta noite, teve uma luta famosa com o demônio e o deixou vencido".[3]

De fato, na noite anterior, tinha acontecido a luta, não na escada da enfermaria, mas na mesma cela de Martinho, e o padre mestre ouvira dele a narração num longo colóquio.

---

[3] Ibid. (VII), p. 96.

Martinho, aliás, não estava sozinho diante do adversário: o oficial da guarda Francisco della Torre – aquele mesmo que, um dia, tinha surpreendido Martinho em êxtase no sótão da igreja – há alguns meses compartilhava a sua cela, e esteve presente na luta e, mais tarde, relatou o ocorrido.

Francisco ocupava a parte posterior da sala separada da anterior por uma espécie de antecâmara. Estava para se recolher quando ouviu abrir e fechar a porta, e a voz de Martinho, sempre tão comedida e suave, elevar-se em tom irado: "O que você veio fazer aqui, impostor? O que você veio procurar? Este não é o seu quarto: vá embora!".

Dessa vez, Lúcifer devia ter previsto um ataque em grande estilo, e à ordem de ir embora, apesar de reforçada por uma série de invectivas, não deu atenção, absolutamente. Talvez, o grupo que se reunira ali pudesse pretender o nome de Legião, como aquela que, um dia, no país dos gerasenos, obrigada pelo poder do Verbo a deixar livre uma criatura humana na qual tinha feito sua casa, desafogava sua raiva sobre uma vara de porcos. O fato é que à invectiva de Martinho seguiu-se um barulho realmente infernal: os demônios, agarrando o frade, maltratavam-no com grande fúria. Francisco della Torre quis saber o que era toda aquela algazarra e colocou a cabeça fora da sua cela. Viu Martinho rolar de cá para lá no chão, arremessado contra as paredes: viu-o dobrar-se e o ouviu gemer sob os golpes de quem o agredia. Mas não viu sequer a sombra de algum agressor.

De repente, a cela e tudo aquilo que estava dentro dela se acendeu e ardeu.

Francisco della Torre não era nenhum medroso: correu para lutar contra o incêndio, e junto com Martinho conseguiu dominar as chamas.

Depois, de repente, como tinha surgido, aquela grande confusão terminou e tudo ficou calmo.

Francisco voltou para sua cama e Martinho relaxou sobre a sua tábua, aproximou da pedra que tinha como travesseiro a caveira à qual pedia algum bom pensamento antes de se deixar dominar pelo sono, e dormiram, um e outro, cansados e tranquilos.

Às três da manhã, quando Martinho se levantou a fim de se preparar para tocar o Ângelus, deixou uma vela acesa para o companheiro. Francisco pulou da cama porque estava muito curioso para constatar os estragos do incêndio.

Maravilha das maravilhas! Nem as paredes, nem os guarda-roupas, nem a roupa de cama dobrada em cima da escrivaninha, que Francisco poucas horas antes tinha visto envoltos nas chamas, tinham qualquer sinal de fogo ou de fumaça.[4]

Assim, portanto, a "famosa batalha" se encerrava com a clara derrota dos espíritos do mal.

Todavia, o juízo do padre mestre André de Lisón não deve ter-se baseado somente nesse "fato de armas", embora glorioso. Os fatos extraordinários não podem ser o termo de comparação da santidade. Esse termo de comparação é, para um religioso, a vida comum. De fato, os eremitas se santificam no deserto e os leigos, na sociedade, mas os religiosos tomaram como meio de santificação a vida comum, que quer dizer caridade fraterna e ajuda do bom exemplo, mas também firmeza e resistência diante dos exemplos piores, tolerância e paciência no contraste dos caracteres.

Nos atritos da vida comum também a virtude de Martinho se revelou ouro puro.

Pode acontecer que aqueles que levam uma vida muito austera se tornem rudes nos modos, e talvez – o que é ainda

---

[4] Ibid. (XVII), pp. 96-97; cf. também (VI e VII), p. 96.

pior – também um pouco descorteses. É uma pena que isso aconteça, porque, então, a virtude, de amável e atraente que deveria ser, se torna antipática.

Também para impedir que isso aconteça, talvez, além de conservar todo o frescor das coisas puras, de certas obras boas, o Evangelho quer que a mortificação – como a oração e a esmola – seja oferecida ao Pai no segredo: "Quando jejuardes, não fiqueis de rosto triste como os hipócritas. Eles desfiguram o rosto..." (Mt 6,16).

Martinho sabia expressar muito bem essa palavra do Evangelho. Nada mais simples e amável do que o seu modo de fazer. As austeridades – noturnas e diurnas – e os sofrimentos que tinham morada estável naquela sua fibra heroica ficavam na sombra, era um segredo confiado à guarda cuidadosa do amor que reserva a sua oferta para ser vista só pelo seu amado.

Transparecia, no entanto, como alegria de conquista espiritual, na luz do seu sorriso. Se é fiel – e como poderia não sê-lo? – o retrato, ou melhor, os vários esboços de perfil que dele traçaram os seus coirmãos, Martinho era o tipo perfeito do homem que é indiscutivelmente senhor de si. Todo o seu comportamento era expressão de domínio interior e, ao mesmo tempo, de fidelidade aos costumes da regra: olhar baixo, mãos cruzadas no peito, escondidas nas amplas mangas da túnica. O seu silêncio era "tão raro" – relata o Padre Cristóvão de Toro, para dizer que era levado a um grau que raramente se encontra –, que, somente quando o exigia a caridade para com o próximo ou a obediência, Martinho o interrompia, e também então as suas palavras "eram breves, poucas, Santas, necessárias", correspondentes às necessidades dos irmãos.

Mas, quando abria a boca, o seu dizer era dotado de tamanha graça que qualquer um ficaria horas e horas a escutá-lo. O Padre Antonio de Morales não hesita em chamar "estilo" aquele seu modo de falar, para elogiar a sua eficácia, a concisão, a eloquência, para relevar como todos esses dotes eram desproporcionais à condição do humilde irmão Donato.[5]

Martinho realmente possuía a capacidade – aperfeiçoada no exercício do silêncio – de dizer "coisas" mais do que "palavras". No seu discurso, denso, objetivo, toda palavra tinha peso, e nelas não havia lugar para palavras ociosas.

Era lógico, aliás, que fosse assim, quando se pensa quais eram os argumentos dos seus discursos. "Todas as conversas que tinha quando se apresentava a ocasião eram sempre sobre coisas celestiais... mostrando a esperança que todos deviam ter na salvação pelos méritos do nosso Senhor Jesus Cristo e da sua santíssima Mãe...".

Com Deus ou de Deus São Domingos sempre falava. E Martinho, pouco acostumado às conversas, o seguia e acentuava a seu modo: "falando cada vez mais com Deus do que sobre Deus".[6]

A natureza tinha sido generosa com ele. No seu físico se conciliavam harmoniosamente os melhores dotes das duas raças das quais tinha origem: a nobreza e regularidade de traços do seu pai espanhol e a destreza e galhardia dos negros. E ainda mais atraentes eram os dotes morais: um caráter naturalmente tranquilo, reflexivo, silencioso, uma inteligência pronta e arguta, uma alma reta, amante da verdade, cheia de bondade e de compaixão.

Todos esses dotes, ele os tinha aperfeiçoado, com o concurso da graça divina, até submetê-los perfeitamente ao império racional da vontade, até possuir tão plenamente a cidade da sua alma, de modo a não deixar escapar nunca nada

---

[5] Ibid. (XXII), p. 100, e (I), p. 99.
[6] Ibid. (VI), p. 24.

de inconsiderado, nem em atos nem em palavras. Martinho era como "uma sentinela viva".

Mas isso não basta para explicar o porquê de as pessoas se sentirem atraídas para o bem pelo simples fato de vê-lo; e também o porquê de os aflitos e os sofredores se sentirem consolados só pelo fato de olhar para ele.[7]

Entre nós e o homem que atingiu alguma perfeição, o confronto humilhante da nossa incapacidade pode cavar um abismo; os dotes naturais, especialmente os "usurpados", por assim dizer, de uma condição diferente da própria, despertam facilmente inveja e ciúme; também aquela fidelidade inflexível ao silêncio e a certas atitudes exteriores – aqueles olhos fixos no chão, aquelas mãos cruzadas nas mangas – podem incomodar mais que atrair.

Em Martinho, todas essas coisas eram atraentes. E acredito que o mérito era todo do seu sorriso. Embora já tratado por alto, esse particular parece não ter fugido a nenhum daqueles que traçaram, nos seus depoimentos, o perfil de Martinho. Todos tiveram alguma coisa para dizer sobre o seu sorriso.

Não era um sorriso qualquer, é claro. Não era o sorriso que vem e vai segundo os altos e baixos das próprias coisas. Muito menos, o sorriso que se compraz com a maré baixa nas obrigações dos outros. O sorriso de Martinho se cobria de dor na dor dos outros, e na sua própria dor brilhava mais luminoso. Era constante, mas não fixo. Irradiava, sempre, a pureza e o ardor da alma, e assumia dos contatos com o próximo nuances de uma delicadeza inexprimível – da mesma forma que a luz adquire tons indefiníveis dos objetos que estão diante dela. Era coragem para os tímidos, conforto para os sofredores, confiança para os desesperançados, esperança

---

[7] Ibid. (XLIX), p. 74.

para os oprimidos. Inspirava sempre – e é o que mais interessa – desprazer do mal e amor ao bem.

Quando a virtude desperta a vontade de imitação é virtude verdadeira. E quando alguém sabe manter tal sorriso, sempre, em todas as contrariedades dos contatos com o próximo, acima de qualquer oscilação de lutas internas, quer dizer que nele reina a caridade. "Ó doce fogo de amor que enche a alma de toda doçura e suavidade!", exclama Santa Catarina. "E, por isso, nenhum sofrimento nem amargura pode cair naquela mente que arde de tão suave e glorioso fogo".[8]

E o que é a santidade senão o reino da caridade na alma?

Por isso, o Padre André de Lisón e os outros tinham razão de dizer: "Martinho é um santo".

Uma vez, depois de expressar essa opinião, os dominicanos do Santo Rosário tiraram dele uma consequência lógica: se Martinho é tão santo, não é justo que seja privado, além do mais, da graça da profissão religiosa.

Que a possibilidade oferecida a Martinho de fazer a profissão solene fosse consequência do conceito de santo ao qual tinham chegado os coirmãos, di-lo claramente o Padre Antonio de Morales, citando o fato singular da sua profissão como prova do "crédito de santo" do qual ele desfrutava, "porque, embora geralmente os conversos, que nessas cidades do Peru se chamam donatos, não fizessem profissão solene, o referido servo de Deus a fez com toda a formalidade, como verdadeiro religioso, e assim a sua profissão era celebrada como singular, e os religiosos tinham consideração pelo servo de Deus, como um religioso

---

[8] Carta 217.

verdadeiramente professo".[9] Martinho já vivia a sua vida de Donato há nove anos.

Quando pedira para ser admitido, seu pai tinha protestado e quereria que o recebessem pelo menos entre os irmãos leigos. Mas, desde o momento em que o seu protesto e o seu pedido não eram inspirados senão por orgulho ferido e por vanglória, Martinho resistiu com aquela firmeza que se viu.

Depois, durante os nove anos passados no Santo Rosário, tinha compreendido melhor e aprofundado mais muitas coisas da vida religiosa. Não é de se admirar. Nenhuma mente, por mais aguda que seja, penetra à primeira vista no mais profundo das coisas – ninguém capta à primeira vista toda a beleza de uma paisagem ou, à primeira leitura, todo o sentido de uma obra literária. Da mesma forma, não basta a vocação para fazer penetrar na sua profundidade, desde o primeiro momento, a vida religiosa, que, na grande harmonia das coisas do nosso mundo, é como um motivo dos mais misteriosos e inatingíveis. É preciso mergulhar dentro e vivê-la.

Assim fez Martinho, e vivendo-a durante aqueles nove anos com uma fidelidade que teria sido digna de louvor até num religioso professo, embora nenhum laço o obrigasse a isso a não ser o da sua constância, percebeu que faltava alguma coisa – não à sua ambição, não à sua dignidade, mas às exigências do impulso que o havia levado até lá. Havia se oferecido, sim, seguindo aquele impulso; tinha-se doado com um ato que, na sua intenção, tinha sido definitivo, e dele dava prova justamente permanecendo livremente fiel a ele.

Faltava, ainda, uma coisa para a perfeição do seu dom. Aos pés do grande crucifixo do capítulo que conhecia suas orações e penitências, ou diante do tabernáculo guardado pela

---

[9] Processo 1678 (I), t. I, c. 221-b (*Beatificationis et Canonizationis servi Fratris Martini de Lima, Laid Ordinis S. Dominici, Processus Limanus in specie*).

imagem da Rainha do Santo Rosário, Martinho podia repetir: "Senhor, na simplicidade do meu coração eu te dei tudo com alegria, e me empenhei em te seguir em todo lugar aonde tu vais". Mas não podia dizer: "Senhor, tu te empenhaste comigo para que eu possa te seguir por toda parte para onde quiseres me acenar".

A vocação se origina do amor e se realiza nele, tendo ele as suas exigências: precisa se doar, mas tem também necessidade de ouvir que o seu dom é aceito. Não é por acaso que a profissão religiosa é comparada às núpcias, na qual dois que se amam fazem dom de si um ao outro e aceitam o dom um do outro. Na profissão, a igreja acolhe o dom em nome de Cristo, seu Esposo, e promete ao doador uma retribuição divina.

Desse selo, dessa aceitação solene por parte da igreja, Martinho sentiu certamente a falta durante o seu longo noviciado, mas não fez menção disto, porque tal desejo podia parecer presunção para sua humildade. Mas, quando foram os superiores que o convidaram a dar aquele passo, aceitou com alegria.

Foi assim que, um dia, diante da comunidade recolhida na sala do capítulo, depois de ter implorado a misericórdia de Deus e da Ordem, Martinho fez a sua profissão solene, prometendo obedecer até à morte a Deus, à bem-aventurada Virgem Maria, ao bem-aventurado pai Domingos e aos superiores da Ordem, segundo a regra de Santo Agostinho e as constituições dos Frades Pregadores.

E o grande crucifixo o olhou com amor e, na pessoa do superior que tinha recebido a profissão, lhe deu o beijo da paz.

VII.
AS VIRTUDES RELIGIOSAS

> Guarda-me como sinete sobre teu coração,
> como sinete sobre teu braço.
>
> (Ct 8,6)

Com a profissão religiosa, a única mudança na vida de São Martinho foi interior, foi no espírito que, recebido o selo da estabilidade, se dilatou na paz, enquanto encontrava em si novo impulso para progredir, permanecer fiel ao empenho solene assumido diante de Deus e diante dos irmãos.

A sua alegre jovialidade ia ao encontro a todos os deveres da vida religiosa, lembrando as palavras do salmo: *Exultavit ut gigas ad currendam viam* [Exultou como um herói que percorre o caminho].[1]

A sua vida foi "um espelho vivo de toda vida religiosa, modelo de piedade, ideal perfeito de observância das regras".[2] Frei Laureano dei Santi acrescenta que ele "foi perfeitamente observante no cumprimento dos três votos essenciais... e das Constituições da Ordem, de tal maneira que nunca o vi cometer falta alguma".[3]

Das virtudes que formam o objeto dos três votos religiosos tinha feito seu pão cotidiano desde antes de se

---

[1] Sl 19,6.
[2] *Positio*, p. 7.
[3] Ibid., p. 9.

comprometer com a profissão. Com empenho ainda mais forte possível, praticou-as depois que os emitiu.

O seu modo de vestir era tal que satisfazia ao mesmo tempo as exigências da pobreza, da humildade e da mortificação. Com exceção do fato de não ter nada como coisa sua – que é um dever elementar de quem fez voto de pobreza – Martinho nunca usou objetos novos: toda a sua roupa era de segunda mão. Mas, por medo de que aquele seu grande amor à pobreza pudesse atrair sobre ele uma estima exagerada, escondia-o sob o véu da brincadeira, dizendo que preferia as coisas feias e gastas para não ter que usar muitos cuidados nem ter muitos pensamentos.

Uma túnica, para poder aspirar a fazer parte do seu enxoval, devia ser do tecido mais rústico. Mas, uma vez obtida a honra, estava intimada a permanecer em serviço até que o tecido e a costura conseguissem estar juntos, e até quando começasse a se desfiar. Peças sobre peças procuravam prolongar a vida daqueles farrapos. Quando o tecido não aguentava mais, abria-se inesperadamente e descobria à curiosidade dos irmãos os segredos que deveria esconder: a túnica interior de saco e o silício de crinas de cavalo.[4]

Joana, a irmã de Martinho, experimentou um dia presentear-lhe um hábito novo que lhe servisse de troca para lavar aquele que tinha usado. "E por quê?" – perguntou. – "Quando lavo o hábito, basta-me, naquele pouco tempo que é preciso para fazê-lo enxugar, somente a túnica de saco e quando lavo a túnica de saco posso muito bem ficar, como sempre fico, só com o hábito. Seria totalmente supérfluo ter dois hábitos". E, assim, recusou o presente de Joana.

Mas tinha as suas boas razões para fazê-lo. Tinha o exemplo – vivo e eficaz para ele como uma ordem – do seu

---

[4] *Ad novas* (XXXV), p. 101.

pai São Domingos, que usava, também ele, "sempre uma única túnica remendada, utilizando hábitos mais humildes que os outros frades".[5]

Tinha um chapéu, também velho, extravelho, mas parecendo-lhe muito cômodo usá-lo para defender a cabeça dos raios do sol equatorial, deixava-o pender dos laços presos ao pescoço e cair atrás, nas costas.

Os sapatos eram aproveitados dentre os descartados pelos coirmãos. Parece que o seu principal fornecedor para este "artigo" era o Padre João Fernandez, que, no dizer do padre procurador do convento, era "um religioso de vida exemplar e de bons costumes" e como tal não há dúvidas de que não praticasse, também ele, a virtude da Santa pobreza e que, portanto, não desse descanso aos próprios sapatos senão quando o haviam largamente merecido.[6]

Não tinha uma cela para si. A cela que era considerada a sua era a rouparia da enfermaria, onde tinha aquela sua famosa cama de tábuas, e nas paredes, como único ornamento, uma cruz nua de madeira e uma imagem rústica da Virgem Maria e de São Domingos.

Daquilo que poderia ter recebido pela sua arte médica não tocou nunca um centavo. Também isto, aliás, tinha acostumado a fazer desde quando exercia a arte antes de entrar para o convento.[7]

Num dado momento de sua vida, as instituições caritativas surgidas do seu coração e do seu gênio fizeram afluir para ele esmolas de toda a Lima, constituindo em torno de sua pessoa uma espécie de banco da caridade. Também então – mais que nunca – Martinho permaneceu pobre: o dinheiro afluiu e refluiu entre as suas mãos sem deixar sinais.

---

[5] *Atti de Tolosa*, n. 15; cf. LACORDAIRE, J. B. H. *Vita di S. Domenico*.
[6] *Processo 1660*, c. 293; *Ad novas* (XXXV), p.101.
[7] *Ad novas* (I), p. 102.

Um amor tão intransigente à pobreza se torna tão mais notável quando é considerado no quadro do ambiente religioso do século XVI, que interpretava o voto de pobreza de modo muito largo. Os religiosos, de fato, não viviam então a vida comum com aquela plenitude que estava na intenção dos fundadores das Ordens, e à qual as determinações do direito canônico haviam felizmente se referido no século seguinte.

A Regra de Santo Agostinho quis que tudo fosse possuído em comum e que fosse punido, como furto, quem ousasse reter para si alguma coisa, mesmo se fosse algo necessário. Na medida em que eram fiéis na sua observância, os primeiros seguidores de São Domingos se viram naquele episódio – relatado por Geraldo di Frachet nas *Vitae Fratrum* – de uma reciprocidade que o bem-aventurado Reginaldo castigou severamente na presença dos frades, depois de ter solenemente rezado ao Senhor que expulsasse da sua alma o demônio da avareza, somente porque tinha recebido como presente e conservado escondido um pedaço de tecido.

Na época em que São Martinho vivia, era costume deixar que cada religioso provesse às próprias necessidades, permitindo que usassem para esse fim tudo ou parte daquilo que conseguiam ganhar com a sua atividade.

Esse modo de viver visava aliviar o peso para quem devia prover ao andamento material da comunidade e estimular a iniciativa individual, mas não representava certamente a perfeição da pobreza religiosa e criava disparidades de vida que ofendiam o espírito de caridade fraterna, que é a alma da vida comum.

Martinho amou a pobreza na sua inteireza, da mesma forma que São Domingos a havia amado e recomendado aos seus frades que a amassem, ameaçando com sua maldição a quem se "manchasse" por causa da infidelidade a ela.

Praticou-a, enquanto pôde, tão estritamente como se estivesse vivendo, em vez de no século XVI, no século XIII, e procurou levar os seus coirmãos a uma observância mais rigorosa.

A pobreza não encontra em si mesma nem a sua razão de ser nem o seu fim; procede da humildade e do desejo de se conformar ao exemplo de Cristo pobre, e prepara o caminho para as outras virtudes. Santa Catarina explica assim a gênese da pobreza que vem da humildade: "... o humilde despreza a riqueza, onde a própria vontade atrai a soberba, e gosta da verdadeira e Santa pobreza. Por isso, vê que a pobreza voluntária do mundo enriquece a alma e liberta da servidão; faz dele benigno e manso e tira a fé vã da esperança das coisas transitórias, e dá-lhe fé viva e esperança verdadeira: espera no seu Criador, por Cristo crucificado... Por amor da verdadeira riqueza despreza a riqueza vã e procura pobreza, e faz dela esposa por amor de Cristo crucificado, que em toda a sua vida não foi outra coisa senão pobreza".[8]

Aplaina o caminho para as virtudes e fecha a porta na cara dos vícios, inimigos da alma: "Na pobreza, abandone a soberba e as conversações do século e das amizades perversas... Prive-se da vaidade do coração e da leviandade da mente, e venha para a morada da cela... E venha para a perfeita pureza..."[9]

Tarefa da pobreza é, portanto, deixar o terreno livre dos obstáculos. Feito isto, a alma se vê quase naturalmente chamada para o seu centro, para a vida recolhida, laboriosa e pura.

Voltar para o centro da alma não é, certamente, fechar-se no egoísmo. O recolhimento de uma alma cuidadosa é, sim, a habitação de uma cela, mas não de uma cela carcerária: de uma cela monástica, de alguma coisa de aéreo e de

---

[8] Carta 67.
[9] Carta 217.

luminoso como aquela mínima do convento franciscano de Greccio, metade escavada na rocha, metade suspensa sobre o abismo, onde o bem-aventurado João de Parma passou trinta e dois anos em penitência e em oração sem que lhe faltasse o alimento para a contemplação, porque a janelinha abre para a vista planos e mais planos de paisagem, e até ele subiam do vale Reatino vozes das obras de Deus que o convidavam ao louvor, e vozes, da cidade, das obras dos homens, que o levavam ao pranto. Mas do azul que abraça sereno vale, montes e cidade, lhe subia direta a voz de Deus.

Quem visitou a celinha do beato João não se admira de que Santa Catarina pudesse forçar as palavras "cela" e "céu" e "celar" um pouco além do seu valor, para expressar num jogo de palavras uma realidade profunda: "da cela se faz um céu, porque 'cela' [esconde] Deus na alma".

A pobreza, portanto, afastando os obstáculos, abre a alma, toda serena e pura, para a ação da graça.

Também em Martinho a pobreza foi o prelúdio e a moldura da mais límpida pureza. Todas as testemunhas da sua vida afirmam que ele conservou intacta, até a morte, a virgindade. Tinha um amor profundo pela beleza espiritual da alma, um amor interessado que o fazia procurar os meios bons para guardá-la e fazê-la crescer. Guardá-la segundo o espírito da sua vocação dominicana, não no isolamento de todo contato com o próximo, mas revestindo-a de uma defesa que a protegesse sem envolvê-la na ação: o manto negro sobre a veste branca, a mortificação da fidelidade à regra e da penitência voluntária, a humildade do olhar profundo, que não sofre ilusões e está sempre alerta, e sabe onde encontrar apoio na fraqueza e guia nos passos duvidosos.

E fazê-la crescer e aperfeiçoá-la numa união cada vez mais íntima com o Ser infinitamente puro, cujo amor faz a alma casta, cujo contato a purifica, e que se doando a ela a consagra virgem, como canta a liturgia da festa de Santa Inês.

Para guardar e fazer crescer a sua pureza, Martinho sabia também usar bem a confissão. Muitas vezes nos admiramos ao ouvir como os santos podem ser tão assíduos a esse sacramento. Mas nos esquecemos de um fato muito simples: que na subida para a santidade o olhar da alma se purifica e se aguça, e vê melhor a beleza da meta, e os desvios mesmo mínimos da reta que para ela conduz, e os passos falsos. Esquecemos também outro fato: o valor positivo da confissão pela imersão que nela a alma faz no sangue do Senhor como num banho que não só a purifica, mas também renova, numa nova infusão de graça, todas as suas energias.

Os santos não esquecem e não descuidam dessas coisas simples, e justamente por isso se tornam santos. Martinho, também, na confissão, refinava e tornava mais esplendoroso o candor da alma, e quando a pureza mais absoluta se tornou para ele a atmosfera habitual, como o respiro indispensável da alma, se tornou também o seu instrumento mais eficaz de apostolado.

Nos corredores do convento e nas ruas ensolaradas de Lima, perto do leito dos doentes e entre os pobres que vinham tomar a sopa à porta, Martinho guardava seu tesouro sob a veste rude e os modos simples, mas o perfume da essência preciosa se espalhava e, quase sem ele saber, comunicava às almas o gosto das coisas de Deus.

"Não houve nele gesto ou movimento ou palavra que não explicasse a pureza do seu coração" e o seu aspecto irradiava tal graça que "impelia à devoção", enquanto "só ao vê-lo os aflitos se sentiam melhores".[10]

A pobreza e a castidade se deram as mãos e, juntas, levaram Martinho muito adiante. E a terceira e mais importante virtude da vida religiosa não permaneceu certamente de lado.

---

[10] *Ad novas* (XXIII) e (XLIX), p. 100.

Santa Catarina a chama "a terceira coluna que conserva a cidade da alma" e é justamente ela, em última análise, que sustenta todo o edifício.[11]

Martinho sabia muito bem: no dia da sua profissão religiosa, ele tinha pronunciado aquele voto, o único capaz de compreender em si também os outros dois, e se era obrigado a observar pobreza e castidade, era-o em força do voto de obedecer segundo as constituições da Ordem.

Este ato de resumir todas as obrigações da vida religiosa no único voto de obediência, próprio da tradição dominicana, coloca em evidência o modo mais eficaz como a essência do estado religioso, o qual consiste na doação de todo o ser a Deus num holocausto perpétuo, consumado dia após dia através da adesão da vontade livre, que é tudo de mais nobre que o homem possui; é um referir o religioso ao seu divino modelo, do qual São Paulo pôde resumir toda a vida nas três palavras: *factus est obediens* [fez-se obediente] (Fl 2,8).[12]

A fidelidade de Martinho às virtudes subordinadas, por assim dizer, da pobreza e da castidade, bastaria para fazer entender quando devia ser a sua fidelidade à virtude principal da obediência.

Mas não é sequer necessário recorrer a este testemunho indireto, porque temos testemunhos diretos suficientes sobre seu modo de observar tal virtude. A obediência, em São Martinho, partia de um grande sentido de respeito, ou melhor, até de veneração pela autoridade. Por qualquer autoridade, tanto eclesiástica como leiga, porque ele sabia ver em cada uma a participação da autoridade de Deus. O Padre Antonio de Morales disse saber "por experiência... que obedeceu e

---

[11] Cartas, 217.
[12] Cf. S. Th., 2a 2ae, qu. 186, art. 1 e 5.

respeitou os prelados tanto regulares como seculares, e pessoas que eram constituídas em dignidade eclesiástica, como... em posto superior secular, para venerar em qualquer deles o ser de Deus, a sua autoridade, o poder concedido..." e que, por isso, obedecia pontualmente e levava também os outros a obedecer.[13] Não se esquivava nunca de nenhuma ordem, atesta o Padre André Martinez, mas executava todas de qualquer espécie que fossem, ou melhor, ia à procura delas.[14]

"Cumpriu o voto de obediência com vontade pronta, viril e alegre", depôs um irmão leigo, Tiago de Acuna. Dificilmente, se poderia fazer um elogio mais completo em tão breves palavras.[15]

A obediência verdadeira é virtude das almas fortes. Se entre as virtudes morais, cuja tarefa é libertar a alma da tirania das coisas criadas a fim de poder se unir ao Criador na caridade, esta ocupa o grau mais elevado porque exerce o seu domínio sobre a vontade livre, que é um bem muito superior a todos os outros, a obediência deve ser, necessariamente, mais que qualquer outra, *virtus*.

Santa Catarina a contempla revestida da beleza de dignidade real: "Ó obediência, que sempre estás unida na paz e na obediência do Verbo, tu és uma rainha coroada de fortaleza!", e a fortaleza está compreendida entre as virtudes que lhe fazem cortejo: "Esta virtude não está sozinha quando ela está na alma, também está acompanhada com a luz da fé, fundada na humildade... com a fortaleza, com a longa perseverança e com a pedra preciosa da paciência".[16]

---

[13] *Ad novas* (I), p. 81.
[14] *Positio*, n. 10, p. 16.
[15] *Ad novas* (XXIV), p. 105.
[16] Carta 84 e 35.

Noutro lugar, a Santa de Sena traça um perfil do verdadeiro obediente que parece, antecipado, o retrato de Martinho: "... o verdadeiro obediente não obedece só num modo, nem a um lugar, nem a um tempo; mas de todas as formas, em todo lugar, em todo tempo... Coloca toda a sua solicitude em observar a sua Ordem, e observar os costumes e toda cerimônia, e cumprir a vontade do seu prelado com alegria, não querendo julgar nem investigar a sua intenção. Nem diz: por que ele coloca maior peso para mim que não para o outro? Mas simplesmente obedece com paz, mansidão e tranquilidade de mente".[17]

E o Padre Francisco Velasco Carabantes atesta sobre Martinho: "... deu o máximo desta virtude com muita alegria de alma, prudência, constância, humildade profunda, e tão religioso, que todos conheceram... que o chamado Servo de Deus não era para si em nada, mas só da Religião e de quantos queriam mandar, com ânimo viril, com sólida constância, sem que qualquer coisa, por mínima que fosse, pudesse ser observada nele que se opusesse a esta virtude".[18]

É belo esse insistir dos coirmãos de Martinho sobre o caráter de alegria e virilidade da sua obediência, além de ser também útil, porque nos pode ajudar, vendo-a realizada num santo, a termos uma ideia mais exata dessa virtude, que não é "virtude passiva", como muitos poderiam considerá-la, olhando-a na perspectiva acinzentada de certos modos de dizer como "obediência cega", "obediente como um cadáver" e similares, da qual se faz uso e abuso na linguagem corrente.[19]

---

[17] Carta 201 e 203.

[18] *Ad novas* (VII), p. 82.

[19] Chamo "abuso" o uso muito frequente destas – dignas, por outro lado, de todo o respeito por terem sido pensadas e usadas por grandes santos e mestres de espírito –, pois têm o defeito de colocar em evidência somente o lado negativo da obediência, isto é, a renúncia de si, e não o lado positivo, que é a adesão à vontade de Deus na autoridade por ele estabelecida (cf. S. Th., 2a 2ae, qu. 104, art. 1). Quando se descuida desse aspecto positivo, no qual está a razão de ser da obediência, não existe justificação para o aspecto negativo.

A obediência é, sim, renúncia ao próprio prazer, mas renúncia feita por um ato livre da vontade que se impõe, em função do objeto que quer conquistar, às tendências que Santa Catarina chama "vontade sensitiva", isto é, ao amor do próprio conforto.

E, portanto, *virtus* no pleno sentido da palavra: virtude que empenha como nenhuma outra a vontade do homem, e é tão mais genuína e tão mais agradável a Deus, segundo São Tomás, quanto mais exige vontade para superar as repugnâncias naturais.[20]

Compreende-se bem, então, como o Padre Velasco, elogiando a obediência de Martinho, pudesse dizer: "Obedeceu... com alegria de alma e vontade própria", para dizer que obedeceu com empenho de toda a sua vontade, de modo inteligente, como é digno de quem é dotado de vontade e de inteligência. E como ele pudesse acrescentar, sem sombra de contradição, que Martinho soube ser "obediente até no último instante da vida, sem saber coisa alguma de própria vontade".[21]

Como na obediência se podem conciliar atividade e desapego, Santa Catarina o expressa de forma quase paradoxal quando convida os seus discípulos a "correr mortos" atrás das pegadas de Cristo crucificado, e assim exalta a vitória da obediência: "Ó obediência suave, que nunca tem pena! Tu fazes os homens viverem e correrem, mortos, e por isso matas a própria vontade; e quanto mais está morto, mais velozmente corre, porque a mente e a alma que estão mortas para o amor próprio de uma vontade sensitiva perversa, com

---

[20] S. Th., 2a 2 ae, qu. 104, art. 2 e 3.
[21] *Ad novas* (XII), p. 83.

mais agilidade faz o seu caminho e se une ao seu esposo eterno com afeto de amor...".[22]

Outro aspecto simpático da obediência de Martinho se deduz das palavras daqueles que o conheceram: a continuidade simples, a sobriedade desta sua virtude. Em vão se procurariam entre os fatos da sua vida – tão rica, por outro lado, de coisas prodigiosas – os "milagres da obediência". A sua horta não tem couves plantadas com as raízes para o ar, nem água jogada em fileiras de bastões secos.

Digo isso não para criticar aqueles valorosos mestres de espírito que acharam útil provar com tais expedientes a virtude dos seus noviços: o Senhor, acreditando na lenda, mostraria que se comprazia com os expedientes da sua fé ingênua, colocando o seu poder a seu serviço e realizando o milagre...

Digo-o somente porque acho interessante que, no caso de Martinho, não havia necessidade de milagres. Um milagre nunca é realizado sem um objetivo sério, e o objetivo, nos "milagres da obediência", é o de persuadir a praticar esta virtude.

Martinho nunca teve dúvidas sobre a obediência, por isso nunca precisou de persuasão. Soube compreendê-la desde o primeiro dia, e praticá-la sempre, em todas as ocasiões que a vida lhe oferecia no convento do Santo Rosário.

Essa simples "sólida constância" e "longa perseverança" diz muito mais que qualquer milagre. Uma virtude que permanece constante em todo momento da vida, no obscuro suceder-se de coisas ordinárias das quais o dia está cheio – dia após dia, ano após ano –, além de ser virtude heroica, tem a boa têmpera que a torna capaz de servir de modelo.

---

[22] Carta 217.

A vontade de Martinho estava empenhada, resolutamente, atrás da vontade dos seus superiores, e seguiu constante os acenos daquela vontade, nem sempre por caminhos planos – como quando lhe faziam limpar os pátios e realizar tarefas humildes e pesadas –, não só por caminhos intrincados – no acúmulo dos deveres que ele conseguiu desempenhar sem ficar oprimido por eles –, mas também por atalhos íngremes e espinhosos, quando a obediência lhe impôs que fizesse aquilo que repugnava à sua humildade, quando, por exemplo, o Padre Saldaria se serviu do preceito da obediência – porque sem ele não poderia vencer a resistência da humildade – para que dissesse sobre as suas mortificações noturnas.

Pode, de fato, acontecer que as virtudes, que normalmente são boas companhias e se ajudam mutuamente, disputem, por assim dizer, os passos e procurem se afirmar umas sobre as outras.

Uma vez, Martinho estava doente – ele estava frequentemente doente e não se importava com isso. No inverno, sofria de febre quartã, mas nem por isso deixava os seus deveres: ia para a cama somente quando não conseguia mais ficar em pé. Por outro lado, a sua pobre cama de tábuas não podia trazer-lhe grande descanso.

Durante um desses ataques, o Prior lhe ordenou que fizesse uma cama como a de todos, com colchão, lençóis e cobertas. Martinho, naturalmente, obedeceu, mas, certamente a contragosto, ficou um pouquinho aquém da intenção do superior porque se meteu debaixo dos lençóis com o hábito, a túnica de saco, o cilício, e também, acredito, com os sapatos do Padre João Fernandez. E dormiu feliz por ter conseguido conciliar obediência e espírito de mortificação, que, à primeira vista, parecia estarem a ponto de chegar a uma ruptura de relações.

Mas alguém relatou a sua criatividade ao padre prior, que julgou a coisa de péssimo gosto e, mandando chamar

Martinho, lhe passou um belo sermão, acusando-o justamente de desobediência.

Martinho, só uma vez, se defendeu brilhantemente: "Mas, padre, como poderia acreditar que era sua intenção dar a um pobre escravo mulato, aqui no santo convento, uma cama de luxo que nunca poderia ter em sua casa? Seria muito cômodo para mim, mesmo da forma como eu fiz...".

Mas, repetindo-se o fato, o prior que então era o padre mestre João de Surate, respondeu sorrindo a quem lhe foi apontar a nova "desobediência" de Martinho: "Deixe-o fazer: Frei Martinho é um grande mestre de teologia mística e conhece muito bem as leis da obediência!".

Basta dizer, de resto, que os mestres dos noviços e dos professos o propunham aos seus alunos como modelo de obediência e de "alienação da própria vontade".[23]

Num duelo violento com a humildade, a obediência se achou empenhada quando Dom Feliciano de Vega, eleito arcebispo do México, adoeceu em Lima enquanto estava em viagem para a sua sede. Depois de ter achado perfeitamente inúteis todos os remédios que os melhores médicos lhe haviam prescrito, um dia, o Padre Cipriano de Medina, seu sobrinho, lhe disse: "Por que não mandou chamar o nosso Frei Martinho? Ele certamente o teria curado".

O arcebispo achou a ideia boa e logo encarregou o mesmo Padre Cipriano de pedir ao provincial que lho mandasse.

Quando Cipriano de Medina chegou ao convento, Martinho não foi encontrado, subtraído à vista de todos por um dos seus êxtases eucarísticos, mas a ordem do superior o fez comparecer imediatamente, com a capa, as mãos cruzadas nas mangas, os olhos baixos: a sua postura habitual, composto e tranquilo.

---

[23] *Ad novas*, p. 130 e (V), p. 5; *Positio*, p. 6.

Já pronto para sair? Muito bem: iria, sem mais, até ao arcebispo do México, e estaria à sua plena disposição para cuidar dele. E não voltaria ao convento até que Dom Feliciano não estivesse curado.

Martinho, talvez ainda um pouco absorto no êxtase, não compreendeu o que se queria dele, e, por isso, não trouxe consigo nenhum medicamento. Para Martinho, na sua longa carreira de enfermeiro, tinha acontecido realizar curas prodigiosas, antes daquele dia. Toda vez que tinha que curar algum doente incurável, costumava tomar as suas breves precauções para desviar de si as suspeitas, e fazer que caíssem sobre inocentíssimos remédios que tinha o cuidado de usar: as folhinhas de ervas ou o copo d'água açucarada. Mas é provável também que, naquela vez, o padre provincial não lhe deixasse possibilidade de subir até sua farmácia para apanhar o necessário e pelo caminho ele se consolasse pensando que, depois de tudo, um copo d'água e um cubinho de açúcar não seria impossível encontrá-los até no palácio onde o arcebispo se hospedava.

Mas, como acontece muitas vezes, quando chegou lá, as coisas não caminharam realmente como ele podia prever. De fato, foi levado imediatamente à presença de Dom Feliciano, que começou a repreendê-lo porque não tinha vindo vê-lo antes. Martinho logo se ajoelhou perto da cama para receber a bronca. Mas Dom Feliciano lhe disse para se levantar e Martinho se levantou e ficou em pé. Depois, Dom Feliciano ordenou que Martinho lhe desse a mão.

Foi nesse momento que Martinho começou a vislumbrar o perigo, e procurou se defender: "O que quer fazer, um Príncipe como o senhor, da mão de um pobre mulato?".

O arcebispo sabia que se tratava, para ele, de vida ou de morte, no entanto, respondeu calmo, com a dignidade e a segurança de quem está habituado com a autoridade:

"O padre provincial não lhe disse que deve fazer o que eu vou lhe dizer?"

"Sim, Senhor" – foi o que pôde responder Martinho, que já via fechados todos os caminhos de saída.

"Coloque, portanto, a sua mão nesta parte" – ordenou Dom Feliciano.

Naquele lado do tórax ele sentia uma dor aguda e insistente que lhe tirava a respiração e não lhe dava trégua, nem de dia nem de noite. Logo que Martinho colocou a mão, a dor desapareceu.

Martinho percebeu o prodígio que o haviam obrigado a realizar e, vermelho até à ponta das orelhas e suando como se tivesse limpado todo o convento, procurou retirar a mão. O arcebispo, inexorável, a segurou com as suas duas mãos: "deixe-a ficar onde está". E teve razão de insistir, porque pouco depois daquela aplicação tinha desaparecido não somente a dor, mas também a febre e qualquer outro mal-estar.[24]

Martinho pôde, assim, voltar ao seu convento imediatamente e a humildade que tinha sido obrigada a ceder à obediência, quis logo tirar uma revanche recordando-lhe que certos "lugares comuns" precisavam ser limpos. Foi justamente então que um coirmão, encontrando-o ocupado naquele trabalho ingrato e sabendo como o arcebispo tinha pedido a assistência de Martinho por um favor especial, lhe disse: "Frei Martinho, não seria melhor para você ficar no palácio do senhor arcebispo do México?". Ele pensava, sem dúvida, que Martinho poderia empregar melhor o seu tempo tratando com o arcebispo que o tinha em muita estima, mais que fazendo aqueles trabalhos que qualquer um poderia fazer.

---

[24] *Positio*, p. 25; *Ad novas* (II), p. 83 e (VII, VIII), p. 84.

Martinho lhe deu então a famosa resposta com as palavras do salmista: *"Elegi abiectus esse in domo Dei..."* – e acrescentou, quase parafraseando inconscientemente outro versículo do mesmo salmo: "Padre Frei João, prefiro um só desses momentos quando estou neste exercício a muitos dias na casa do senhor Arcebispo".[25]

Martinho não era mais jovem quando falava assim: estava no seu último ano de vida. A resposta que ele dava ao Padre João de Ochoda, pregador-geral, era um testemunho da fiel realização – ano após ano, por toda a vida – do programa escolhido na juventude: a procura da humildade na casa da obediência, por amor do senhor Jesus humilde e obediente.

Era também uma profissão de fé e de amor no ideal conservado intacto: *Elegi abiectus esse in domo Dei mei... quia melhor est dies una in atriis tuis super millie"* [Escolhi ser o último na casa do meu Deus... porque um dia nos seus átrios vale mais que mil em outro lugar] (cf. Sl 84,11).

---

[25] *Ad novas* (IX), pp. 104 e 105.

VIII.
SABEDORIA E FÉ

> Dize à Sabedoria: "és minha irmã".
>
> (Pr 7,4)

Não sabemos por que, ao abraçar o estado religioso, Martinho escolheu justamente a ordem dos Frades Pregadores, e não outra das muitas que, na sua época, tinham convento em Lima. Talvez pelo seu amor à Rainha do Santo Rosário que os dominicanos veneram como patrona especial; talvez porque a Virgem Santíssima tenha encarregado São Domingos de instituir e propagar a devoção do rosário justamente como remédio para muitos males do seu tempo e de qualquer tempo; talvez pelo seu amor ao crucifixo, amor que já tinha encontrado muita ressonância na alma dominicana de Henrique Susone e Catarina de Sena; talvez pelo amor à eucaristia que em São Tomás de Aquino tem o seu cantor. Os motivos poderiam continuar ao infinito.

Alguém até levantou a hipótese, humanamente possível, de que a atenção de Martinho – através do seu grande amor pelos animais – tenha sido atraída para a figura de São Domingos pelo cão que sempre é representado perto do Santo Patriarca, sempre com a tocha entre os dentes.[1]

Do ponto de vista natural, sim, cada um desses aspectos pode ter tido o seu peso, porque é verdade que na determinação de toda vocação podem concorrer muitos elementos.

---

[1] GAFFNEY, H. G. *Blessed Martin Wonder Worker*, cit., p. 18.

Mas permanece, acima dos atrativos e das rejeições naturais, o elemento sobrenatural: aquela misteriosa, discreta voz interior que fala à alma e a faz desejar ardentemente uma forma de vida ainda desconhecida sem que ela possa perceber o motivo, o qual só é conhecido por *Aquele* de quem é a voz, que sabe escolher para cada alma, com sabedoria infinita, o caminho em que ela poderá realizar a perfeição do seu ser.

Martinho compreendeu perfeitamente, uma vez colocado o pé no convento do Santo Rosário, que ótima escolha a Sabedoria Eterna tinha feito para ele, e amou a Ordem de São Domingos com um amor forte e constante, até a morte: "Para mim, a sorte caiu em lugares deliciosos", pôde ele repetir com o salmista, "por isso, maravilhosa é minha herança".[2]

Foi um amor feito de estima por todas as coisas da Ordem, de fidelidade a todas as prescrições da Regra, de operosidade incansável, de zelo pela perfeição, sua e dos seus irmãos.

Foi uma aplicação contínua para penetrar o seu espírito do espírito do pai São Domingos, para imitar os seus exemplos, para se apropriar das virtudes que informam a vida dominicana no seu duplo aspecto – as virtudes da vida interior que florescem nas virtudes da vida apostólica –, de forma a poder dar aos outros o tesouro abundante do seu coração. A aplicação de toda uma vida para realizar em si e nos outros o ideal dominicano.

Mas aqui aparece uma dificuldade. Se o Pontífice Honório III, depois de ter aprovado a Ordem dos Frades Pregadores, definia os seguidores de São Domingos *púgiles fidei et vera mundi limina*, parece evidente que a perfeição desse ideal não pode ser encontrada a não ser em quem possui profundamente a ciência das coisas divinas. "E se tu olhares a navezinha do teu pai Domingos, meu querido filho – lê-se

---

[2] Sl 16,6.

no Diálogo de Santa Catarina –, ele o ordenou com ordem perfeita, porque quis que atendêssemos somente à minha honra e à salvação das almas com a luz da ciência".[3]

Essa luz deve colorir toda a atividade dominicana para que seja conforme ao pensamento de quem a idealizou. Como, portanto, poderá se realizar a perfeição do ideal dominicano num simples Donato, imerso durante todo o santo dia em mil ocupações materiais, sem nunca ter uma possibilidade de estudar?

Justamente aqui a vida de Martinho tem episódios surpreendentes. Ele, no entanto, compreendia perfeitamente a função insubstituível do estudo – coisa muito rara naqueles que não estudam – e a sua importância na formação de um dominicano; por isso ajudava os estudantes como podia, procurando aplainar pelo menos algumas das suas dificuldades. Estava sempre pronto para fornecer-lhes papel, penas, tinta, e também livros necessários para os vários cursos. Tinha cuidado especial com os hábitos dos estudantes e dos leitores, e destes que, por estarem ocupados com muitas horas de ensino, não podiam cuidar de si mesmos, procurava tirar todo pensamento das coisas práticas, tomando-as nas suas fortes costas quadradas.

Sabe-se que os conversos existem justamente para isso, e que a incumbência que têm das preocupações materiais para liberar os padres e deixá-los livres para se preocuparem somente com o estudo, a pregação e o ministério sacerdotal, os faz participantes dos méritos da vida apostólica deles.

O estado religioso é, de fato, como uma exemplificação viva do dogma da comunhão dos santos. Nenhum cristão – como, aliás, nenhum homem – pode nunca considerar a si mesmo como um indivíduo isolado, totalmente independente. Mas quem é membro de uma comunidade religiosa tem dessa

---

[3] Diál., c. CLVIII.

pertença uma lembrança contínua das relações que existem entre ele e os outros membros, ligados ao mesmo tempo num único ente para a consecução de um fim comum, realizado através de um esforço pessoal e coletivo ao mesmo tempo: esforço do indivíduo na coletividade da qual recebe e à qual dá a sua contribuição.

Também a única colaboração, atenciosa e inteligente, de Martinho, para a formação de um clima ótimo de estudo para os estudantes, seria suficiente para que se pudesse dizer que, na Ordem, ele foi aquele que devia ser: uma nota certa, perfeitamente harmonizada no conjunto.

Martinho, no entanto, não parava aqui. Olhava com amor e com ambição quase paterna para os jovens que representavam o futuro da Ordem, e quereria vê-los perfeitos em tudo. Se tivesse a impressão de encontrar um pouco lânguido, em um ou outro, o amor ao estudo, chamava-o ao dever, a sós ou em grupo. "Rapazes", dizia, "estudem com atenção, porque sobre vocês devem cair o crédito e a glória da Província". E, saindo um pouco da sua reserva e do seu habitual silêncio, encontrava palavras cheias de fogo para reavivar neles o entusiasmo pelo ideal do seu dever.

Mas ia ainda mais além. Um dia, dois estudantes, terminadas as aulas, estavam entretidos em discutir sobre uma questão teológica difícil em torno da perfeição da essência e da existência de Deus.

Discutiam um pouco e estavam sempre no mesmo ponto, quando, por acaso, Martinho passou por ali. Para nós pode parecer estranho, não é verdade? Mas para eles pareceu a coisa mais simples e mais natural perguntar-lhe o que pensava sobre o assunto. Voltaram-se de repente, movidos pelo mesmo impulso, falaram com as mesmas palavras: "Irmão Martinho, o que pensa sobre isso? O que nos responde?".

Mas é claro que é estranho! Interpelar assim a queima--roupa um irmão que se encaminha para os seus afazeres, desfiando as ave-marias de um grande terço – um irmão que dali a alguns instantes talvez apoiasse a vassoura num canto e num outro momento estaria ocupado em servir a sopa no refeitório –, e perguntar-lhe, quando seria mais certo perguntar ao professor que deu a aula... Certamente queriam zombar do irmão mulato!

Não, os dois estudantes não querem brincar. E para Martinho a pergunta não parece realmente estranha. Responde simplesmente, com o habitual sorriso bom: "Santo Tomás não diz que a existência é mais perfeita que o ser, mas que em Deus o ser é o mesmo existir?". E continua adiante tranquilo no seu caminho.[4] Os dois estudantes, no momento ficaram sem fôlego. Depois foram procurar o Coordenador dos Estudos e lhe repetiram a resposta de Martinho. Ele confirmou sua exatidão e explicou aos jovens que Martinho soubera responder tão bem e com tanta segurança porque era profundo na "ciência dos santos".[5]

Numa outra vez, os estudantes – um grupo bem numeroso – tinham se empenhado numa discussão que ameaçava degenerar em briga. Os argumentos, antes expostos com ordem, agora se sobrepunham, e cada um elevava a própria voz para fazê-la prevalecer sobre as vozes dos outros.

Justamente quando estavam mais exaltados, chegou Martinho e perguntou o porquê de tanto barulho. Frei Bernardo de Valiglia respondeu-lhe que estavam discutindo sobre uma questão do Doutor Angélico. "Mas, por que entusiasmar-se tanto – disse Martinho – quando o mesmo Santo Tomás resolveu a dificuldade?". E no mesmo momento deu a Frei Bernardo a indicação precisa do lugar, com o número da questão e o número do artigo.[6]

---

[4] S. Th. I p. qu. 3 art. 4.
[5] *Ad novas* (II), pp. 10-11.
[6] Ibid. (VIII), p. 11.

Mas é claro que é estranho!

Como explicar um conhecimento tão direto e preciso da *Suma Teológica*? Martinho podia, talvez, frequentar a biblioteca do convento, no tempo livre? Mas qual era o seu tempo livre? Já é um prodígio que pudesse chegar a realizar no período das vinte e quatro horas todos os seus deveres ordinários. A coisa permanece enigmática, como outras coisas na vida de São Martinho.

O que parece certo é que fatos dessa espécie não podiam ser esporádicos se, num convento de estudo como era o Santo Rosário, Martinho pôde ser "estimado, tido e reputado como homem de ciência".[7]

Com certeza a sua ciência era tipicamente a "ciência dos santos", isto é, aquela que não se conquista com o puro exercício das faculdades intelectivas, mas é dom de Deus para os seus prediletos – aquela da qual o salmista se diz rico por ter sido fiel à Lei – aquela que o Evangelho promete aos puros de coração.[8] A mesma que São Domingos reconhecia ter aprendido no livro da caridade, e, Santo Tomás, na contemplação do crucifixo, muito mais que nos livros.

Mas isso não exclui que Martinho tivesse naturalmente aquilo que se diz de uma bela inteligência. Prova disso é a rapidez com a qual conseguiu fazer seus estudos de medicina e se tornar senhor em pouco tempo de todos os segredos da ciência, de tal forma a se igualar ao mestre. De fato, se é verdade que alguma vez, nos casos desesperados, o uso dos remédios não era senão um obstáculo à virtude do taumaturgo, isto é verdade somente nos casos desesperadores. Em todos os outros, Martinho agia como médico, aplicando conscienciosa e inteligentemente os remédios da arte.

---

[7] Ibid. (VII), p. 11; v. também (I-CXV), pp. 10-12.
[8] Sl 118,99-100; Mt 5,8.

A graça, aliás, age sobre o pressuposto da natureza, e os dotes naturais são dons de Deus não menos que os dons de graça. Ele mesmo cria o terreno e a semente, e, se quer que a florescência seja mais bela, faz o terreno mais fecundo. Ou então, se mais lhe agradar, faz florescer o deserto.

No terreno naturalmente bom do espírito de Martinho, os dons sobrenaturais da ciência e da sabedoria florescem esplendidamente, no sulco traçado pelo seu amor para a fé. Também aqui foi concedido a Martinho imitar o seu patriarca.

Por amor à fé São Domingos havia adquirido a sua doutrina: não doutrina fria e árida, mas sabedoria ardente das coisas divinas, tirada na fonte da caridade.

Martinho, seguindo o seu exemplo, consagrava à fé o afeto mais puro e vivo, e o tornava vivo na caridade.

O amor à fé, como havia levado São Domingos a se apropriar de uma doutrina teológica sólida, também o havia impelido a agir por ela, com ímpeto semelhante ao de uma "torrente que desce das alturas".[9]

Também em Martinho o amor à fé se tornava princípio de ação. Sabe-se que as obras são sinais da vitalidade da fé. Mas a fé é, por sua vez, alma das obras.

O bem tem necessidade de se difundir. "Como mais vale iluminar que somente reluzir, da mesma forma mais vale comunicar aos outros as coisas contempladas que simplesmente contemplar".[10]

Estas três palavras, "contemplata aliis tradere" [*dar aos outros o resultado de nossa contemplação*], resumem magnificamente o programa dominicano de vida e de ação: dar às almas dos próximos o fruto da própria contemplação e do próprio estudo.

---

[9] DANTE ALIGHIERI, *Par*. XII, 99.
[10] S. Th. 2ª 2 ᵃᵉ, qu. 188, art.6.

Pelo amor de Deus – que quer fazer-se conhecer para que seja amado, como é digno –, e pelo amor do próximo – que no conhecimento e no amor de Deus encontrará a sua elevação e nobilitação – se move esta caridade que é a mais elevada e da qual mais que de qualquer outra deve se preocupar um dominicano: a *caritas veritatis*, o dom, feito por amor, da "verdade que tanto nos sublima".[11]

São Domingos tinha tocado com as mãos os males produzidos na cristandade pelo erro, e tinha intuído que a heresia pudera se enraizar porque o terreno se tinha tornado selvagem na ignorância e na indiferença. A pregação e o ensino das verdades da fé se lhe impuseram como o único remédio capaz de curar a sociedade cristã, libertando-a até da raiz do mal.

Todavia, ele não desejou somente curar a cristandade, mas também estendê-la anunciando o Evangelho aos povos ainda infiéis, e esperava selar o seu apostolado com o testemunho do sangue.

Embora a vontade expressa do papa tivesse limitado o santo no terreno da luta contra a heresia albigense, já aos primeiros entre os seus seguidores foi concedido serem missionários e mártires.

O apostolado da Ordem Dominicana se viu, portanto, empenhado desde as origens nestas duas diretrizes: recuperação e consolidação da fé no seio da cristandade – propagação da fé entre os infiéis. Assim era também no tempo de São Martinho, com a única diferença que os contemporâneos de São Domingos tinham encontrado terras de missão nas portas de casa, na Europa oriental e setentrional, enquanto no começo do século XVII as missões dos Frades Pregadores se estendiam tanto quanto a circunferência terrestre.

---

[11] DANTE ALIGHIERI, *Par.* XXII, 42.

Martinho foi um verdadeiro filho de São Domingos também pela ânsia de comunicar a verdade. Deixou que o amor da fé, alimentado pela contemplação, se tornasse o princípio ativo das obras de toda a sua vida, a fim de que a sua vida se tornasse centro de atração das almas para a fé.

Amava as almas na fé, amava-as na luz do seu destino de glória: pedras preciosas destinadas a construir a Jerusalém celeste, depois de terem sido buriladas e polidas nos contrastes da vida.

Amava a Cidade de Deus e das almas com um amor ciumento: quereria que ela fosse, já na terra, pura de toda mancha; quereria ver brilhar na fronte da Igreja militante a luz que resplende na Igreja triunfante.[12]

Exprimia o seu amor com as obras: o trabalho, a oração, a penitência, o esforço de persuadir para o bem com o exemplo e com a palavra. Martinho, é verdade, não podia subir ao púlpito ou na cátedra. Mas quando o coração está cheio de amor, a língua não pode calar. A pobreza e a doença levavam a ele muitos pobrezinhos desejosos de alívio material. Martinho procurava proporcioná-lo a todos, mas se aproveitava disto para dar também a sua parte para o espírito.

Todo dia, depois que servia a refeição aos doentes e aos servos do convento, e distribuía o pão aos pobres que se apinhavam à porta, reunia na enfermaria alguns rapazes e outros leigos que trabalhavam no Santo Rosário e, enquanto fazia o serviço de ambulatório para os pobres, ensinava a doutrina cristã e as orações, e explicava como se deve fazer para que a vida esteja de acordo com a fé.[13]

A mesma coisa fazia em Limatambo, quando ia lá passar o dia, com os empregados e os negros da fazenda, e com os das propriedades vizinhas.[14]

---

[12] *Ad novas* (VII), p. 10.
[13] Ibid. de (VIII) a (LV), pp. 12-13.
[14] Ibid. (XXIV), p. 13.

Não fazia discursos difíceis: expunha naquele seu estilo claro e simples os pontos principais do dogma, mas quando passava a persuadir que vivessem uma vida digna do nome cristão, o seu dizer adquiria uma suavidade extraordinária: parecia suplicar mais que corrigir.

As suas palavras tinham grande eficácia. Martinho sabia o que dizia, tinha experimentado em si o que quer dizer conformar a vida à fé. Por isso, os empregados e os pobres eram felizes quando o escutavam e, o que mais interessa, procuravam colocar em prática os seus ensinamentos.

O amor pelas almas se prova com as obras, mas não se esgota nelas. As obras são necessariamente limitadas, e o amor não tolera limites. Quando a ação desfrutou todos os seus recursos, resta ainda aberto um campo infinito ao desejo. Amar eficazmente as almas quer dizer tomar sobre os próprios ombros os "trabalhos corporais, com muitos desejos queridos, da mesma forma como fez o Filho de Deus, que ao mesmo tempo suportava os tormentos do corpo e o sofrimento do desejo".[15]

Também Martinho suportou o sofrimento do desejo, almejando aplicar ao máximo o ideal dominicano de apostolado entre os fiéis e entre os infiéis.

O Peru era uma conquista recente da Igreja. Os missionários que o haviam evangelizado pertenciam, se não à geração do pai de Martinho, à dos seus avós. Poderia ter-se considerado ele mesmo terra de missão, pois havia ainda regiões muito vastas e inexploradas. Mas, no Peru, a pregação do Evangelho, apoiada pelo favor dos conquistadores, não podia mais ser considerada uma obra de riscos.

Havia, ao contrário, distante de lá, regiões em que o missionário devia ainda se aventurar por sua conta e risco,

---

[15] S. CATARINA, Carta 242.

fortalecido somente com a confiança em Deus e nos seus recursos pessoais, com nove probabilidades sobre dez de coroar com o martírio os trabalhos do apostolado: a China e o Japão, impenetráveis até à metade do século XVI, começavam a se abrir à penetração missionária entre as últimas décadas do século XVI e as primeiras do século XVII.

No Japão, estando ainda vivo Martinho, derramavam heroicamente o sangue pela fé o beato Afonso Navarrete com mais de cem missionários dominicanos, entre os quais o italiano Ângelo Orsucci.

Na China, além do primeiro missionário e do primeiro bispo, a ordem dominicana daria, nove anos depois da morte de Martinho, o primeiro mártir na pessoa do beato Francisco de Capillas.

Para a China e para o Japão, iam, portanto, os desejos de Martinho: o desejo de trabalhar para a propagação da fé e o de dar à fé a suprema prova de amor no martírio.[16]

Mas, também dele, como de São Domingos, o Senhor quis o sacrifício do desejo.

Ao mesmo tempo, quis também mostrar-lhe o quanto agrada o desejo, realizando-o em parte com um prodígio da sua Onipotência. Martinho, sem deixar Lima, se viu várias vezes transportado para a China ou para o Japão. Então, sem que a novidade dos lugares alterasse a sua calma habitual, com a mesma naturalidade e simplicidade com a qual ensinava o catecismo na sua enfermaria, reunia em torno de si as crianças e explicava a doutrina cristã.

Parece vê-lo dominar com a sua figura alta e esguia a pequena multidão de molequinhos com a trança negra pendente da nuca como um fio de prumo... E as pupilas

---

[16] *Ad novas* (I) e (VII), p. 10.

inteligentes, nos olhos em forma de amêndoas, fazerem-se atentas e profundas ao ouvir falar de Deus, e do amor que o fez viver entre nós e morrer por nós... E depois, de repente, brilhar a alegria infantil quando o catequista, terminada a lição, colocava as suas mãos sob o capuz e tirava das inexauríveis profundidades das suas mangas todas aquelas bagatelas de que as crianças gostam: o doce, a imagem, o fruto exótico de gosto novo e estranho...[17]

Sonhos do desejo?

Algumas vezes, o desejo levava Martinho a confortar os cristãos prisioneiros dos turcos, que corriam grande perigo de perder a fé. Os turcos, de fato, os maltratavam para impeli-los a renegá-la.

Um dia, apresentou-se no Santo Rosário um espanhol chegado havia pouco a Lima, e sobrevivente da Argel, onde tinha sido prisioneiro dos turcos. Vendo Martinho passar, o saudou com entusiasmo como seu pai e libertador.

Bem-vindo, disse-lhe Martinho, mas agora tenho o que fazer: ver-nos-emos mais tarde. E desapareceu.

O viajante não se deixou vencer por aquela acolhida fria e relatou a sua história aos frades: há muitos anos era escravo dos turcos quando Martinho começou a visitá-lo e a socorrer a ele e aos seus companheiros de escravidão. Martinho levava pão, dinheiro e outras coisas, cuidava dos doentes e os curava, e exortava todos os prisioneiros a permanecerem firmes na fé. Aquelas visitas tinham sido o seu único apoio moral nos longos anos de prisão, e, se pôde

---

[17] Ibid. (I), p. 9; *Novissimae* (= *Novissimae Animadversiones cum Responsionibus super Dúbio* etc. – Romae, 1762) – (XXII, II, V, XLIX, LXXVII), pp. 11-14, onde, com o acompanhamento da autoridade de santos Doutores e da praxe seguida pela Igreja em várias recentes causas de canonização, se responde às objeções levantadas pelo Promotor da fé contra os testemunhos que dizem respeitos à presença de Martinho contemporaneamente em Lima e em outros lugares.

pagar o seu resgate, foi pelo dinheiro que Martinho lhe havia levado, um pouco por vez.[18]

Caridade da verdade, também neste caso. E a caridade não tem limites.

---
[18] *Vita...*, cit., p. 85; cf. também KEARNS, J. C. *The life of Blessed Martin de Lima*, cit., pp. 121-122.

IX.
CARIDADE ATIVA

> Ela procura lã e linho,
> e trabalha prazerosamente
> com as suas mãos.
>
> (Pr 31,13)

Frei Martinho e Frei Cristóvão, numa manhã, caminhavam pelas trilhas que dividiam os lotes de terra, na fazenda de Limatambo juntamente com João Vázquez, o ajudante fiel de Martinho.

Era a estação das semeaduras: nos campos, ao longo dos sulcos paralelos abertos há pouco pelo arado na terra escura, os camponeses se deslocavam continuamente de um extremo a outro, espalhando a semente.

Os dois frades e o rapaz pararam na trilha. Olhavam aquele vaivém, aquele trabalho rápido e medido, aquele repetir-se incessante de um ciclo de movimentos: a mão que afunda no saco e fecha no punho aquela porção de semente que é preciso para o espaço de terreno marcado pelo passo, e o braço que entra em ação para espalhá-la, antes na frente, depois à esquerda...

Olhavam maravilhados para o ritmo do movimento e da chuva sutil dos grãos que desapareciam nos sulcos. Pensavam, talvez, no mistério de morte e de vida que estava para ser renovado na germinação: "Se o grão de trigo que cai na terra não morre...".[1] Frei Cristóvão disse de repente: "Estão

---
[1] Jo 12,24.

vendo aquelas terras não cultivadas, lá em cima, além dos campos arados? Seriam muito boas para um olival; penso muito nisso, e ainda neste ano devo fazer a plantação. Mas é preciso esperar que terminem as semeaduras: temos todos os homens ocupados neste momento".

Martinho olhou. De lá do cultivo o terreno subia bem inclinado, quase para mostrar o aspecto pouco convidativo da sua natureza selvagem.

"Seria este o momento oportuno?" – perguntou Martinho.

"Sim, mas agora é impossível, não temos mão de obra."

"E as mudas?"

"As mudas já as temos, mas para que servem?"

Martinho deu uma enxadada. Depois, com João Vázquez que lhe levava as mudas, foi ao lugar escolhido por Frei Cristóvão para o olival e começou a cavar buracos no terreno duro. Cavar, colocar as mudas, encher o buraco de terra e apertá-la bem perto do tronco... Passou todo o dia. À noite o trabalho estava terminado.

Martinho pôs a enxada nos ombros e foi colocá-la onde estavam as ferramentas.

"Obrigado" – disse-lhe Frei Cristóvão. "Vocês vão voltar amanhã para continuar?"

"Não" – disse Martinho –, "já plantamos todas".

"Todas?"

Se já não estivesse certo, Frei Cristóvão teria ido logo ver com os seus olhos aquele prodígio, mas como estava certo teve de resignar-se a esperar.

Mas como ficou, no dia seguinte quando foi ver a plantação de oliveiras e antes que chegasse ao lugar, um tremular de folhas cinza-prateadas lhe feriu o olhar! No alto de cada muda, tendo ao fundo do terreno irregular, a brisa agitava ao sol as folhinhas novas.[2]

Acontecia sempre assim: toda vez que devia ajudar os irmãos, Martinho se entregava sem se poupar, e o Senhor dava, também, sem economizar, uma bênção que levava para além das possibilidades humanas a eficácia do seu trabalho. "*Non recuso laborem*" [não recuso trabalho], poderia dizer com o seu grande homônimo e patrono, o Bispo de Tours. Poderia dizer também alguma coisa a mais, pois, além de não recusar, estava continuamente à procura de trabalho. Não pelo gosto de se ocupar, mas pelo amor sincero da comunidade e de cada um dos irmãos.

"O seu amor" – dizia o Senhor à irmã Maria da Trindade – "diga-o com as obras". E acrescentava: "Quando você amar mais, será menos lenta, o trabalho fluirá entre as suas mãos".[3]

O trabalho fluía realmente entre as mãos de Martinho. Fluía com tanta naturalidade que ele nunca aparentava estar preocupado. Por mais tarefas que pudessem se acumular nos seus ombros, não se perturbava – agia com precisão, calma e ordem, sem nunca fazer confusão. O trabalho entre as suas mãos era como um rio de água que corre rápido, mas tranquilo, entre as margens.

Vê-lo desempenhar tantos deveres que exigiriam, cada um, pelo menos uma pessoa, era, para os coirmãos, argumento certo da presença de Deus nele e motivo para louvar a magnificência de Deus. "Dedicava-se totalmente ao bom serviço e consolação dos que lhe estavam próximos, sem reservar para si qualquer hora nem de dia nem de noite",

---

[2] *Ad novas* (XXX, VIII, e XXIV), pp. 19-20; *Positio*, p. 6.
[3] IR. MARIA DA TRINDADE. *Colloquio Interiore*, n. 359, p. 180. Custodia di T. S. Gerusalemme, 1942.

dizia Frei Cristóvão. E diz ter "visto com os seus próprios olhos e tocado com a mão o grande poder da graça de Deus que num homem composto de carne e sangue podia ser um serafim tão aceso das chamas da caridade...".[4]

De todas as suas ocupações, aquela que melhor fazia compreender o quanto amava os irmãos era o cuidado dos doentes. Assistia-os com afeto paterno e com cuidado sempre vigilante. O doente recebia o primeiro conforto quando ele se aproximava, com o seu rosto sorridente e com o seu modo de fazer tranquilo: parecia que Martinho não tinha mais nada que fazer no mundo a não ser cuidar daquele único doente. Nunca dizia: "esperem um momento", ou então: "Vou logo". Estava lá, na hora da necessidade, em silêncio, e parecia senhor do tempo.[5]

Um ano, houve em Lima uma epidemia de sarampo que atingiu, como era natural, também o convento do Santo Rosário. Os religiosos atingidos foram mais de sessenta, alguns gravemente. Alguns morreram.

A doença era caracterizada por febres muito altas, que os remédios não conseguiam diminuir, e que provocavam um delírio semelhante à loucura.

Martinho se entregava à assistência dos doentes, sem repouso. Cuidava deles como alguém que guarda um tesouro contra a cobiça dos ladrões. Procurava se opor à violência do mal sustentando as forças dos enfermos, de forma a tornar mais tolerável o tormento da febre e da ardência com bebidas refrescantes. E depois se interessava em procurar remédios que pudessem ajudar: unções, essências medicamentosas, ervas...[6]

---

[4] *Positio*, p. 30.
[5] *Ad novas* (LV), p. 58.
[6] *Positio*, p. 37.

De dia e de noite estava entre os seus doentes, ia e vinha de um a outro, sem esperar e sem se agitar. Passava da enfermaria comum para a do noviciado, com uma soberana indiferença pelas portas fechadas e trancadas.

Um noviço estava doente, certo Frei Matias de Barrasa, um jovem de poucos anos e delicado de constituição, que não teria conseguido superar a força da doença. Uma tarde, sentindo-se agravar, começou a pedir que lhe mandassem Frei Martinho.

A porta do noviciado, àquela hora, estava fechada e as chaves estavam com o mestre dos noviços, mas o porteiro do noviciado, Frei Francisco Guerrero, visto o grande desejo do doente, correu até ao padre mestre e lhe pediu a permissão de fazer entrar o Frei Martinho, e conseguiu-o sem dificuldades. Pegando as chaves, ia abrir a porta, mas, passando diante da cela de Frei Matias, quis logo dar-lhe a boa notícia. Colocou a cabeça dentro... e viu Martinho perto do leito, em conversa tranquila com o enfermo.

Certamente, devia estar dizendo coisas belas e consoladoras, porque o rosto do noviço moribundo se iluminava com o sorriso mais radiante.[7]

Pela manhã, Frei Fernando de Aragonês, o enfermeiro chefe, fazia o giro dos doentes e constatava que cada um tinha tido durante a noite, com a visita de Martinho, o alívio de que precisava: para o doente que ardia em febre, a bebida fresca; para o que estava molhado de suor, a camisa e os lençóis limpos; para cada um, a palavra de encorajamento, o sorriso bom.[8]

Sessenta doentes graves era um número de pessoas muito alto para uma casa religiosa, pois, acima de tudo, não

---

[7] *Ad novas* (III), p. 63.
[8] *Positio*, p. 37.

era um hospital. Com um peso semelhante, os enfermeiros poderiam se considerar perdoados se tivessem descansado um pouco mais. Mas São Martinho não sabia o que queria dizer fazer as coisas mais ou menos e de qualquer maneira quando se tratava de cuidar dos bens da comunidade; e que bem maior que a vida dos irmãos? Mesmo no auge da epidemia, com o aumento do trabalho pelo multiplicar-se dos casos, continuava a tratar cada doente como se tivesse sido o único do qual devia se ocupar. Intuía os desejos antes que fossem expressos; remediava muitas vezes, sem parecer, a ignorância ou os erros dos médicos.

Um doente experimentava uma repulsa invencível por qualquer comida. A única coisa que o estômago aceitaria era certa espécie de fruta... E Martinho aparecia com a fruta desejada. O doente a come com gosto e somente depois de estar curado percebe que pediu uma fruta fora da estação, que, naquela época do ano, em Lima, era impossível encontrar no mercado.[9]

Enquanto a maioria dos doentes é ávida de bebidas frescas, havia alguém que não quereria nunca beber. Martinho, ao contrário, sabe que aquele doente precisa beber muito para sarar. Toda noite, vai levar-lhe água e açúcar e enquanto não a toma toda não se afasta do seu leito.[10] O doente era, para São Martinho, muito mais que "um caso clínico", interessante do ponto de vista puramente científico: era um homem empenhado numa luta capaz de absorver todos os seus recursos, físicos e espirituais; um homem submetido a uma prova que pode ser decisiva e definitiva. E aquele estado, por muitos pontos de vista humilhante, impõe o maior respeito à pessoa do doente.

---

[9] *Ad novas* (XXIII), p. 66.
[10] Ibid. (VI), p. 64.

Um sacerdote ancião, atingido pela paralisia, tinha perdido o uso de todos os membros: as pernas não o sustentavam, os braços pendiam inertes. Mas o que mais o afligia era a incapacidade de se fazer compreender. Os enfermeiros estavam ao seu lado cheios de boa vontade sem conseguir captar o seu pensamento nos sons desconexos que lhe saíam da boca. Entretanto, a sua mente permanecia lúcida, e ele sofria por não poder se comunicar com os outros. Sofria tanto com isso que muito frequentemente perdia a paciência, e, com o tempo, a situação se tornou tão penosa que ninguém queria servir aquele pobre velho. Martinho tinha muita pena.

"Rezem ao Senhor que lhe conceda o uso da língua e das mãos" – dizia ao Frei Fernando: "Se continuar impedido de usar as pernas, paciência!".

O Senhor ouviu a oração – a oração de Frei Fernando, segundo Frei Martinho dizia; a oração de Frei Martinho, segundo Frei Fernando – e o enfermo pôde falar e se servir das suas mãos para muitas coisas pequenas, inclusive a de tomar as refeições sem precisar receber dos outros para pô--la na boca. E ainda mais, de impaciente se tornou paciente, "e manso como se fosse um cordeirinho", tanto que na vida cheia de incômodos e de achaques que teve que, levar ainda por muitos anos, se tornou um exemplo admirável para os irmãos.[11]

Durante a epidemia, havia dois noviços doentes no mesmo quarto. Um estava muito grave, e no delírio falava e falava com frases sem sentido. O outro, que não tinha febre alta e estava bem, se divertia ouvindo os despropósitos do seu vizinho e ria dele com alguém que tivesse ocasião de passar por lá.

---

[11] *Positio*, p. 40.

Martinho não riu quando Frei Francisco Martinez experimentou lhe repetir algumas daquelas amenidades. Não podia tolerar que se risse nas costas de um mulato que tinha estado entre a vida e a morte. Disse: "Frei Francisco, pense em agradecer a Deus por este religioso que já está fora de perigo, e cuide de você mesmo, porque não sei se você vai poder se livrar como ele". E, de fato, poucos dias depois, no fim da segunda semana de doença, Frei Francisco morria.[12]

Martinho tinha este dom: sabia como terminaria uma doença, independentemente daquilo que o seu decurso podia fazer prever. Nos primeiros tempos, os médicos procuravam sustentar o próprio modo de ver, mas quando começaram a conhecer Martinho, se remetiam sem mais àquilo que ele dizia.

Tal dom lhe permitia distribuir as suas atenções segundo a necessidade. Havia para ele duas categorias privilegiadas de doentes: os mais repugnantes segundo a natureza e os mais próximos de morrer. "Fiquem tranquilos" – dizia algumas vezes àqueles doentes que o repreendiam por ter-se esquecido deles: "quando não me faço ver, quer dizer que a doença não é perigosa". Havia até um dito que circulava entre os frades do Santo Rosário: "Frei tal vai morrer logo, porque Martinho vai vê-lo com frequência". Nem mesmo os seus mais queridos faziam exceção a esta lei.[13] O Padre Cipriano de Medina estava doente, e a doença era tão grave que cinco médicos haviam desistido de cuidar dele, declarando que tudo o que se podia fazer era administrar-lhe os sacramentos. Visto que não lhe restava senão esperar a morte, o Padre Cipriano a esperava resignado. De uma coisa só não gostava: que Martinho o tivesse abandonado também, e ele não se deixava ver havia vários dias.

---

[12] Ibid., p. 37.
[13] *Ad novas* (V), p. 61, (XLIX) e (LV), p. 62.

Tinha anoitecido e alguns religiosos velavam perto de seu leito, pensando que talvez não chegasse à manhã seguinte.

Apoderou-se dele um desejo prepotente de ver Martinho, uma espécie de revolta por sua ausência no momento de maior necessidade. Atendendo o seu pedido, aqueles que o assistiam foram procurar o irmão por todo o convento. Martinho não se deixou encontrar.

Entre três e quatro horas da manhã, quando a noite já durava há tanto tempo que parecia não devesse mais terminar, um primeiro raio de luz começou a clarear o vão da janela. Ao mesmo tempo, quando ninguém esperava mais encontrá-lo, Martinho entrou no quarto.

Um banho de alegria no coração do Padre Cipriano! E logo começou a lhe contar os seus males e a reclamar dele, que o havia abandonado há vários dias. Lembrava que, quando entrara na Ordem, ainda rapaz, ele havia lhe pedido que se considerasse seu filho, e o tinha venerado sempre como pai. E havia recebido dele cuidados paternos durante todos os anos da sua vida de religioso. Justamente agora que os médicos perderam a esperança de salvá-lo ia se resignar a morrer sem rever o seu Martinho?

Martinho deixou passar o rio das palavras: um pouco de desabafo faria bem ao doente. Escutava em silêncio, o sorriso dos olhos velado pelas pálpebras semiabertas no rosto um pouco inclinado...

Quando julgou que podia terminar, levantou a cabeça, fixou o olhar nos olhos do Padre Cipriano e lhe falou naquele seu tom modesto e pacato, que, dessa vez, tinha um pouco o sabor de repreensão: "Vossa paternidade poderia compreender que não estava em perigo: todos sabem que quando visito muitas vezes a cela dos enfermos é mau sinal. Não se preocupe se piorou: esta crise não deve servir para outra coisa, senão para resolver mais depressa a doença. Mas o senhor não vai morrer agora. Deus quer que viva e lhe dê glória continuando a servi-lo na vida religiosa".

Mais alguns dias e as palavras de Martinho foram confirmadas pelos fatos: o Padre Cipriano melhorava a olhos vistos. Logo esteve em condição de retomar o ensino e a pregação e de continuar seus trabalhos para a glória de Deus por muitos anos.[14]

Quando, então, a morte estava realmente à porta, Martinho voltava com frequência maior ao leito do irmão que estava para embarcar naquela viagem misteriosa. Sem descuidar o alívio físico, preocupava-se com cuidar do espírito. Falava, então, como quem tem experiência disso, da bondade infinita de Deus. Falava da misericórdia que abre os braços da cruz para quem se dirige a ela. Falava da sabedoria divina que fez de si remédio para a nossa fraqueza e para a nossa ignorância, do sangue do Cordeiro e do seu corpo imaculado que recria em nós um poder de vida capaz de ultrapassar as barreiras da morte.

E quando temia não poder dizer o suficiente, chamava para perto do doente aqueles religiosos que sabia serem mais bem dotados da palavra que conforta e dá confiança, enquanto ele se retirava à parte para rezar e para se flagelar, a fim de que a palavra tivesse o dom da eficácia e a graça enchesse a alma do moribundo. Sabia que o Senhor nunca recusava nada à sua oração. Quando, então, a batalha estava terminada, Martinho não deixava para ninguém o cuidado dos últimos e mais penosos serviços: lavava o cadáver, vestia-o, levava-o, com a ajuda dos irmãos, ao lugar da sepultura. E recomendava que rezassem. Mas, algumas vezes, não dizia nada e o seu semblante expressava a alegria celeste. Compreendiam, então, que a alma do irmão já estava nos braços do Pai.[15]

---

[14] *Positio*, p. 23.
[15] *Ad novas* (LVII), p. 60.

O cargo de enfermeiro não incluía somente a assistência aos doentes. Quando Martinho começou a se ocupar da enfermaria, encontrou-a desprovida das coisas mais indispensáveis, como leitos, cobertas e roupa de cama. Fundos destinados a este objetivo, naturalmente, não havia: o convento era pobre. Algum outro diria: se não me dão o dinheiro, como faço para comprar a roupa? Martinho, ao contrário, pensou: os doentes devem ter todo o necessário, e até alguma coisa a mais, por isso, é preciso encontrar o dinheiro. E começou a fazer campanha para descobri-lo.

Aqui lhe veio em socorro a fama, que tinha começado a aparecer, da sua santidade. Quando começou a bater nas casas dos ricos e dos poderosos, Martinho não era um desconhecido, já se falava em Lima da sua vida toda recolhida na humildade e na oração, e dos fatos extraordinários, que alguém contava, sobre ele: os êxtases, as curas prodigiosas.

Martinho, pode-se dizer, não poderia nunca ser um desconhecido para os habitantes de Lima. Querendo ou não, o seu pai estava entre os personagens investidos dos mais elevados cargos do governo. Quando, ainda criança, vivia em dificuldades com a mãe e a irmã, quando, depois do intermezzo em Guayaquil, fora aprendiz de Rivero; quando renunciara às vantagens de uma posição conquistada com o seu trabalho e vestira o hábito religioso, Martinho não poderia nunca ser confundido com a multidão anônima.

Mas, depois, se escondeu entre as paredes do convento, a sua vida se tornara mais luminosa porque da sua pessoa irradiava a força irresistível da santidade.

O convento não era um lugar fora do mundo: havia pessoas que iam e que vinham. Havia Francisco della Torre, que, quando não estava em serviço, ia para o Santo Rosário e podia girar por todo o convento, de alto a baixo, como também dormir, de noite, na rouparia da enfermaria, perto de Martinho; e quando estava de serviço voltava para fora a fim de comandar os guardas e também para relatar algum fato extraordinário, para edificação do próximo. Havia Marcelo de Rivero, o antigo mestre de Martinho, que vinha frequentemente visitar os doentes, e viu Martinho em êxtase, elevado do chão até à altura do crucifixo. Havia João Vázquez e havia muitos outros que, depois de terem visto alguma coisa extraordinária, não podiam se privar do prazer de contá-la aos conhecidos.

O mesmo Martinho saía muitas vezes, e diziam mais coisas sobre suas vestes rotas e o seu agir modesto, o mesmo dito que todos os relatos dos seus admiradores. Mas ele, certamente, não pensava em nada disso quando se apresentava para pedir um pouco de ajuda para os doentes, pensava somente na necessidade dos irmãos. Estava pronto, por amor a eles, a correr o risco de uma recusa ou de uma palavra áspera. Sentia-se suavemente maravilhado toda vez que seu pedido era acolhido e ouvido com tanta largueza, e, por isso, louvava o Senhor, que inspirava compaixão e generosidade.

Havia muita riqueza em Lima. Para os conquistadores que se haviam apropriado dela, muitas vezes ilicitamente, era como um alívio poder empregá-la para fazer um pouco de bem. Não diz a Escritura que a esmola cobre uma multidão dos pecados?

Aqueles, portanto, que no Novo Mundo haviam encontrado fontes de ganho tão exuberantes que no Velho Mundo pareceriam fábula e sonho, por mais indiferentes que pudessem ficar diante da miséria que caía sob os seus olhos, se deixavam tocar pelo pedido daquele homem todo caridade, e davam generosamente.

Aos poucos, Martinho fez uma clientela de benfeitores aos quais podia sempre recorrer. O primeiro da lista era o vice-rei. Depois, passando por todos os degraus do governo, da aristocracia e do comércio; de toda parte, a riqueza afluiu para ele. Foi uma torrente de coisas e pessoas de proporções imponentes.

Martinho não se deixou envolver. Soube fazer brotar a veia escondida e usufruir o seu alcance canalizando-a sabiamente. Aqui Martinho precisou apelar para alguns dotes do seu caráter entre os mais humanamente simpáticos, para o seu "gênio" de organizador.

Desde o começo, atendeu às necessidades mais urgentes, depois, à medida que o fluxo das esmolas crescia e era mais estável, idealizou e realizou uma repartição das ofertas que lhe permitiu alargar o campo da caridade muito além das paredes do seu convento.

Naturalmente, começou por aquilo que o havia movido a pedir a ajuda das esmolas: objetos e rouparia quase inexistentes da enfermaria e da comunidade. Na reorganização da rouparia, o zelo de Martinho vinha, sem dúvida, da compaixão pelos doentes que careciam de tudo o que era mais indispensável. Não encontrar um par de lençóis ou uma camisa para dar a um doente que precisasse dela com urgência era, para Martinho, tão doloroso como uma picada de espinho.

Mas o estimulava, ao mesmo tempo, um motivo de ordem mais elevada. Aquela permissividade um pouco excessiva que havia se introduzido, e já era legitimada pelo costume, na observância do voto de pobreza, levava fatalmente a descuidar algumas prescrições da Regra. Devendo pensar e procurar os objetos de vestiário, era natural que cada um procurasse ajudar-se como podia, usando talvez roupas doadas que não eram plenamente conformes às prescritas. Assim, muitos usavam camisa de algodão ou de linho em vez da de lã.

Martinho se incomodava com essas infrações. Embora de ordem secundária, essas coisas também tinham sua importância num estado de vida que quer ser, em todos os seus atos, testemunho de fé e de amor. Para levar os irmãos ao bem da observância mais exata, Martinho tomou para si o trabalho de torná-la possível.

E ei-lo em busca de tecido de lã para fazer camisas. Colocou, ao mesmo tempo, um pouco de dinheiro; encontrou a boa vontade do negociante disposto a vir-lhe ao encontro para aquilo que faltava. Fez, assim, mais de oitenta camisas novas de lã. Agora, precisava fazer a substituição, e fazê-la de modo que todos ficassem contentes. Martinho estudou todo um plano que compreendia a organização da rouparia para a comunidade e da rouparia da enfermaria, e previa também a gestão regular das duas coisas. Entende-se que não se contentou em estudá-lo, mas o colocou em prática, assumindo para si, segundo o seu hábito, todo o peso do trabalho.

Portanto, fez assim: toda vez que uma camisa de tecido era mandada para lavar, ele a substituía com uma de lã da mesma medida, e a camisa de tecido, lavada e passada, era colocada na rouparia da enfermaria para que servisse de alívio aos enfermos. Toda roupa branca nova que entregava era identificada com um número, e cada membro da comunidade tinha o seu número. No guarda-roupa, além disso, numerou muitas gavetinhas, e a roupa limpa de cada um era colocada para cada um na sua própria gaveta.

Todo sábado, Martinho passava de cela em cela com um cesto grande cheio de roupa de cama limpa, e a distribuía aos religiosos. Na segunda-feira, repetia o mesmo percurso para recolher a roupa que devia ser lavada.[16]

Martinho proveu, assim, não somente de camisa, mas de todas as roupas, aqueles religiosos que não tinham meios de prover a si mesmos, ou porque eram de família pobre ou porque estavam muito ocupados com seus deveres no convento para poder ganhar alguma coisa com outras atividades. Aqueles que, humanamente menos favorecidos, tinham alguma vez que se envergonhar com a própria pobreza, se acharam, graças aos cuidados de Martinho, privilegiados, porque providos de tudo na observância mais escrupulosa da pobreza religiosa.

---

[16] Ibid. (XXXVIII), p. 53; Processo 1660, c. 443.

Para ele, porém, nunca parecia ter feito o suficiente. Era bom ter em ordem as roupas e os lençóis, mas não era tudo. E então, além de pedir ofertas em dinheiro para reabastecer a rouparia, Martinho pediu esmolas de missas. Também aqui a resposta foi grande e constante. Até o governador se fez seu esmoler e, toda segunda-feira, lhe levava as ofertas para as intenções de Santas Missas que tinha podido recolher. Martinho tinha feito uma lista completa de todos os sacerdotes do seu convento, do provincial ao último ordenado, e atribuía a celebração por turno, voltando ao início da lista toda vez que tinha chegado ao final, até terminarem as esmolas.[17]

Quanto à enfermaria, certamente era uma boa coisa ter à disposição aquele certo número de camisas de tecido, mais ou menos gastas, que tinham sido substituídas com as camisas de lã, mas precisava urgentemente de muitas outras coisas. Os leitos eram poucos e em condições realmente nada boas; as cobertas, os lençóis, muito poucos. E, de vez em quando, algum lençol era sacrificado antes do tempo e reduzido a faixas, que sempre estavam em falta.

Aos poucos, Martinho conseguiu ter tudo. O padre Afonso de Arenas calculava em "mais de seis mil" as peças da rouparia e se comprazia com o contraste entre a pobreza pessoal do roupeiro e a riqueza que a sua iniciativa tinha proporcionado à comunidade: "Sendo, como era, tão sumamente pobre para si, tinha domínio sobre todas as entradas dos homens seculares…".[18]

É natural que cuidasse ciosamente de tudo o que tinha conseguido, com indústria e com trabalho.

Um dia, chegou um homem para que lhe tirassem sangue, que durante a operação desmaiou. Justamente naquele momento Martinho tinha sido chamado para outro quarto e

---

[17] Ibid. (VII), p. 53.
[18] Ibid. (XXXVIII), p. 53.

se afastou por algum tempo, deixando o seu paciente sentado numa cadeira "que conservava lá para tal finalidade": sabia que era coisa sem importância, um pouco de impressão à vista do sangue, como acontece com muitos.

O homem, realmente, depois de alguns minutos, voltava a si e, vendo que tinha ficado sozinho, pensou em aproveitar da situação: tirando da roupa de cama usada dois lençóis, colocou-os dentro da calça, aquelas calças largas então em moda, onde havia lugar para esconder alguma coisa mais volumosa. Certo de que estava conseguindo enganar, saudou com ar indiferente Martinho, que estava voltando, e fez que ia embora. Mas ouviu que o chamavam: "Volte aqui, irmão. Volte para a cela e coloque no seu lugar, na cesta, os lençóis que você está levando embora nas calças".

O tom de Martinho era decidido, mas sem a mínima ponta de aspereza: poderia ter gritado "Pega o ladrão", e o chamava irmão. E acrescentou, quase para se desculpar por não deixá-lo levar a roupa embora: os doentes têm pouca roupa de cama e não podem dispensar este par de lençóis.[19]

E ele, todo envergonhado, voltou e devolveu os lençóis.

Uma vez, desapareceu um colchão, que Martinho tinha colocado fora para tomar ar e depois esquecera. Pode acontecer também aos santos esquecer alguma coisa, uma vez ou outra. Já noite avançada, lembrou-se de que o colchão ainda estava esperando para ser recolhido e foi pegá-lo, mas viu que o colchão não estava mais lá. Sem perder tempo, perguntando para as pessoas, Martinho chamou Frei Fernando e com ele foi a um cantinho escuro da cantina, onde o colchão tinha sido depositado provisoriamente.

Outra ocasião, foi uma cama completa que desapareceu, a cama de um dos negros adidos ao serviço da enfermaria. "Não encontro mais minha cama" – disse o negro a

---

[19] *Positio*, p. 43.

Martinho, que lhe respondeu: "Espere aqui". E foi direto aonde a cama tinha sido escondida, e ao religioso do qual dependia o servo que tinha se apropriado disse francamente: "Padre, se aquele servo não tem cama, pense vossa reverendíssima em providenciar, mas não deve envolver o negro da enfermaria".

Martinho sabia muito bem, quando se tratava dos outros, que, depois de ter trabalhado todo o santo dia, a pessoa tem direito de repousar numa cama boa. E o negro teve de volta a sua.[20]

Mas um inimigo muito mais temível que qualquer ladrãozinho ocasional ameaçava destruir a obra que tinha custado muitas canseiras. Um inimigo inexorável e inacessível, os ratos.

Quando os ratos descobriram o caminho da rouparia, houve desprazeres grandes para Martinho. Dia após dia, a camisa e o lençol repostos nas gavetas, tão bem ordenados e limpos, estavam com marcas de dentes em forma de buracos arredondados que, retalhados no tecido, é lógico, em vez do bom odor da roupa lavada, exalava um mau cheiro característico e enjoativo.

Passaram-se vários dias. Os ratos pareciam gostar de roer as coisas mais bonitas e novas, deixando quase intactas aquelas que já estavam gastas pelo uso.

O enfermeiro chefe estava cansado daquela guerra desleal. Para ele havia remédio, porque contra uma peste semelhante qualquer arma seria boa. "Vamos colocar veneno?", propunha. Mas o outro não queria sequer ouvir falar disso. "Pobres animaizinhos!", dizia, "precisam fazer algo para sobreviver. Eles não encontram comida preparada no refeitório como, todo dia, nós a encontramos".

Mas, finalmente, um dos destruidores caiu nas mãos de Martinho. Parecia-lhe que não era verdade. Para fazer-lhe justiça sumária e dar um exemplo aos outros malfeitores? Nada disso.

---

[20] Ibid., p. 44.

Martinho segurou o rato nas mãos. O coração do animalzinho pulsava rápido contra os seus dedos, os olhos vivazes lançavam olhares desesperados em toda direção.

Martinho sorriu com todo aquele desespero. Depois falou com o rato. Fez-lhe um sermão não muito diferente daquele que tinha feito ao ladrão dos lençóis, somente um pouco mais difícil porque dessa vez se tratava não somente de persuadi-lo a respeito da roupa dos doentes, mas também de fazer dele seu aliado para convencer todos os outros. Disse-lhe, portanto, assim: "Irmão, por que você e seus companheiros estragam a roupa dos doentes? Veja: eu não vou matar você, mas você vai reunir todos os seus amigos e levá-los para o fundo da horta. Vou pensar em levar-lhes de comer, contanto que deixem em paz a rouparia".

À medida que Martinho falava, o rato ia se acalmando e, no fim, os seus olhinhos encontraram o olhar do frade. Era como se dissesse: Está bem.

Martinho abriu a mão e o rato pulou no chão e desapareceu.

Logo se fez um grande barulho, e outros pares de olhinhos vivos começaram a brilhar por todo lado – embaixo dos armários, em cima dos armários, nas estruturas do telhado e nas gretas do pavimento – e os ratos saltavam fora: quem poderia pensar que um quarto pudesse esconder tantos ratos? Agora que o exército expunha todas as suas forças, havia que se alegrar que aqueles bravos rapazes estivessem, acima de tudo, habituados a se contentar com pouco: se tivessem trabalhado de verdade, não ficaria um só fio de roupa nas gavetas.

Quando, portanto, toda a companhia tinha comparecido, começou um desfile para a horta, um pouco confusamente, os mais ágeis e apressados pulando sobre os mais lentos e pesados. Martinho com os seus longos passos acompanhava os passinhos apressados daquelas criaturinhas. Assim, chegaram ao fundo da horta onde havia uma bela sebe e muitas moitas. Alegremente, os ratinhos tomaram conta daquele terreno livre onde poderiam cavar buracos para toda uma cidade de ratos.

E, todo dia, depois de servir a refeição para os doentes, para os servos, para os pobres, Martinho refazia aquele caminho para levar almoço para os ratos. Era um serviço prestado diretamente àqueles animaizinhos, mas, indiretamente, à comunidade. Sabia que, se mantivesse a palavra, também os ratos cumpririam o combinado. De fato, desde então nenhum rato colocou mais as patinhas na rouparia nem, o que mais importa, os dentinhos na roupa branca do convento.[21]

Zeloso guardião dos bens da comunidade, sim, mas, quando os usava para alívio dos doentes, Martinho era generoso. Uma vez, havia internado na enfermaria um homem recolhido da rua, depois de uma briga, todo ensanguentado e coberto de barro. Com alguns dias de cuidado, o homem já estava em condições de caminhar e voltou para casa. Mas a cor dos lençóis, quando se levantou da cama, era indescritível. Um irmão leigo, mostrando-os a Martinho, teve um movimento de mau humor: "Agora, para fazê-los novamente brancos...!", dizia entre os dentes.

Também os santos têm pelo menos um ponto fraco e quando são feridos naquele ponto devem reagir, nem mais nem menos, como um de nós. Somente que nós temos dezenas de pontos fracos, e nem sempre os mais louváveis.

Martinho lançou-lhe um olhar cortante como uma lâmina e lhe truncou logo a reclamação: "Irmão, com um pouco de força, água e sabão, os lençóis voltarão a ser brancos, mas para a alma é preciso mais! Somente lágrimas e penitência poderão limpá-la da falta de caridade".[22]

---

[21] Ibid., p. 45.
[22] GAFFNEY, H. G. *Blessed Martin Wonder Worker*, cit. p. 31.

Todo dia, depois de servir a refeição aos doentes, aos servos e aos pobres, Martinho levava o almoço para os ratos.

O ponto fraco de Martinho era a caridade; ele não tolerava brincadeira a respeito dela. Uma falta contra a caridade fraterna era sentida por ele como um espinho, e, então, o seu falar adquiria veemência e autoridade impensadas. E enquanto estava pronto a aceitar para si qualquer insulto, não podia tolerar o pensamento que lhe atribuísse falta de caridade fraterna. Se para aqueles que o ofendiam multiplicava as suas atenções, era "para que conhecessem que não os havia afastado do seu coração por causa da ofensa".[23]

Era seu ponto fraco e sua força.

Estava na raiz da sua atividade prodigiosa, era a mola que o elevava do cansaço, que o mantinha pronto a investir contra o cansaço. Estava também na base da sua paciência quando suportava os temperamentos difíceis, as exigências dos doentes; na base daquele seu doar-se sempre sem nunca exigir nada, do seu estar constante e incansavelmente à disposição de todos.

"A caridade, da qual se diz que não procura as coisas próprias, é assim entendida" – adverte a Regra de Santo Agostinho – "isto é, devem se antepor sempre as coisas comuns às próprias e não as próprias às comuns".

Martinho a entendia justamente assim. Por amor aos irmãos mendigava ajuda, assumia toda espécie de trabalho, sacrificava o repouso, dia após dia, com constância heroica. E por amor do verdadeiro bem dos irmãos, daquele enamorado que ele era da beleza espiritual, com igual constância permanecia na presença do Pai que está nos céus para implorar o "maná cotidiano" da graça.

"Uma caridade fraterna em Jesus Cristo" – diria Santa Catarina – "tirada do abismo da sua caridade".[24]

---

[23] *Ad novas* (XXIII), p.28.
[24] Carta 32.

Buscar o amor no abismo da caridade do Cristo quer dizer fazer do amor do Verbo por nós o motivo e o exemplo do nosso amor pelos irmãos.

Contemplando esse amor na obra da Redenção, que é sua manifestação mais evidente, Santa Catarina exclama: "Ó louco de amor! Não te bastou encarnar, quiseste também morrer".[25]

Quem procura penetrar, através da paixão do Senhor, a profundidade desse abismo, acaba por participar de alguma forma da "loucura" da Sabedoria eterna. Martinho não se ausentou disso; um exemplo disso em Martinho foi quando ele fez aquela proposta ao prior de vendê-lo como escravo em vez de dar cabo de algum objeto precioso quando o convento não tinha condições de pagar os credores.

Esse fato remonta, sem dúvida, aos primeiros anos, quando Martinho era um simples Donato. Uma proposta semelhante, depois da profissão, teria tão poucas possibilidades de ser aceita que não valeria a pena ser feita.

Mas a mesma "loucura" regulou todas as ações de Martinho em todos os anos de sua vida: os dias intensos de trabalho depois das noites insones, o alternar-se sem trégua de orações, penitências e trabalhos, o serviço dos outros no total esquecimento de si.

Até a morte, Martinho obedeceu à *lex amoris* [lei de amor] do Mestre: *Christus non sibi placuit* [Cristo não procurou o que lhe agradava] (Rm 15,3).

---

[25] *Diálogo*, c. XXX

X.
ENTRE OS JOVENS

Água profunda são as palavras que saem da boca.
A fonte da sabedoria é como torrente que transborda.

(Pr 18,4)

De nenhuma outra coisa transparecia tão bem o amor que São Martinho tinha pela sua Ordem quanto dos seus encontros com os noviços.

Em qualquer forma de sociedade, os jovens representam o futuro e atraem o amor e os cuidados daqueles que vivem plenamente a vida da sociedade.

O problema da educação, bastante simples na família pela exiguidade do ambiente e pela estreita afinidade entre os membros que a compõem, é muito complexo na sociedade religiosa, que pode acolher os sujeitos mais diversificados quanto à origem, aos hábitos, ao caráter, devendo elevá-los a um plano de vida superior. Talvez justamente porque seja tão difícil educar e porque muita coisa da nossa vida dependa da educação, amamos os jovens de modo especial; o afeto do coração vai mais espontâneo para aquilo que mais custa "da arte e da mente".

Martinho não podia ignorar a presença dos noviços no Santo Rosário. Amando a Ordem, não podia não amar os noviços da Ordem. E porque amar quer dizer desejar o bem, Martinho não podia senão, desejando o bem dos noviços, empenhar-se em procurá-los.

Martinho, portanto, sempre atento às necessidades de todos como se para cada um devesse fazer o papel de pai, toda vez que devia prover um irmão de alguma coisa – se tratasse de uma camisa ou de um caderno ou ainda de um livro, pouco importava – atirava-se onde percebia a necessidade, para socorrê-la, imediatamente, de tal modo que os necessitados sentiam uma satisfação tão grande que ao simples fato de nomeá-lo se elevavam e se alegravam". Ele fazia isso e muito mais com os estudantes e os noviços "a fim de que não se desconsolassem em alguma das faltas que tivessem no estado religioso".[1]

Entende-se que Martinho nunca teria sonhado em invadir o campo do padre mestre. Era simplesmente para os noviços como um Anjo da guarda adjunto. Se um deles estava doente, não tinha o mínimo escrúpulo de invadir a clausura rigorosa do noviciado, como aconteceu quando Matias de Barrasa desejava muito vê-lo antes de morrer.

Frequentemente passava as portas fechadas carregando objetos volumosos, como lençóis ou outra roupa de cama, ou o seu famoso braseiro cheio de carvões acesos, e assim se apresentava ao doente no meio da noite. Colocava o braseiro num suporte, em cima dos carvões depositava um raminho de rosmaninho, e logo o crepitar alegre e o perfume sadio quebravam o peso triste do ar viciado. O doente abria os olhos: de pé perto do seu leito, Martinho lhe oferecia o bem-estar que tinha sonhado no seu sonho irrequieto: a camisa fresca em troca da camisa banhada de suor, um gole de água, uma fruta suculenta para os lábios ardentes de febre.

À visita de Martinho se seguia sempre uma melhora visível – algumas vezes, a cura imediata – mesmo em casos realmente graves.

Um desses foi o caso do Padre Francisco Velasco Carabantes, que tinha sido atingido, durante o noviciado, por uma grave forma de "hidropisia", isto é, por um edema difuso.

É preciso também dizer que, se Martinho ajudou na cura de Frei Francisco, não estivera ausente, antes, no seu adoecer. Foi assim: Francisco estava há mais ou menos um mês no noviciado do Santo Rosário quando, um

---

[1] *Ad novas* (V), pp. 55-56, e p. 54.

dia, veio procurá-lo seu pai, Francisco Lopez Carabantes, tesoureiro-mor.

Sua visita tinha o objetivo de levar Francisco de volta para a família.

Naquela época, o tesoureiro-mor tinha recebido a "cédula" do rei, que o autorizava a deixar para o filho a herança daquele cargo cobiçado. Essa era uma "graça" muito notável e fora do habitual, sendo concedida ao tesoureiro como reconhecimento dos muitos serviços prestados à Coroa. Devia ser a consolação dos seus últimos anos, o orgulho do seu coração: o rei estava tão satisfeito com a sua obra que queria garantir-lha além dos limites naturais da vida, na pessoa de um filho que fosse considerado capaz de continuar no caminho traçado pelo pai.

Aquela recompensa, capaz de despertar suavemente os mais delicados sentimentos de um coração de pai, era, para o velho tesoureiro, como uma flor desabrochada improvisamente da aridez de uma vida passada entre os registros e os números. E enquanto caminhava para o convento do Santo Rosário, uma alegria nova lhe cantava dentro da alma e animava como de um sopro de poesia a recordação dos longos anos de trabalho tedioso.

Frei Francisco teria oposto alguma resistência ao pedido do pai, mas acabou cedendo. Incerto, no entanto, de saber manter sua decisão quando estivesse para comunicá-la ao mestre dos noviços, combinou com o pai que fugiria naquela noite, à meia-noite, por um pedaço de muro em ruína perto da igreja do convento.

Ao cair da noite, o sino tocava chamando os frades para o refeitório. Frei Francisco, sendo o noviço mais jovem, abria por um dos lados a longa fila dupla que, em procissão, se dirigia para lá. De repente, uma figura sai apressada da sala do capítulo, aproxima-se dele, puxa-o de lado e diz: "Então, jovem, quer deixar o hábito e a casa de Deus para ser tesoureiro-mor? Isso não está certo! Você não vai fazer uma coisa dessas, é melhor servir a Deus e garantir a salvação do que ir para a sua casa. Mas creia em mim: aquilo que você não fizer por amor a Deus, fará por temor a ele".

Não se sabe o que Frei Francisco respondeu ao irmão negro que lhe mostrava, tão sem preâmbulos, conhecer aquilo que ele imaginava dissimular atrás de uma atitude indiferente. Contudo, continuando na mesma linha de conduta, fingiu não compreender e se esquivou às pressas daquele colóquio embaraçoso.

O certo é que, reunidos os irmãos no refeitório e colocando-se à mesa, começou a sentir calafrios, e tomou conta dele tamanha febre, obrigando-o a se levantar antes de terminar a refeição e pedir ao padre mestre que o deixasse ir para a cama.

E lá, enquanto batia os dentes, enrolado debaixo das cobertas, voltaram-lhe certamente à mente as palavras de Martinho, às quais havia fechado os ouvidos poucos minutos antes: "Aquilo que você não faria por amor a Deus, fará por temor".

O plano de fuga acabou não dando certo aquela noite.

Mas, Frei Francisco não se deu por vencido. Depois de um mês, curado da febre, recomeçou a preparar uma nova fuga. Porém, no momento de colocar em execução o plano, colheu-o novamente a febre e o pregou na cama pela segunda vez. E ele, teimoso, logo que se levantou novamente, começou a projetar a evasão pela terceira vez. E pela terceira vez, a febre o colocou na impossibilidade de ir embora.

Então, ninguém sabe o porquê, mas aquilo que não tinha conseguido fazer ao primeiro e ao segundo aviso, conseguiu fazê-lo ao terceiro: Francisco desistiu de tudo, compreendendo finalmente que Deus queria, a todo custo, reservar para ele aquele bem da vocação, que ele estava pronto a trocar por um prato de lentilhas. Ele acendeu no coração, com uma terna gratidão a Deus, um sentimento de grande admiração por Martinho e uma estima como de homem santo, que o levou a ter em grande consideração tudo o que dizia respeito ao irmão negro.[2]

---

[2] Ibid. (VIII), pp. 46-47.

"Então, você quer deixar o hábito e a casa de Deus...?"

Na terceira vez que Frei Francisco caiu de febre, o ataque foi tão violento que chegou a ponto de pensarem que seria o fim de sua vida. O médico o havia dado por desenganado, e os superiores haviam providenciado tudo a fim de prepará-lo para a última passagem e fazê-lo receber os sacramentos. Depois, superada a crise, o mandaram para o campo para que se restabelecesse. Mas a mudança de ares não lhe serviu para quase nada, e o jovem voltou para o noviciado com febre persistente e todos os sintomas da hidropisia. Então, não lhe pouparam cuidados, e para visitá-lo tinham chamado ninguém menos que o médico do vice-rei, Doutor Cisneto, o qual, diante do caso, duvidou que seus conhecimentos fossem suficientes para salvar alguém naquele estado.

Frei Francisco se agravava cada dia mais. O edema o sufocava, tirava-lhe a respiração. Os superiores, não querendo renunciar à esperança de vê-lo curado e temendo que algum companheiro piedoso lhe desse, para reanimá-lo, água ou outra coisa que pudesse prejudicá-lo, o colocaram trancado em uma cela do noviciado.

Foi então que Martinho interveio. Era noite: perto de uma hora da manhã. Francisco jazia no seu leito, oprimido pelo mal, pela solidão e pelo tédio da insônia. A porta estava fechada à chave. De repente, percebeu a presença de alguém no quarto. Olhou: na penumbra, Martinho sorria para ele. Tinha na mão um velho recipiente de latão cheio de brasas, debaixo do braço uma camisa, e na manga um raminho de rosmaninho.

Alucinações da febre?

Martinho colocou no chão o recipiente de latão, aproximou-se do leito, convidou o doente a se levantar, ajudou-o a se sentar num estradinho, perto do braseiro, e o envolveu numa coberta. Depois, tirou da manga o rosmaninho e o deixou cair sobre os carvões acesos; um leve fio cinza-azul surgiu e se espalhou em nuvem sutil e perfumada.

Tudo isso sem dizer nenhuma palavra sequer.

Finalmente, vencendo o assombro que havia tomado conta dele, Francisco rompeu o silêncio para perguntar a Martinho por onde tinha entrado, naquela hora, enquanto estavam fechadas com chaves as portas do noviciado e da sua cela.

A resposta não foi daquelas que incentivam uma longa conversa: "Rapaz, quem lhe disse para se envolver nessas coisas?".

Depois, com um "tapinha" amigável, quase para temperar a dureza das palavras, Martinho acrescentou em tom mais suave. "Você ainda não é muito sabido, doutor; dê graças a Deus se está vivo!".

Virou o colchão e refez o leito com lençóis limpos; voltou para Francisco, enxugou-lhe o suor, vestiu-lhe a camisa limpa – quente e perfumada de rosmaninho – ajudou-o a voltar para a cama e lhe prendeu as cobertas.

Francisco arriscou ainda uma pergunta: "Vou morrer hoje?". E Martinho lhe respondeu com outra pergunta: "Rapaz, você tem mesmo vontade de morrer?"

"Não" – disse Francisco.

"Então, não vai morrer" – concluiu Martinho e desapareceu da mesma maneira que tinha aparecido.

Com Francisco ficou uma grande paz na alma e um bem-estar que não experimentava há muito tempo. Dormiu – pela primeira vez depois de dois meses – um sono até de manhã; quando acordou, viu que todos os seus males tinham desaparecido: a ansiedade, o mal-estar, a febre, o inchaço. Três ou quatro dias depois estava de pé, são e vivo como qualquer rapaz da sua idade, e o Doutor Cisneto arregalava os olhos e falava de Milagre.[3]

---

[3] Ibid. (VII), pp. 64-65.

Esse Francisco Velasco é o mesmo que, uma vez, teve uma discussão com Martinho por causa da tonsura e que, depois daquela vez, vendo como o irmão negro gostava das injúrias, começou a dispensá-las sem economias. Devia ser, como se diz, um temperamento susceptível. Mas isso não quer dizer que não conseguia ser bom religioso, como de fato era. E é provável que fosse justamente a constância de Martinho, não só em suportar os seus ímpetos de mau humor, mas também e sobretudo em continuar a lhe mostrar que o julgava capaz de uma boa saída, aquilo que o ajudou a superar a inércia.

Pode acontecer, também com os melhores, encontrar-se num certo momento perturbados pela amplitude da perspectiva ou incertos diante de uma passagem difícil; a mão estendida naquele momento pode dar o impulso decisivo por toda uma vida.

Uma noite, o mestre dos noviços foi confiar a Martinho uma grande preocupação que tinha. Dois noviços tinham desaparecido e não eram encontrados em nenhuma parte. Deviam ter fugido.

Martinho prometeu ao padre mestre que faria o que pudesse para ajudá-lo a procurar os noviços, e se pôs a rezar. Quando terminou, foi até ao prior e lhe pediu permissão para sair. Tendo ouvido de que se tratava, o prior deu a permissão, embora já fosse noite.

Martinho caminhou um bom trecho e parou diante da porta de uma casa. A porta estava fechada, mas isto não tinha importância para ele. Entrou e viu os dois fugitivos que dormiam em suas camas, um ao lado do outro, tranquilos.

Não hesitou em acordá-los, mas não disse sequer uma palavra de reprovação pela fuga, não disse nenhuma palavra dura. Começou, ao contrário, a falar, no seu tom pacato e convicto, sobre a beleza do estado religioso, sobre a dignidade de uma vida intimamente unida à vida de Deus, sobre o campo sem limites que se abre para o amor, quando o homem fecha o coração aos atrativos que vêm de baixo e o dispõe a receber a luz do alto...

Para os jovens que o estavam ouvindo, todo o discurso parecia tão lógico que quase não podiam acreditar terem feito o que fizeram no dia anterior. Gostariam de não nunca terem cometido semelhante estupidez. Agora não se preocupavam com outra coisa senão de como se reapresentar no convento. Para Martinho, ao contrário, isto não preocupava. Desde que os dois culpados estivessem arrependidos sinceramente, o resto viria por si.

E, de fato, como sozinho tinha entrado na casa estando as portas fechadas, foi da mesma maneira que ele voltou ao convento junto com os noviços, mesmo também estando trancado. Assim, ninguém nunca soube da relatada fuga, com exceção do prior e do mestre, e nenhuma sombra deste fato prejudicou a sua reputação religiosa. De fato, foram bons religiosos e permaneceram na Ordem até à morte.[4]

Às vezes, unicamente o fato de olhar Martinho era suficiente para decidir sobre uma vocação.

"Eu já disse e repeti milhões de vezes" – costumava dizer Frei Inácio de São Domingos – "que eu estou decidido a receber este hábito por ter visto Frei Martinho de Lima em oração, elevado do chão a mais de dois metros, quase abraçando o crucifixo do capítulo".

Embora milhões de vezes o tivesse repetido em vida, é certo que, uma vez fechados os olhos, não poderia mais repeti-lo. E disto se lamentava Frei Cristóvão de São João –

---

[4] Ibid. (LV), pp. 47-48; KEARNS, J. C. *The Life of Blessed Martin de Lima*, cit., pp. 123-124.

que nunca tivera a sorte de ver Martinho em êxtase – quando lhe coube testemunhar no processo:

"Ó, se Frei Inácio estivesse aqui...", dizia, um dia, Frei Cristóvão a Marcelo de Rivero, o cirurgião.

"Não é suficiente, talvez, o meu testemunho?" – respondia de Rivero um tanto magoado – "Também eu o vi como o viu Frei Inácio, elevado do chão, na sala do capítulo, e a minha palavra vai valer tanto quanto a dele!"[5]

Outro noviço ao qual Martinho deu uma ajuda decisiva para vencer as dificuldades dos primeiros momentos foi Cipriano de Medina.

Cipriano tinha entrado no Santo Rosário ainda rapaz – mais ou menos com quatorze anos –, mas logo tinha intuído a santidade de Martinho e, além de se ter confiado aos seus cuidados paternos, observava-o continuamente e procurava imitá-lo.

Cipriano tinha uma aparência deselegante, pois era baixo e se apresentava acima do peso; além disso, seu rosto não era muito bonito, características que faziam com que ele fosse frequentemente perseguido pelos companheiros com brincadeiras maldosas.

Um dia, os estudantes estavam esperando a sua vez na sala onde Martinho cortava cabelos e barbas. Quem sofria as consequências da espera era, habitualmente, Cipriano, por causa da baixa estatura, o que o deixava muito triste. É verdade que um religioso deve ser superior a essas misérias, mas, aos quatorze anos de idade, um rapaz tem a ambição natural de se tornar alto, pelo menos tanto quanto o próprio pai, e, se isso não acontece, acaba por se sentir humilhado.

---

[5] *Positio*, p. 31.

Um dos estudantes disse a Martinho: "Irmão, faça a tonsura em Frei Cipriano, 'o selvagem' da casa".

Frei Martinho respondeu calmo: "Vocês o chamam 'o selvagem' e riem dele porque é baixinho, mas esperem: ele vai crescer tanto que vai ultrapassar todos vocês, e será um religioso grande, que dará orgulho à Ordem".

Ninguém replicou e ninguém ousou continuar a perturbar Frei Cipriano. Atrás daquelas simples palavras devia haver alguma coisa misteriosa, talvez uma verdadeira e própria profecia. Os fatos mostraram, não muito tempo depois, que Martinho tinha falado certo: Frei Cipriano foi colhido, também ele, por febres que o deixaram de cama por quatro ou cinco meses. Quando se levantou, tinha crescido tanto que não conseguiu vestir as roupas de antes; precisaram fazer-lhe um enxoval novo. Mas se distanciou mais dos companheiros pelo seu desenvolvimento intelectual e moral. De fato, enquanto aqueles nunca se distinguiram em alguma coisa especial, Cipriano foi chamado a exercer cargos importantes e, ainda jovem, foi feito bispo.[6]

De vez em quando, o padre mestre mandava os seus noviços para Martinho nos momentos de recreio. Numa tarde, alguns estudantes se aproximaram da sala onde ele tinha o seu quartel general, para lhe pedir a merenda. Faziam a mesma coisa todos os dias, depois da aula de teologia.

"Esperem um pouco" – disse Martinho –, "vou sair um momento e já volto".

Eles entraram e começaram a procurar. Havia algumas frutas numa gaveta, por isso começaram, sem mais, a sua

---

[6] *Ad novas* (II), p. 111; *Positio*, p. 23.

merenda. Havia também uma moeda de prata, um "patacão". Alguém a pegou e a colocou no sapato. Sabe-se que os estudantes, depois das aulas, finalmente, têm vontade de brincar e estar alegres.

Martinho voltou com peixe frito, pão, mel e outras coisinhas para comer, e enquanto os distribuía com a sua habitual graça e convidava os jovens a se alegrar com todos aqueles dons de Deus, dizia também que tinham feito bem em pegar as frutas na gaveta: estavam lá para eles. De repente, se tornou sério. A merenda tinha acabado e os estudantes estavam para ir embora. O frade do patacão fingia que não entendia nada; talvez quisesse ver se Martinho realmente conhecia as coisas ocultas, como diziam.

Ouviu que o chamavam pelo nome: "Frei tal, coloque de novo no seu lugar o patacão que você pegou: não é nosso, tem dono".

O fradezinho tentou se fazer de desentendido dizendo: "Que patacão? Quem pegou o patacão?".

Martinho sorriu seguro de si: "Tire-o do sapato: Não é certo pegar aquilo que pertence aos pobres de Jesus Cristo".

Não é difícil imaginar o rosto atônito do "Frei tal" e de todos os outros.[7]

Em outra ocasião, uns trinta noviços tinham ido fazer um passeio no campo com Martinho. O mestre, ao confiar-lhos, havia recomendado que voltassem antes do anoitecer. Martinho prometera ser pontual.

Tinham tomado a estrada em passo acelerado, contentes e felizes naquela tarde de férias que interrompia o seu dia de estudo nas escrivaninhas com uma bela caminhada.

---

[7] *Positio*, p. 24.

Quando chegaram, foram à colina de "los Amanches", e depois de admirarem a vista Martinho tirou as provisões, e os jovens, sentados no capim, não se preocupavam em rezar antes de comer. Terminada a merenda, Martinho começou a falar sobre coisas espirituais, como ele sabia fazer, e os jovens e ele, todos absortos naqueles discursos, tinham se esquecido de qualquer outra coisa.

O dia, no entanto, tinha começado a declinar, e ninguém pensava na volta. Quando, de repente, perceberam que já era tarde, os noviços se sentiram confusos: não se podia brincar com o seu padre mestre! Também Martinho, quando percebeu a hora, sentiu-se mal com o pensamento do castigo que os jovens poderiam receber – certamente não pensou no seu – e se preocupou com a desobediência à Regra e às Ordens.

Mas não se perturbou, recolheu-se um momento para rezar. Depois, mandando reunir os pertences, convidou os jovens a terem confiança em Deus. E, finalmente, disse: "Vamos, rapazes, vamos nos reunir e caminhar para casa".

Desceram, assim, as colinas e caminharam em grupo compacto para Lima, em silêncio, concentrando todas as energias na marcha. Estavam a meia légua do convento quando soou a Ave-Maria. Depois, sem saber como, se encontraram na porta de casa. Tinha passado, mais ou menos, o tempo necessário para dizer quatro vezes o "Credo".[8]

O sino chamava para as Completas, e os frades se encaminhavam para o coro. Também os noviços se encaminharam para o coro. Quando o sino parou de soar estavam todos nos seus lugares.

---

[8] *Ad novas* (VII), p. 114; cf. também KEARNS, J. C. *The Life of Blessed Martin de Lima*, cit., pp. 125-126.

Tudo tinha acontecido tão rapidamente, tão naturalmente, que quase não tinham tempo de perceber a prodigiosa velocidade da volta. Uma vez no coro, a lembrança do convite à confiança que o havia precedido refloriu com um sentido novo e mais profundo das muitas expressões de confiança na bondade de Deus do qual, mais que qualquer coisa, está cheia esta hora do ofício divino: "Tu estás entre nós, Senhor, não nos abandones... Conserva-nos como a pupila dos olhos e cobre-nos com a asa da tua proteção... Em vossas mãos entrego o meu espírito. Deus verdadeiro que me redimiste...".

Depois, deixaram as cadeiras do coro e se enfileiraram, em fila dupla, para saudar Maria com o canto da Salve Rainha. Depois de tê-la invocado como "vida, doçura e esperança", se ajoelharam para suplicar-lhe que inclinasse para a miséria aqui de baixo o olho da sua misericórdia. Talvez então tenham recordado as palavras da Virgem Santíssima a São Domingos depois que de lhe dar um sinal da sua proteção materna sobre a Ordem: "Eu sou aquela que invocais, todas as tardes, e quando repetis eia ergo também eu me prostro para rezar ao meu Filho pela conservação desta Ordem".

E, se a recordaram, viram, sem dúvida, atrás dos acontecimentos daquela tarde, a mão de Maria que tinha protegido admiravelmente os seus filhos prediletos, e compreenderam o que quer dizer estar sob a proteção do seu manto.

Justamente a isso, talvez, Martinho quisesse conduzi-los, e para entender e saborear essa simples e solene cerimônia da Salve Rainha que está entre as mais queridas ao coração de todo filho de São Domingos.

Martinho, por sua vez, gostava dela e conhecia o seu poder. Serviu-se dela para levar ao "santo rebanho" um cordeiro que se obstinava em vagar fora do redil.

Esse cordeiro recalcitrante se chamava Antonio de Mansilla. Aos 18 anos, estudava retórica no Colégio de São

Paulo, dirigido pelos jesuítas em Lima, mas, anteriormente, tinha frequentado as escolas dos dominicanos no Santo Rosário, também porque morava lá perto, por isso Martinho o conhecia bem.

"Veja" – lhe dizia todas as vezes que o encontrava –, "o Senhor quer fazer de você um frade Pregador".

Martinho tinha o olho aberto e quando dizia: "Este fulano tem vocação", se poderia ter certeza de que realmente tinha.

Mas Antonio, mesmo tendo vocação, não tinha nenhuma vontade de segui-la, e respondia, abertamente, que para ele os conventos eram bonitos só por fora, e que queria mais do que se fazer frade...

"Está bem" – lhe disse Martinho, um dia –, "mas lembre-se de que antes de eu morrer você vai entrar na minha Santa Ordem".

Esta foi a última palavra de Martinho a Antonio de Mansilla, quando o jovem veio cumprimentá-lo porque ia "para as Províncias de cima".

Partia para encontrar algum trabalho – nem ele sabia qual –, contanto que fosse diferente daquele que os frades faziam.

Passaram-se assim quatro anos. Antonio havia se estabelecido, ou quase, na cidade de Cuzco.

Num sábado à tarde, veio-lhe um desejo irresistível de ouvir cantar a "Salve Rainha". Entrou na igreja de São Domingos quando os frades terminavam as Completas. Entrou ainda relutante, entre a sua resistência de muitos anos ao chamado divino e aquele desejo imperioso que o levava lá quase a contragosto.

Mas lá, na igreja de São Domingos, Maria o estava esperando. Às primeiras notas da "Salve Rainha", Antonio sentiu uma grande e suave comoção invadir-lhe toda a alma e estava certo de que já não havia outra saída senão dar-se por vencido.

Quando a última nota do canto foi cantada, Antonio tinha tomado a decisão que por muitos anos tinha procurado evitar: confessar-se e pedir imediatamente o hábito.

"Ó luz da igreja" – rezavam agora os frades voltando para o coro –,"mestre de verdade, rosa de paciência, puro como o marfim... pregador de graça, junta-nos ao número dos santos!".

Para Antonio, naquele momento, o número dos santos era aquela fila dupla de homens vestidos de branco que podiam caminhar seguros atrás do seu Pai pelo caminho luminoso e reto da verdade, embora aquele caminho corresse entre as rosas e os espinhos da paciência.

Aproximou-se de um padre que saía do coro – segundo a história, o padre mestre Frei Antonio de Valverde, professor de teologia –, pediu-lhe para confessá-lo e lhe suplicou que pedisse ao prior que o acolhesse imediatamente, porque ele tinha decidido não sair de lá sem ter conseguido o hábito de São Domingos.

Quanta pressa, depois de tanto esperar!

Felizmente, lá no convento de Cuzco havia religiosos que tinham conhecido Antonio quando, mocinho, frequentava o convento de Lima, e o prior procurou logo colher as informações necessárias.

E assim, no dia 23 de agosto de 1639, Antonio de Mansilla vestia o hábito dos Frades Pregadores, bem no tempo para que a predição que Martinho lhe havia feito sobre o fato quatro anos antes estivesse exata no seu cumprimento.

"Antes que eu morra" – tinha dito Martinho. E no dia 23 de agosto de 1639 não lhe restavam três meses de vida.[9]

---

[9] *Ad novas* (LXI), p. 112.

Mas a Virgem fidelíssima havia colaborado com ele para que a sua palavra não ficasse sem efeito.

Assim, Martinho cuidava dos jovens, esperança da Ordem, não somente para afastar deles toda insídia do mal, espiritual ou físico, mas também para dilatar os seus corações naquela alegria que é companheira no amor do bem: "Amor do Sumo Bem que enche de alegria".[10]

---

[10] DANTE ALIGHIERI. *Par*. XXX, 41.

XI.
A AMIZADE

> Eu vos chamo amigos,
> porque vos dei a conhecer
> tudo o que ouvi de meu Pai.
>
> (Jo 15,15)

Os passeios com os noviços não eram o pão de cada dia de Martinho, não somente no sentido que lhe acontecia ter, todos os dias, muitas horas disponíveis para dar uma volta, mas também porque nem todas as suas horas de descanso ele as cedia aos noviços.

Horas de descanso, livres de toda preocupação séria, ele de fato tinha de vez em quando, como era justo, apesar do acúmulo dos deveres impostos pela obediência, e dos empenhos suplementares que sua caridade havia assumido voluntariamente. Dessas horas, ele podia dispor como mais lhe aprouvesse, e as consagrava à amizade.

Martinho não podia não sentir a necessidade de distender, de vez em quando, a alma na companhia de uma alma que vivesse no mesmo nível que a sua. Sentia-o como o sentem todos aqueles que, dia após dia, consomem as suas energias espirituais na vigilância contínua exigida pelo contato com pessoas que esperam sempre receber alguma coisa.

Com o seu próximo de cada dia – doentes e pobres, noviços e estudantes, e até com os padres do seu convento – ele devia estar constantemente na atitude de quem doa.

Coisa estranha, quando se pensa que ele estava por dignidade – e devia permanecer por humildade – no degrau mais baixo da escada. Mas a caridade, fazendo-o "pai de todos", como diziam os seus, tinha dado à sua estatura uma altura muito superior à comum, e isso o obrigava a dever sempre olhar um pouco para baixo toda vez que devia tratar com o seu próximo, justamente como um pai de família na companhia dos seus filhos.

Assim também era com Martinho, ele estava sempre rodeado de rostos que olhavam para o alto, obrigando-o a olhar para baixo. Fazia-o com extrema simplicidade e humildade, como quem tem consciência de não ter culpa se a sua cabeça domina a multidão que o circunda, desde o momento em que ele continua a ter os pés em terra.

Mas é natural que pudesse sentir também ele a necessidade de encontrar, pelo menos de vez em quando, dois olhos que encontrassem os seus no mesmo plano.

E a bondade divina, que provê a veste para os lírios do campo e o alimento para os pássaros do céu, provê também para Martinho a alma gêmea: um amigo capaz de receber e de retribuir a sua amizade no plano da mais elevada perfeição espiritual.

Escolheu-a com cuidado, sem se importar com os milhares e milhares de quilômetros, e de um pequeno povoado da velha Espanha a levou até Lima numa concatenação estranha de acontecimentos.

João Masías, na sua chegada a Lima, tinha atrás de si uma existência de não muitos anos, já rica de várias experiências. Filho de nobres, tinha conhecido desde pequeno a pobreza e a dor quando a sua família perdera todos os recursos materiais e ele, tendo ficado órfão sob a responsabilidade de um tio, recebeu apenas o necessário para viver, cuidando de ovelhas.

Mas, justamente então, quando a humildade da sua condição parecia escarnecer da antiga nobreza do sangue,

João tinha começado a fazer amizades ilustres. Frequentemente, enquanto apascentava o rebanho, São João ia fazer-lhe companhia. São João Evangelista era o seu patrono, e era, portanto, justo que se interessasse por ele.

Era bom sentar ao lado e falar sem cerimônias com um companheiro como esse; ouvi-lo, sobretudo, enquanto falava tão bem do Cordeiro de Deus, do Bom Pastor.

As horas passavam rápidas naquela companhia, e, quando o sol, dobrando sobre a linha do horizonte, se tornava grande e vermelho antes de desaparecer, para Joãozinho parecia que o dia tivesse acabado antes, quase, de começar. Reunia as ovelhas e as reconduzia ao redil e aos poucos as contava: nunca faltava nenhuma, nunca nenhuma das ovelhas a ele confiadas ficava ferida ou mancava.

O discípulo predileto iniciava o pequeno Masías nos segredos da amizade divina, abria como um caminho na sua alma simples para o amor pelo Cordeiro imaculado, e no sulco traçado por ele descia como raio brilhante de luz a Mãe do Cordeiro. Maria descia do céu e levava ao órfão a ternura materna que lhe faltara tão cedo. O vale, então, parecia transfigurado pela presença dela. Tudo, ao redor, "se enfeitava de Maria".

Verdadeiramente, o amor por Maria era tão antigo no coração de João como o uso da razão, que tinha sido muito precoce: tinha cinco anos e já se podia confiar nele e estar certo de que, se aceitasse alguma tarefa, seria capaz de realizá-la.

Naquela época, João tinha começado a recitar, todos os dias, as três partes do Santo Rosário – uma por si, uma pelos pecadores e uma pelas almas do purgatório – e tinha decidido fazer isso por toda a vida. Até que viveu, foi fiel ao propósito feito quando criança e Nossa Senhora o recompensou com o dom de uma grande pureza e com as suas visitas.

Essas visitas não ficavam sem frutos. Joãozinho bebia sequiosamente as palavras e os ensinamentos de Maria e o seu amor por ela crescia tanto, que por ela teria ido ao fim do mundo.

E, um dia, de fato, depois de ter-lhe mostrado em visão alguma coisa da pátria celeste, a Virgem Maria lhe disse que ficaria feliz de vê-lo deixar a pátria terrena, passar o oceano e começar uma vida nova, por seu amor, no Novo Mundo.

João, então, confiou as ovelhas ao tio e embarcou.

No outro lado do Atlântico exerceu diversos ofícios, deslocando-se muitas vezes de um lugar para outro, até que, tendo atravessado todo o continente, se viu no lado do Pacífico e entrou em Lima.

A sua longa viagem tinha terminado, mas ainda não conseguira atingir a meta. Encontrou trabalho com um rico proprietário, como feitor e pastor, seu velho ofício. Nas pastagens, retomou os seus colóquios com São João, confiante de que devia conhecer por meio dele a vontade de Deus, e a conheceu com certeza depois de dois anos e meio daquela vida.

Pediu, então, ao patrão que lhe desse tudo o que lhe cabia, somente para dar como esmola aos pobres, foi ao convento dominicano de Santa Maria Madalena, e chorando suplicou para ser admitido entre os irmãos leigos. Conseguido o hábito religioso, começou a levar uma vida que, por amor à oração e à mortificação, pela inesgotável caridade pelo próximo, pelos dons sobrenaturais dos milagres, dos êxtases, da profecia, era uma correspondência perfeita à vida que Martinho de Lima levava no convento do Santo Rosário.[1]

---

[1] ANÔNIMO. *Vita del B. Giovanni Massias*. Roma, 1837, pp. 1-13; KEARNS, J. C. *The Life of Blessed Martin de Lima*, cit., pp. 105ss; cf., também, Brev. Dom. Dia 18 de setembro. Segundo Kearns, o Patrono de Masías teria sido São João Batista.

As suas horas livres, portanto, Martinho as passava de muito boa vontade em companhia de Masías. Indo ele ao convento de Santa Maria Madalena ou Frei João indo ao Santo Rosário, ou ambos indo juntos a Lima, o programa das suas recreações era sempre o mesmo. Falavam de Deus, participando um ao outro as experiências pessoais e os dons e as graças dos quais a bondade divina os enchia com tanta abundância, e se encorajavam mutuamente a correr no caminho de Deus, como o atleta que quer a todo custo conquistar o prêmio para si.

Falavam, sobretudo, do grande Amigo comum, em cujo nome o vínculo da caridade fraterna ligava ambos numa amizade santa, daquele que no momento de dar aos seus a prova suprema do amor os havia chamado amigos, porque a sua morte já os emancipava da condição servil do pecador. Reavivam juntos a recordação do amor desmesurado que os fez abraçar a dura paixão para fazer dos homens, de servos, amigos e filhos. Cumpria-se, então, para eles, aquilo que Santa Catarina escrevia ao prior dos beneditinos de Cervaia: "Aberto, portanto, o olho da inteligência, e tendo olhado em si a inestimável bondade e caridade de Deus, para ele as penas lhe parecem tão suaves e doces, que não parece que se possa alegrar com outra coisa; e sempre pensa de que maneira pode suportar sofrimento por amor do seu ódio"; e à beata Clara Gambacorti: "Colocando e fixando o teu coração e a tua mente em Cristo crucificado... enamorar-te-ás dos sofrimentos para te conformares com Cristo crucificado".[2]

"Por amor do ódio", isto é, pelo ódio devido à própria miséria e reavivado pela recordação das ofensas que exigem reparação, mas também e, sobretudo, pela necessidade de retribuir o amor com a mesma moeda: "por amor do amor";

---

[2] Carta 466 e 194.

por esse duplo objeto oferecido ao amor, João e Martinho concluíam as suas Santas conversas flagelando-se até derramar sangue.

Deve-se observar, porém, que as penitências dos dias festivos tinham um sentido completamente diferente do sentido dos exercícios penitenciais de todo dia.

A estes, o pensamento predominante da expiação e da reparação dava um tom estritamente austero e penoso.

Mas a penitência dos dias de festa assumia em Martinho e no seu santo amigo um tom de exultação alegre: era o alimento oferecido à chama do amor para que brilhasse mais clara. Nas festas solenes, Martinho se cingia de cilícios que lhe desciam até aos joelhos, e cingia tão apertadas as suas correntes de ferro que dificilmente podia caminhar ereto. Era aquele o dom do amigo ao amigo, e Martinho o oferecia ao seu Senhor em completa alegria.[3]

Além de João Masías, Martinho tinha um caríssimo amigo num religioso franciscano cujo nome não se sabe. Também com ele Martinho se entretinha de vez em quando em conversas santas e em obras de penitência, sob o olhar de um crucifixo pregado no tronco de uma árvore, no claustro dos franciscanos.[4]

A caridade não consiste somente no dar, mas também no saber receber. Este é o verdadeiro modo especial da caridade no campo do espírito. Santa Catarina o expressava com muita lucidez escrevendo ao abade de S. Antimo: "... é necessário para manifestar a magnificência de Deus, e para usar a ordem da caridade, que um servo de Deus com o outro usem e participem juntos da luz, das graças e dos dons que recebem de Deus; e para que se veja que a luz e a

---

[3] *Ad novas* (XII), p. 88, e *Processo* 1660 (XXXI), cc. 229-230.
[4] KEARNS, J. C. *The Life of Blessed Martin de Lima*, cit., p. 109.

magnificência da própria suave Verdade se manifestem infinita... e para que nós nos humilhemos para conhecer a luz e a graça de Deus nos servos de Deus. A estes ele coloca como fontes, e há quem tem uma água e quem tem outra água; eles são postos nesta vida para dar vida a eles mesmos, e para consolação e refrigério dos outros servos de Deus, que têm sede de beber essas águas, isto é, muitos dons e graças que Deus coloca nos seus servos".[5]

Era justamente o que acontecia nos recreios de Martinho e dos seus amigos: participando-se uns aos outros os dons de Deus, admiravam e louvavam o Doador, e solidificavam a base da própria humildade.

E isso, de fato, segundo Santa Catarina, é uma das mais importantes tarefas da caridade fraterna "que nós nos humilhemos para conhecer a luz e a graça de Deus nos servos de Deus". A caridade exerce aqui uma função tão mais necessária quanto mais no alto uma alma se eleva, acima do nível comum. E bonito subir, mas sentir-se isolados, quase destacados do resto dos homens, pode dar as vertigens e a tentação de olhar literalmente de cima para baixo a grande massa que não sabe afastar-se da estrada mestra.

Numa comunidade religiosa, esse perigo do isolamento é muito reduzido. Sabe-se que todos estão lá por um objetivo, para subir muito alto, e não se pode saber quem está verdadeiramente à frente e quem é o último, porque o progresso espiritual foge, em grande parte, ao controle do olhar humano. Mas, de qualquer forma, uma comunidade é mais ou menos como uma família quando os filhos são muitos, e há os que têm aptidão para uma coisa e os que têm para outra, e os caracteres na sua diversidade se completam e se fundem em harmonia, porque o mais forte se alegra

---

[5] Carta 250.

em ajudar e o mais lento se alegra que haja quem o ajude, e ninguém se julga um super-homem.

E quando ninguém se julga um super-homem, a humildade está salva, e com a humildade, a caridade.

Para Martinho, que, verdadeiramente, se tinha lançado muito alto, a Providência Divina deu a companhia de muitas outras almas da sua mesma têmpera, para preservá-lo das vertigens.

Não tinha ainda nem trinta anos quando morria o Arcebispo Turíbio, que devia ser inscrito no catálogo dos santos, e tinha acabado de passar dos trinta anos quando outro santo fechava os olhos em Lima: Francisco Solano, seguidor de Francisco de Assis, e prodigioso apóstolo do Novo Mundo. E não tinha completado os quarenta anos, em 1617, quando a pequena Rosa de Santa Maria encerrava a sua breve existência angélica.

Não é possível que Martinho não tenha encontrado a Santa da Ordem Terceira que frequentava a igreja do Santo Rosário e tinha como diretor o Padre João de Lorenzana, aquele mesmo que, como provincial, o tinha recebido na Ordem. E não pôde ignorar o triunfo prestado à Santa no momento da morte, quando parecia que toda a população de Lima se tivesse dirigido à casa onde a alma da virgem pura e forte tinha respondido ao chamado do Esposo, e quando a multidão incalculável acompanhou o seu corpo à igreja dos Frades Pregadores. Provavelmente esteve presente, dois anos mais tarde, à exumação e traslado dos restos de Santa Rosa, e respirou o perfume daquele corpo incorrupto, daquele frágil vasinho em que a virgem de Lima tinha virilmente exercido a mortificação e a caridade para com o próximo, sob o impulso da mais ardente caridade de Deus.

E é provável que então a ele, homem já maduro e em pleno vigor, sua mesma virilidade parecesse fraqueza em comparação à fortaleza indômita da pequena Rosa; assim como para São Gregório o pensamento das muito jovens virgens, mártires nos primeiros séculos cristãos, gerava pensamentos de humildade: *Quid... nos barbati et debiles dicimus, qui ire ad regna caelestia puellas per ferrum videmus...*[6]

No meio de tantas almas privilegiadas que não tinham medo de se lançar aos cumes mais elevados, Martinho estava em boa companhia.

Mas outra alma, mesmo sem se aventurar muito alto, lhe permaneceu sempre fielmente vizinha, pronta a captar o mínimo aceno dos seus olhos e a se preocupar em realizar qualquer desejo seu. Esta foi Joana, sua irmã.

Joana de Lima tinha se casado e vivia um pouco fora de Lima, quase no campo. Quando a facilidade de Martinho em ceder a sua cama aos doentes ou aos feridos que encontrava pela rua foi considerada excessiva e os superiores lhe proibiram introduzir estranhos no convento, Martinho pediu à irmã que hospedasse os seus protegidos.

Estranho pedido para uma jovem esposa, que corria o risco de ver a sua casa transformada em hospitalzinho de casos graves e urgentes! A prudência talvez lhe tivesse aconselhado a recusar. Mas, ao contrário, Joana concordou. Mostrou-se digna de ser irmã de Martinho. Foi, em certo sentido, mais heroica que ele, porque correu o risco de descontentar o marido, de introduzir em casa germes de doenças para os filhos... Fechou os olhos sobre tudo isto, com um grande ato de confiança na Providência de Deus, na palavra do seu santo irmão.

E a sua confiança se demonstrou de boa têmpera, pois não ocorreu nenhum mal a ela e à sua família por ter feito

---

[6] S. GREGORII PAPAE. *Homil. XI in Ev.*

de sua casa uma sucursal do pronto-socorro de Martinho,[7] o qual, naturalmente, estava atento; mesmo sem parecer, ele sempre estava atento a todos os seus.

Um dia, a serenidade da pequena família foi ameaçada por uma indesejada discussão entre mulher e marido, que não acenava para um entendimento pacífico. Essa discussão se havia esquentado numa simples reunião de família, na casa de campo onde Joana morava com o marido e os filhos; e os parentes vindos de Lima, vendo a situação, pensaram que a melhor coisa seria deixar sozinhos os seus anfitriões. Por isso, começaram a selar as mulas.

Martinho, ao contrário, pensou que a melhor coisa seria falar com os dois litigantes e persuadi-los sobre a fatuidade da sua discussão. Portanto, se apresentou improvisamente, com um bastão na mão e uma bolsa cheia de coisas boas pendurada no braço: uma bela fogaça de farinha, fruta e vinho.

"A paz do Senhor esteja com vocês!" – exclamou alegremente, como se não tivesse sequer percebido a tensão que paralisava o bom humor daquele grupo. "Precisei caminhar muito para chegar até aqui! Mas trouxe alguma coisinha para comer: vamos merendar todos juntos?"

As mulas foram libertadas das selas e mandadas de novo para pastar o capim do campo. Grandes e pequenos formaram um círculo ao redor do frade e da sua bolsa. Mas a nuvem da discórdia não tinha sido ainda dissipada: os rostos permaneciam fechados.

"Já sei o porquê de vocês carregarem esses rostos sérios" – disse Martinho, e com concisão e exatidão expôs o argumento do debate.

---

[7] GAFFNEY, H. G. *Blessed Martin Wonder Worker*, cit., p. 31.

Os seus o olhavam estupefatos: era exatamente aquilo, de modo conciso e completo; mas, como Martinho tinha feito para acompanhar todos os seus discursos enquanto vinha, passo após passo, pela estrada poeirenta?

Mas, pensando bem, não era essa sequer a coisa mais estranha. Aquilo que verdadeiramente não conseguiam compreender era como o assunto da sua briga, exposto tão fiel e limpidamente, na mesma enunciação perdia toda a força, murchava, quase, como a vela no mastro quando diminui o vento que a enchia.

Feita a paz, a pequena família elogiou as provisões que Martinho ia tirando da famosa bolsa, e a conversa continuou por um bom tempo na mais serena intimidade.

Caindo a noite, Martinho disse à irmã que não se preocupasse com ele, pois tinha onde dormir, e na manhã seguinte, bem cedo, antes de retomar o caminho para Lima, foi se despedir dela e se assegurar de que a paz iria continuar.[8]

Pouco depois desse fato, Joana teve de ir à cidade e, encontrando um dos frades que trabalhavam com Martinho na enfermaria, sentiu a necessidade de lhe contar o que havia feito aquele santo homem, seu irmão, para restabelecer a paz em sua casa.

"Mas o que está dizendo, senhora?" – interrompeu-a o frade enfermeiro. – "Durante a tarde e na noite de que a senhora está falando, Martinho não saiu da enfermaria: tínhamos vários doentes que precisavam de assistência, e nos ajudamos mutuamente, Frei Martinho e eu, como sempre!"

Novamente, o poder divino tinha concedido a Martinho multiplicar a sua presença para levar o socorro da caridade onde havia necessidade.[9]

---

[8] *Ad novas* (XXXVI), pp. 75 e 113.
[9] *Processo* 1660 (XXXII), cc. 293-295.

Martinho soube encontrar a maneira de socorrer materialmente o próximo com uma generosidade realmente prodigiosa. Não menos digna de nota foi a expansão espiritual da sua caridade na amizade, naquela forma de amizade que é colaboração na subida e uma antecipação da comunhão alegre dos santos nos méritos uns dos outros:

> *Porque, quanto mais se diz que é nosso,*
> *mais cada um possui os bens de todos,*
> *e mais caridade reina no claustro.*[10]

---

[10] DANTE ALIGHIERI. *Purg.* XV, 56ss.

XII.
O SERVIÇO DOS POBRES

> Como eu vos amei, assim também
> vós deveis amar-vos uns aos outros.
>
> (Jo 13,34)

Na hora da refeição, Martinho se tornava irrequieto. A sua calma proverbial parecia abandoná-lo. Transparecia no seu modo de fazer uma agitação estranha, uma espécie de impaciência.

Naquela hora, de fato, os pobres começavam a se reunir na porta do convento, e parecia que Martinho os sentia chegar. Não tinha paz enquanto não estava no meio deles.

Armado de uma xícara e de uma panela, Martinho dava uma volta pelo refeitório para recolher tudo o que era possível recolher. Para o fundo dos pobres ia sempre, antes de tudo, a sua porção. Para ele eram suficientes pão e água. Quanto aos outros, ao contrário, preocupava-se em tratá-los bem.

Quando a xícara e a panela estavam cheias, ou pelo menos quando tinham recolhido tudo aquilo que tinha restado disponível, Martinho ia à cozinha da enfermaria, onde a sua clientela o estava esperando. Uma clientela variada e de várias cores: espanhóis e negros, índios e mulatos, sãos e doentes e até cães e gatos! E, como se não bastasse, uma longa fila de "panelinhas" dos pobres da vizinhança, daqueles que não podiam se mover, levadas lá por alguma alma generosa.[1]

Muito mais que panela e xícara! Seria preciso um carro de coisas para contentar a todos.

---

[1] *Ad novas* (XII), p. 48, e (VI), p. 49.

Martinho não se perturbava.

Numa quarta-feira, dia de abstinência no convento, Martinho estava fazendo a coleta para os seus pobres no refeitório dos enfermos, isto é, daqueles que, não se sentindo bem, são dispensados da abstinência. Justamente naquele dia, os religiosos que deviam almoçar naquele refeitório eram muito mais numerosos que previra Frei Sebastião, o enfermeiro auxiliar a quem cabia justamente providenciar o almoço para os enfermos. Martinho chegou, portanto, num mau momento, quando Frei Sebastião estava todo imerso no difícil problema de dividir uma pequena quantidade de alimento em muitas porções, tentando não parecer ficar muito ridículas no prato.

"Não é realmente possível separar alguma coisa para os pobres" – disse Frei Sebastião – "Não tenho nem para o refeitório!" E continuava a dividir e subdividir as suas iguarias com o ar de quem sabe que está se empenhando numa atividade desesperada.

"Vá embora, irmão" – disse Martinho um pouco impaciente, um pouco divertido com as dificuldades de Frei Sebastião. – "Não é preciso desanimar e se entristecer por tão pouco: Deus deverá providenciar, uma vez que sustenta o mundo!" Tirou-lhe a colher das mãos e continuou ele a fazer as porções. Houve comida para todos, e foram porções abundantes. E delas sobrou ainda muito para os pobres.[2]

Quando, então, Martinho estava diante da multidão dos seus clientes, com a sua bela panela e com a sua bela xícara, não se impressionava com o seu número. Já o simples fato de estar entre os seus irmãos pobres lhe enchia o coração de alegria. Toda sombra de inquietude desaparecia: Martinho voltava a ser ele mesmo. Abraçava com o olhar aquela pequena multidão e sorria. Saudava-a com aquela saudação

---

[2] Ibid. (XXIII), p. 50.

habitual: A Salvação, nada mais: procuremos salvar-nos e aproveitemos o sangue de Jesus Cristo!

Antes de distribuir o alimento, abençoava-o dizendo simplesmente: Deus o aumente pela sua infinita misericórdia! E começava a encher as xícaras, os pratos, as panelas. Francisco de Santa Fé, que vinha muitas vezes e de boa vontade ajudá-lo naquelas ocasiões, ficava de olho no nível da sopa da panela. Não havia mais que quatro porções, seis, no máximo... e os pobres continuavam a vir e Martinho continuava a colocar sopa, até encher a última panela do último pobre.

No fim, todos tinham tido o suficiente, "e todos ficavam contentes, até os cães e os gatos", observa Frei Fernando de Aragonês.[3]

E como poderia ser diferente quando Martinho, depois de ter sacrificado o almoço, empenhava em sua ajuda as infinitas riquezas da misericórdia divina?

É difícil dizer quantos eram os pobres que habitualmente recebiam o almoço no convento do Santo Rosário das mãos de São Martinho. O beato João Masías, na portaria de Santa Madalena, dava-o para mais ou menos duzentos, todos os dias.

Estando os pobres já alimentados, Martinho retomava a sua calma, a caridade não dormia no seu coração, mas continuava a arquitetar grandes projetos. Da porta do convento, Martinho lançava longe o olhar. As necessidades dos irmãos o chamavam para fora, e ele ia.

Em Callao, o porto de Lima, havia um destacamento de soldados dos quais ninguém cuidava, e, portanto, passavam fome. Martinho pensou que não era justo deixá-los morrer de fome. A cada dois dias, deslocava-se entre Lima e Callao – cinco quilômetros para ir e cinco para voltar – sob o peso das provisões, com o incômodo do sol e com a poeira

---

[3] Ibid. (XIX), p. 50; (LV), p. 51, e (XII), p. 48.

da estrada, e continuou assim até quando foi preciso, isto é, por alguns meses.[4]

Hoje, parece muito estranho que um grupinho de soldados deva correr o risco de ficar em jejum sem a caridade de um irmão leigo. Mas não era tão estranho assim no Peru do século XVI-XVII. Tudo estava ainda por fazer. A sociedade do Novo Mundo era mais ou menos como um rio de lava ainda em movimento pelas encostas do monte: uma massa informe que precisa de muito tempo para se modelar de forma estável. A sistematização apressada que havia se seguido à conquista deixava ainda abertas algumas lacunas. A vida nos Reinos do Mar Oceano era cheia de incógnitas e aqueles que, abandonando a pátria, enfrentavam os seus riscos eram, na maioria, sem escrúpulos. Faltando uma organização do movimento imigratório, os mais fortes ou os mais prepotentes se apoderavam das fontes da riqueza, enquanto os mais fracos e os mais tímidos, depois de ter superado a aventura não indiferente da travessia, permaneciam na miséria por não terem sabido encontrar com que viver na nova pátria.

Martinho ajudou muitos desses imigrantes recém-chegados, que não conseguiam sair sozinhos da difícil situação. Hospedava-os provisoriamente na enfermaria, ia em busca de trabalho para eles, e somente depois de ter encontrado uma colocação conveniente os deixava sair.[5]

Típico, entre todos, foi o caso de João Vázquez. Uma característica da inteligente caridade de Martinho, que não se contentava em dar no momento da necessidade o indispensável para seguir adiante da melhor forma possível, querer colocar o pobre na condição de se livrar da situação difícil com o seu trabalho.

Martinho, então, encontrou João Vázquez no "cementerio" do convento do Santo Rosário, num dia de 1635, e o

---

[4] KEARNS, J. C. *The Life of Blessed Martin de Lima*, cit., p. 41.
[5] *Ad novas* (VII), p. 56.

notou entre os outros imigrantes porque era muito jovem e muito pobre. Tinha então quatorze anos, e nem sequer vestia uma camisa.

"De onde você é?" – perguntou-lhe Martinho.

"Da cidade de Jerez de los Caballeros, província de Estremadura, reinos de Espanha" – respondeu João sem entusiasmo. Quem sabe quantas vezes, desde o dia em que tinha partido, repetira a cantilena. Mas o que lhe tinha acontecido?

"Conhece algum ofício?"

"Não."

"Então, venha comigo."

João arregalou muito os olhos: será que aquele frade tinha realmente intenção de ajudá-lo?

Martinho o levou até sua cela, fez que vestisse uma camisa limpa, deu-lhe de comer, "lamentando muito", observa o mesmo João, o fato de vê-lo em tamanha miséria e em idade tão jovem. Quando estava mais ou menos recuperado, Martinho lhe disse que para comer e para dormir podia voltar lá com ele todos os dias, mas que devia pensar em escolher uma arte para exercer na cidade e para ganhar a vida.

João aceitou a oferta da cama e da comida muito agradecido, porque em Lima não havia nenhum ponto de apoio. Mas quanto ao ofício! Tanto fazia um como outro para ele, que justamente não sabia para que lado se voltar para que lhe ensinassem um ofício.

"Compreendi" – disse Martinho. – "Vou ter que pensar."

Martinho era "mestre barbeiro". Devendo iniciar João numa arte, era natural que lhe ensinasse a sua. Deu-lhe, então, diversas aulas de teoria, e para a prática lhe colocou nas mãos a própria cabeça, autorizando-o a raspar-lhe barba e cabelos.[6]

---

[6] *Processo* 1660 (XXXI), cc. 221-222.

Mas quando João dominou o seu ofício, não deixou Martinho. A bondade do irmão negro o havia conquistado; por isso, pediu-lhe que o conservasse consigo, como auxiliar.

Martinho ficou contente com a proposta. As suas obras de caridade já tinham se multiplicado e alargado, e a ajuda de um rapaz como João, esperto e sério, lhe seria muito útil. E João soube merecer a confiança de Martinho, que o deixou responsável por um dos setores mais delicados da sua caridade: a assistência às famílias decaídas.

Martinho tinha uma longa lista desses pobres, que estiveram muito em evidência, há algum tempo, que não podiam se decidir a pedir esmola, e aos quais a lembrança de uma vida cômoda tornava a miséria mais dura.

Viúvas e órfãos, na maioria deles, de senhores espanhóis que tiveram cargos importantes na milícia e no governo, conservavam muito vivo na alma o seu orgulho de conquistadores e de dominadores, para poder se abaixar a mendigar em público. Preferiam vegetar da melhor forma possível na obscuridade, a atrair os olhares sobre o seu estado atual, mesmo se junto com os olhares do público pudessem esperar atrair algum socorro.

A esses pobres que não pediam nada, Martinho precisava dar no segredo, no silêncio. Se Martinho tivesse sido menos santo, e, portanto, menos humilde, poderia sentir o gosto de ressaltar, aos olhos dos seus assistidos, que hoje as partes estavam invertidas: ele, filho daquela raça negra tão desprezada, fornecia os meios de vida aos brancos orgulhosos.

Se Martinho tivesse sido menos santo, faria uma coisa de péssimo gosto, uma daquelas coisas que têm sabor de reivindicação e de luta de classe.

Martinho não tinha nada para reivindicar. Reconhecia na diversidade das fortunas uma manifestação da Providência de Deus, e amava todas as almas, sem restrições, na caridade de Pai. Por isso, na delicadeza sugerida pela caridade, escondeu a sua pessoa atrás da pessoa de João Vázquez, e as suas ajudas às famílias que haviam conhecido o poder e o bem-estar passaram pelas mãos brancas do jovem espanhol.

Foram esmolas em dinheiro – dois, quatro, seis, oito e até vinte reais por família, toda semana – e ainda mantimentos, roupas e velas. Toda quinta-feira, por dois anos e meio, João Vázquez visitou as famílias socorridas por Martinho.[7]

Outra categoria de necessitados que atraía a compaixão do irmão negro eram os encarcerados. E realmente naquele tempo, quem caía nas mãos da justiça, qualquer que tivesse sido o seu crime, era muito digno de compaixão.

Também às prisões Martinho ia periodicamente. Levava coisas para comer e roupas, mas, sobretudo, procurava ajudar aquelas almas, emaranhadas no mal e nas suas consequências, a encontrar o caminho da verdadeira liberdade, da libertação do pecado.

Uma vez, quase no fim da sua visita, percebeu que as provisões tinham terminado e que dois prisioneiros ficaram sem ter recebido nada. "Volto logo" – disse aos prisioneiros.

Saiu e, com o primeiro comprador de coisas usadas que encontrou na rua, empenhou seu velho chapéu desbotado pelo sol e deformado pela chuva. O que poderiam dar-lhe por semelhante preciosidade? Poucos centavos, suficientes para comprar um pouco de pão. Mas não lhe servia mais naquele momento. Martinho comprou o pão e voltou à prisão para consolar os seus amigos.[8]

Um desses, o espanhol João Gonzalez, lhe pediu, um dia, que rezasse por ele porque já tinha sido condenado à morte e o pensamento de se apresentar para o julgamento

---

[7] *Ad novas* (XXXss), pp. 51 e 52; *Processo* 1660 (XXXI), cc. 223-224.
[8] GAFFNEY, H. G. *Blessed Martin Wonder Worker*, cit., p. 34.

de Deus lhe dava medo. Voltando ao convento, Martinho se pôs a rezar e pouco mais tarde mandou dizer a João que estivesse tranquilo: não seria justiçado. Mas, no dia seguinte, os guardas vieram buscá-lo na prisão e o levaram ao lugar do suplício. Enquanto se aproximava da forca, entre os insultos da multidão, o pobrezinho se perguntava como Martinho poderia se enganar e enganá-lo daquela maneira. Justamente quando o carrasco se preparava para lhe passar o laço no pescoço, uma senhora graciosa apareceu no balcão do palácio do vice-rei, agitando um lenço branco. Era a condessa de Cinchón, a mulher do vice-rei, que, valendo-se de um seu privilégio, concedia perdão ao condenado.

João Gonzalez se viu livre, mas numa grande incerteza sobre o seu futuro. Não tinha dinheiro, e ficar na prisão não lhe serviria de recomendação para encontrar trabalho. Martinho pensou em tudo. Encaminhou-o para ganhar a vida, forneceu-o das coisas mais necessárias, e lhe deu trinta reais para as primeiras despesas.[9]

É certamente bom fugir do aperto da justiça quando parece que não há mais esperança. Mas é ainda melhor evitar cair em suas mãos. Assim pensavam dois homens os quais, seguidos pelos guardas, procuraram asilo na cela de Martinho. E eis o oficial da justiça e os seus esbirros à porta da cela para uma investigação. Os dois tratantes – culpados ou inocentes, não se sabe – tremiam num canto. Se Martinho abrisse a porta e os esbirros entrassem, não teria como escapar. Então, Martinho começa a rezar, fazendo com que os dois fugitivos façam o mesmo. Quando terminou a oração, Martinho abriu a porta, deixou os guardas entrarem. "Querem ver o que há no quarto? Olhem, então" – disse Martinho. Eles não esperaram que mais nada fosse dito, pois haviam visto

---

[9] KEARNS, J. C. *The Life of Blessed Martin de Lima*, cit., pp. 50-51.

os malfeitores correndo para o convento, e quem deveria ter-lhes dado acolhida senão Martinho? Por isso, deslocam os poucos móveis e reviram tudo para procurá-los, inclusive os utensílios da enfermaria.

Os procurados se sentem apalpar e acreditam estarem perdidos. Mas os guardas não têm consciência de tocar senão utensílios e móveis, e vão embora, pedindo desculpas pelo transtorno.[10]

Mais que malfeitores procurados pela polícia, a cela de Martinho acolheu frequentemente pobres doentes abandonados ou, mais frequentemente, feridos deixados pela rua depois de brigas, vinganças ou agressões. Dois ou três desses feridos ou doentes quase sempre eram encontrados no seu quarto, isto é, na rouparia da enfermaria. Não em sua cama de tábuas, é lógico, mas em camas boas, com colchões, travesseiros e lençóis. E comida boa e substanciosa que os ajudasse a readquirir as forças, levando em conta os seus gostos e desejos ou caprichos.[11]

Contudo, havia quem não visse com bons olhos aquela espécie de pronto-socorro dentro das paredes do convento. Talvez o frade que reclamava ser muito difícil lavar os lençóis. Certamente, não era coisa muito regular levar para o convento toda espécie de gente. Mas, por algum tempo, os superiores deixaram-no fazer. No entanto, um pequeno temporal ia se adensando, e, um dia, caiu um raio: a rouparia devia ser liberada de todos os enfermos.

Foi então que Martinho pensou em pedir auxílio à irmã. Joana concordou e Martinho transportou para a casa dela o hospitalzinho dos seus pobres.

---

[10] *Vita*, p. 89; cf. também KEARNS, J. C. *The Life of Blessed Martin de Lima*, cit., p. 123.

[11] *Ad novas*, p. 48, e (II), p. 57.

A casa de Joana distava do convento pouco mais de dois quilômetros, mas, uma vez que o trabalho de ir e voltar dizia respeito somente a ele, Martinho não pensava que a distância fosse um grande inconveniente. Na casa de Joana os doentes gozavam da tranquilidade e do ar puro do campo, que ajudava a convalescença, e ele, todos os dias, ia visitar e cuidar deles. Se alguma vez ele não podia ir, mandava o seu velho mestre Marcelo de Rivero, que ia de boa vontade.

Numa tarde, a poucos passos da porta do convento, Martinho encontrou um índio ferido com uma punhalada e quase exangue. Era muito tarde para ir até à casa de Joana, e o ferido estaria morto antes de chegar até lá: a sua vida estava por um fio, e De Rivero não se encontrava.

Então, depois de considerar todas as outras alternativas, Martinho pensou que a urgência do perigo em que o índio se encontrava justificasse, somente uma vez, uma exceção à regra geral, e levou o índio para o seu quarto, como costumava fazer antes da proibição, com a intenção de transferi-lo para a casa de Joana no dia seguinte.

Mas um dos zeladores habituais foi direto ao prior para dizer que Martinho não observava as disposições dadas por ele e que voltava a internar enfermos na sua cela, e dali a pouco, uma ordem categórica do mesmo prior obrigava a fazer a transferência imediatamente.

Menos mal que Martinho tinha tido o tempo de medicar e enfaixar a ferida! E que, cônscio da sentença de "despejo" que pendia sobre o seu internado, tinha pedido ao Senhor que o fizesse pelo menos sarar logo, se realmente devesse colocá-lo para fora do convento.

No dia seguinte, de fato, quando De Rivero foi visitar o índio, o encontrou são e forte como se nunca tivesse perdido uma gota de sangue e, tendo-lhe tirado as faixas, viu que da ferida não restava senão uma leve cicatriz cor-de-rosa.

Martinho arrumou uma penitência e a cumpriu em Santa paz.

Alguns dias depois, o prior precisou dele e o fez chamar. Martinho aproveitou a ocasião para pedir desculpas ao superior por lhe haver causado o desprazer, no outro dia. Mas como, perguntou o padre prior, Martinho poderia desobedecer a uma ordem tão clara?

Martinho explicou como tinha acontecido; isto é, como a urgência e a gravidade do caso o obrigaram a presumir o seu consentimento. Havia pensado, em outros termos, que o preceito da caridade passasse adiante do preceito da obediência. Agora, pedia ao superior que lhe dissesse se tinha errado pensando desta forma, para poder se controlar outra vez.

O prior permanecia silencioso. A coisa não tinha sido apresentada deste modo pelo frade que tinha vindo se queixar. Desagradava-lhe o fato de ter-lhe dado ouvido e de ter agido sob a impressão das suas palavras, obrigando Martinho a fazer desalojar logo o ferido e dando-lhe um castigo imerecido.

"Você pensou bem, irmão" – disse-lhe finalmente. – "Continue a fazer assim!"[12]

As misérias do próximo chamavam, portanto, Martinho para fora do seu convento e o atraíam aos poucos para a corrente da vida da cidade. Tinha usado as suas primeiras armas dentro dos muros do claustro, para alívio dos irmãos, e tinha sido uma preparação para uma obra mais vasta. Como a sua grande irmã de Sena, o Senhor, depois de ter presenteado Martinho com a sua presença no segredo da cela, se apresentava agora na porta para convidá-lo a sair.

Apresentava-se na pessoa dos pobres. Aqueles que pediam a sopa à porta do convento falavam, com o seu mesmo aspecto, de misérias sem fim da cidade jovem e rica. Os doentes, sim, abandonados sem assistência nas suas cabanas;

---

[12] GAFFNEY, H. G. *Blessed Martin Wonder Worker*, cit., pp. 31-32; *Ad novas*, pp. 130-131.

as vítimas da violência, pelas ruas; as vítimas da fortuna, numa dissonância obscura, tornada incurável pela vergonha; os prisioneiros nas prisões repugnantes...

Mas uma categoria em específico atraía de modo especial a caridade de Martinho: a das crianças órfãs ou abandonadas.

Martinho tinha experimentado nos primeiros anos da sua vida o que quer dizer para uma criança não ter uma família, ser obrigado a depender da ajuda de estranhos, ser tratado sem afeto, sentir-se apenas tolerado.

Havia muitos meninos sem família nas ruas de Lima, que viviam como podiam. As autoridades deveriam ter-se preocupado com elas, porque se podia ter certeza de que aqueles rapazinhos, uma vez tornados homens, iriam causar muitas dificuldades. Mas, de fato, não cuidavam deles.

Naquela época não se falava, como hoje, de problemas sociais. Nem mesmo Martinho tinha sequer estudado as questões sociais. Mas, para ele estava claro, como dois e dois são quatro, que aqueles rapazes abandonados não conheceriam nunca a felicidade de amar o Senhor, de viver na sua amizade. Cedo ou tarde se tornariam delinquentes. E se, do ponto de vista da sociedade – ou pelo menos da sociedade do seu tempo –, um delinquente pode ser, nem mais nem menos, um indivíduo que atrapalha os outros e que, portanto, acaba justamente sendo privado da liberdade, do ponto de vista cristão, um delinquente é um homem a quem faltou um objetivo para a sua vida, porque não realizou aquela perfeição do seu ser que o havia tornado digno, aos olhos de Deus, de receber dotes superiores aos das outras criaturas que estão sobre a terra.

E uma coisa triste como uma promessa não cumprida, como uma flecha que cai aquém do alvo.

Essa tristeza pesava de modo insuportável na alma de Martinho. Não podia tolerar o pensamento que homens como ele, capazes de viver como ele no mundo todo luminoso e alegre da graça de Deus, devessem permanecer distantes, muito distantes, a ponto de nem sequer saber de sua existência. Não podia tolerar o pensamento das almas que permanecem fora do banquete, nas trevas exteriores, no gelo do pecado.

Sabia muito bem que, sem a Providência que lhe havia estendido a mão desde os seus primeiros passos, também ele poderia ter permanecido no número deles. Sabia que a Providência emprega os homens como meios para os seus fins altíssimos. Compreendeu que ele era o instrumento escolhido pela Providência para abrir aos pequenos abandonados de Lima o caminho da casa do Pai que está nos céus.

Uma vez compreendido tudo isto, não podia deixar de se entregar ao trabalho.

Era um trabalho totalmente diferente daquele ao qual Martinho havia se dedicado até àquele momento. Não se tratava mais de uma assistência simples, de ajudas distribuídas aos pobres que iam e vinham, de visitas em domicílio, de internação, ou, no máximo, de dois ou três doentes por um breve período de tempo. Era preciso tirar da rua um número notável de rapazes e meninas, e educá-los: isto é, assisti-los estavelmente, por um período longo de tempo, e colocá-los em condição de enfrentar a vida. Fazer, em suma, um colégio para as crianças órfãs e abandonadas.

Hoje, parece-nos a coisa mais natural do mundo. Então, não devia ser coisa simples se nem a autoridade do governo nem a eclesiástica se habilitavam a assumir esse peso. Martinho falou disso a ambas, mas não encontrou apoio. Ao contrário, segundo eles, aquela empresa era uma loucura. Quanto às autoridades da Ordem, não era de se esperar que elas financiassem o colégio nas agruras em que se encontravam. Tudo o que podiam fazer era autorizar Martinho a procurar os fundos, mas delas, com as dívidas que já pesavam sobre a comunidade, não se podia esperar sequer um real.

Não era um conjunto de coisas muito encorajadoras.

Se Martinho tivesse agido por uma fantasia qualquer, por uma imprecisa veleidade de filantropo, nos primeiros obstáculos ter-se-ia dado por vencido. Mas o seu amor às almas estava fundamentado no amor de Deus, a sua estima das almas, na estima do sangue de Cristo dado como pagamento da redenção. A sua saudação "aproveitemos o sangue de Jesus Cristo" não era um modo qualquer de dizer. Expressava o seu desejo vivo, constante, que o preço da redenção não fosse desperdiçado por nenhuma alma. Quem, espelhando-se na fonte primeira de todas as coisas, considera em Deus a dignidade da criatura, e na criatura a bondade de Deus, "sente-se obrigado a amar o próximo como a si mesmo, porque vê que Deus o ama sumamente".[13]

Ora, o amor que temos por nós mesmos é o mais forte. Não renunciamos nunca, não podemos nunca renunciar a querer o nosso bem. No nosso caminho conseguimos desbaratar obstáculos que, no caminho do próximo, nos pareceriam dez ou vinte vezes superiores às nossas forças.

De Martinho se podia dizer, realmente, que amava o próximo como a si mesmo, porque não poderia colocar para si empenho maior que aquele que colocava para o bem do próximo. Ainda mais, pelo menos no que diz respeito ao bem-estar físico; para si, Martinho não consumia sequer uma pequena fração das energias que prodigalizava no serviço ao próximo. Mas tudo aquilo que fazia para o próximo o fazia porque era obrigado pela mais genuína caridade.

Uma prova autêntica desse fato esteve no resultado da sua iniciativa pelas crianças. Entregara-se à obra sozinho, sem ajudas financeiras e numa atmosfera de desconfiança propositalpara quebrar a coragem. No entanto, o Colégio da

---

[13] SANTA CATARINA, carta 226.

Santa Cruz surgiu do nada e prosperou. Surgiu sobre bases tão sólidas que ainda hoje está em pé e acolhe meninos e meninas de Lima.

Além da sua caridade, Martinho deixou transparecer nessa obra a plena medida da sua mente grande e do seu gênio organizador, que soube fazer daquele colégio uma pequena obra-prima. Não teria valido a pena, de fato, enfrentar tantas dificuldades para oferecer às crianças nada mais que um refúgio material: era preciso educá-las. Ora, é evidente que Martinho não poderia se dedicar à obra da educação, nem sozinho nem com a ajuda de outros, porque a obediência dispunha dele diferentemente. Nem mesmo na administração do colégio quis pôr a mão, mas pediu que se encarregasse dela o seu amigo Mateus Pastor, que tinha sido o seu maior benfeitor. Ele não fez outra coisa pelo colégio da Santa Cruz senão idealizá-lo, e procurar e encontrar os meios para realizar a sua ideia com uma confiança superior a todos os obstáculos e, finalmente, organizá-lo de modo que atingisse o objetivo pelo qual tinha sido construído.

Para educar os pequenos hóspedes do "Santa Cruz" e fazer deles homens e mulheres capazes de caminhar retamente pelo resto de sua vida, era preciso um pessoal todo dedicado a essa obra. Martinho escolheu cuidadosamente os seus professores e os seus assistentes e, para ter os melhores, não economizou nos salários. Mas quis, a todo custo, ter os melhores.

Martinho não tinha o costume de fazer as coisas pela metade. Uma vez colocada a atenção sobre a questão das crianças abandonadas, quis ir até o fim. Tinha percebido que se uma boa educação podia deixar um jovem em condição de enfrentar a vida com muitas probabilidades de sair de uma situação difícil, para as meninas não bastava. Para que uma moça pudesse definir-se de modo conveniente era preciso também um dote. E Martinho fez de modo que as moças, saindo do Colégio da Santa Cruz, pudessem receber como dote mil pesos.[14]

Como pôde ter os meios financeiros para realizar um plano tão grandioso? Martinho tinha um sistema muito simples: dava do seu o quanto podia, e esperava o resto da Providência.

Dar do seu significava privar-se da refeição em favor dos pobres que esperavam à porta. Privar-se do repouso para dar aos outros todo o seu tempo. Sair pela cidade a mendigar ajuda e, ainda antes de se mover para fazer o pedido, ter vivido e viver uma vida que inspirasse confiança. Pessoas ricas, cavaleiros, e até o vice-rei, davam-lhe de boa vontade e com grande generosidade, porque sabiam "quão bem e fielmente" distribuía aquilo que recebia. Tudo aquilo que passava pelas mãos de Martinho chegava aos pobres, até o último centavo. Algumas vezes, até, tomou o caminho dos pobres também algum dinheiro que não era destinado a eles, como quando Martinho "investiu" uma importância em tecidos para vestir os seus caros pobres, em quatrocentas peças de oito reais que a sua sobrinha havia depositado junto a um negociante. Catarina, quando soube que o dinheiro que devia servir-lhe para o enxoval tinha tomado aquele caminho, chorou. Mas o tio lhe foi ao encontro todo sorridente, garantindo-lhe que não perderia nada. E, de fato, no dia seguinte, um dos ricos amigos de Martinho, tendo ouvido falar sobre o caso, dotou novamente a moça na mesma medida.[15]

Dar de si queria ainda dizer para Martinho estudar o modo de utilizar toda espécie de ofertas.

---

[14] *Ad novas* (VII), p. 55.
[15] *Processo* 1660 (XXXVII), c. 301.

As esmolas que lhe choviam de todo lado eram muito variadas. Havia o excelentíssimo senhor Conde de Chinchón, vice-rei, que lhe mandava, todo mês, cem mil pesos, e havia Dona Francisca Velez, que todo ano preparava uma pequena refeição para os noviços e para os estudantes na Quinta-feira Santa, e mandava, "na Sexta-feira Santa, para toda a Comunidade, o pão para o jejum de pão e água que se faz naquele dia. Enviando da mesma forma canela para que cozinhassem com essa água, para que não lhes fizesse mal". Dona Isabela Mexias deixava para Martinho a renda de uma de suas casas, para que ele usasse nas necessidades dos estudantes, e o governador dom João de Figueroa lhe levava, toda segunda-feira, abundantes esmolas de missas e, de vez em quando, esmolas de quatro reais para os irmãos leigos, "pedindo-lhes que se lembrassem dele nas suas orações e no rosário".[16]

E ainda havia as ofertas eventuais, todos os dias, de toda espécie de contribuintes voluntários. Martinho sentiu a necessidade de repartir as entradas atribuindo para as várias categorias dos seus pobres os diversos dias da semana. Subdividiu-as assim: para as almas do purgatório – os pobres de méritos, que não puderam chegar, no momento da morte, ao equilíbrio do seu balanço espiritual – foram, transformados em sufrágios, as esmolas da segunda-feira e do sábado. Para os pobres voluntários – noviços e estudantes ou sacerdotes – as da terça-feira e da sexta-feira. As ofertas dos outros três dias ficaram à disposição da fila interminável dos pobres de riquezas materiais, com reserva das recebidas nos domingos para os pobres de cor, negros e índios, que é como dizer para os mais pobres entre os pobres.[17]

---

[16] *Ad novas* (VII e XXIV), pp. 53-54.
[17] KEARNS, J. C. *The Life of Blessed Martin de Lima*, cit., p. 47.

Todas essas ofertas somadas deviam dar, no fim da semana, uma boa importância. No entanto, aquilo que Martinho recebia era sempre menos do que aquilo que dava. Os dominicanos do Santo Rosário percebiam isto e consideravam como um milagre contínuo a inesgotável capacidade de socorrer daquele irmão leigo que circulava com a túnica mais grosseira, gasta e remendada como nunca se viu igual. Sabiam que, se Martinho conseguia não mandar embora sem socorro ninguém que lhe expusesse as próprias necessidades, era sinal certo de que Deus se colocava, por assim dizer, do seu lado, e aumentava as esmolas de modo a fazê-las bastar para o seu desejo sem limites de ajudar a todos. "Era uma coisa que causava maravilha, e era considerada milagre contínuo entre os religiosos", diz o Padre Gutierrez, "ver que um pobre religioso, um Donato que vestia um grande saco de roupa rústica, grossa, humilde e remendada, tivesse para socorrer tantos pobres que a ele recorriam. Parecia que lhe choviam as esmolas, porque embora as pessoas de dinheiro, e de capital – na cidade e fora dela – que o conheciam, lhe dessem assistência e socorressem com esmolas para tal finalidade, não parecia possível que somente essas fossem suficientes, mas que Deus entrava no negócio, e aumentando-as concorria para favorecer os ardentes desejos e afetos do seu servo, que tão vivamente procurava segui-lo na distribuição da sua misericórdia".[18]

Essa contribuição da Providência divina era o que precisava desde o momento em que Martinho não sabia resignar-se a dar somente um pouco de ajuda, mas dava, de todo jeito, toda ajuda de que precisava. Para ele não pareceria muito ter socorrido noventa e nove pobres se tivesse que mandar de volta o centésimo com as mãos vazias. "Afligia-se

---

[18] *Ad novas* (V), p. 52.

de tal modo", diz Frei Laureano dei Santi, "quando vinha algum pobre para lhe pedir a esmola e não tinha o que lhe dar, que pedia a Deus nosso Senhor que lhe concedesse poder remediar às suas necessidades".[19]

Pedia-o, não como quem quer somente poder dizer à própria consciência: fiz tudo o que podia, mas como quem quer conseguir, a todo custo, aquilo que pede. Pedia-o com aquela sua oração irresistível feita de desejo ardente e de confiança ilimitada, e reforçada por aqueles seus heroicos exercícios de penitência. Justamente assim: quando Martinho não tinha o que dar, rezava e se flagelava até que a Misericórdia divina lhe abrisse os tesouros das suas riquezas infinitas.

E esse era ainda um dos seus modos de pagar pessoalmente no exercício da caridade para com o próximo; um dos mais característicos e originais modos da sua caridade.

Outra originalidade de Martinho era a de não se contentar em atrair para si a riqueza alheia para distribuí-la, mas de trabalhar ele mesmo para produzi-la. Como num dia, para ajudar os seus irmãos de Limatambo que não tinham mão de obra, plantara, com a ajuda de João Vázquez, todo um olival, da mesma forma, de vez em quando, Martinho ia passo a passo pelas ruas que de Lima se ramificavam pelos campos, para plantar, nas margens, fileiras de figueiras ou de outras árvores frutíferas. À medida que as árvores cresciam e davam fruto, os pobres encontravam ao longo das estradas alguma coisa para matar a fome – coisa de todos, porque crescida no terreno de todos – e não tinham a tentação de pular as cercas e ir roubar nos pomares.

---

[19] *Positio*, p. 9.

Como num dia, em Limatambo, tinha plantado um olival, da mesma forma plantou árvores ao longo das estradas...

Também nesse caso, a caridade de Martinho tinha em vista o bem da alma enquanto cuidava do bem do corpo.

Cuidava de outros cultivos – mais que ao longo das estradas, no terreno de Limatambo – para poder socorrer os pobres doentes com remédios: plantações de todas as ervas cujas propriedades terapêuticas a medicina do seu tempo desfrutava. Assim, o seu ambulatório podia funcionar sem agravar as despesas do convento.[20]

Martinho, no entanto, não conservava para si o monopólio do exercício da caridade. Muito ao contrário. Não lhe importava, de fato, que as ajudas passassem sempre pelas suas mãos, e até ficava feliz de dar aos seus contribuintes o gosto de também ajudar diretamente os necessitados: "… muitas pessoas ilustres de autoridade e de dinheiro na república… com liberalidade gastavam para os pobres, tanto pelas mãos do servo de Deus como por seu conselho".

Entre essas esmolas dadas diretamente estiveram os "dotes inteiros de quatro mil peças" das quais, uma após outra, foram dotadas vinte e sete jovens. E Martinho, que para si tinha saboreado a palavra do Senhor "é melhor dar do que receber", encorajava os seus alunos na escola da caridade obtendo para aqueles que eram tão generosos em dar um aumento nas suas riquezas: enquanto abriam as bolsas para os pobres, Deus aumentava os seus capitais.[21]

Os contemporâneos gostavam de chamar Martinho de pai dos pobres, pai da caridade, pai de todos. E a sua alma foi verdadeiramente paterna enquanto ajudava.

Foi paterno no acolher a todos, sem distinções e sem preferências, a não ser para os mais fracos e necessitados. Paterno no sentir como suas as dores dos outros, no sofrer

---

[20] *Processo* 1660 (LXIII), c. 513.
[21] *Ad novas* (VII), p. 55.

com o mal dos outros, no querer aliviá-los a todo custo. Mas, sobretudo, Martinho foi paterno no espírito que animou a sua caridade, isto é, no desejo de gerar a vida de Cristo nas almas.

"Quem crê" – diz São Gregório comentando as palavras de Jesus: "Todo aquele que faz a vontade do meu Pai, que está nos céus, esse é meu irmão, minha imã e minha mãe (Mt 12,50) – "pode ser considerado irmão e irmã de Cristo, mas se torna sua mãe quando por meio dele o amor do Senhor é gerado na mente do próximo".[22]

Todo o apostolado caritativo de Martinho não teve senão esse objetivo: fazer nascer o amor de Deus nas almas. Em todas as almas, sem exceção, tanto na dos ricos como na dos pobres. Há os que não sabem amar os pobres sem odiar os ricos. São aqueles que verdadeiramente amam só o próprio eu, os hipócritas que tocam a trombeta quando dão esmola para serem louvados pelos homens.

Martinho não podia deixar de amar a todos, ricos e pobres, desde o momento em que "do ardente amor com o qual amava a majestade divina... nascia-lhe aquele que tinha pelos seus próximos, amando-os em Deus e por Deus".[23]

Pobres e ricos não eram para ele termos de um dissídio incurável, extremos inconciliáveis de oposição. Eram simplesmente dois modos de ser na infinita variedade do universo, dois modos queridos pela bondade incriada para que os homens pudessem exercer entre si a obra divina da caridade. "As coisas necessárias para a vida do homem" – diz o Eterno Pai a Santa Catarina no *Diálogo* – "todas as coisas, eu as dei com muita diferença, e não as coloquei todas numa mesma pessoa, a fim de que tenhais matéria, para usar de caridade uns com os outros. Porque eu bem poderia fazer

---

[22] *Homil.* III in Evang.
[23] *Ad novas*, p. 44.

os homens dotados daquilo de que precisassem, para a alma e para o corpo; mas eu quis que um precisasse do outro, e fossem meus ministros para ministrar as graças e dons que receberam de mim. Porque o homem, queira ou não, não pode deixar de usar da caridade".[24]

Martinho pensava precisamente assim, e no seu desejo de doar a todas as almas a vida divina na caridade, nos ricos suscitava sentimentos de compaixão e de amor para com os pobres, e da alma dos pobres afastava o ódio e a revolta contra a miséria e a injustiça humana, ao tornar quase sensível a ação da providência de Deus para com eles.

E se um copo d'água dado por amor não ficará sem recompensa para o Reino de Deus, pode-se acreditar que a caridade material estabelece o reino da caridade no coração daqueles que correspondiam com tanta generosidade aos pedidos de Martinho.

Por isso, os seus contemporâneos o chamaram não somente pai dos pobres, mas pai da caridade.

E fizeram bem.

---

[24] *Diálogo*, c. VII.

XIII.
O AMOR POR TODAS AS CRIATURAS

> Também os cachorrinhos,
> debaixo da mesa,
> comem as migalhas que
> os filhos deixam cair.
>
> (Mc 7,28)

Frei Martinho estava desfazendo um lençol velho, quando Frei Francisco Guerrero entrou no quarto. Era uma daquelas horas tranquilas da tarde, quando o trabalho da manhã já se esgotou e o da noite ainda pode esperar.

"Há algum ferido em casa?" – perguntou o irmão leigo.

Martinho elevou um pouco os olhos do qual brotava um sorriso divertido: "Neste momento não, mas logo alguém precisará das minhas faixas".

Frei Francisco não teve tempo para perder em conjecturas, porque em poucos minutos entrava no quarto o ferido, um cachorro muito grande e terrivelmente machucado. Tinha uma grande ferida na barriga, e dela lhe pendiam os intestinos.

O cachorro se aproximou de Martinho e, fazendo-lhe festa como se fosse um velho conhecido, parecia pedir-lhe ajuda.

"Vejam como estas faixas vão servir para este pobre animalzinho, que é, também ele, criatura de Deus" – disse Martinho enquanto recolocava em seu lugar, na barriga, tudo aquilo que tinha saído, e costurava a ferida. Depois, preparou uma espécie de cama com alguma pele de carneiro, sobre a qual estendeu um pedaço de pano grosso, e ordenou ao ferido que ficasse lá tranquilo.

O cachorro, dócil, atendia a tudo, como se tivesse compreendido.

Martinho o conservou consigo alguns dias, dando-lhe de comer e medicando-lhe a ferida, e, quando sarou, lhe disse: "Agora vá trabalhar para o seu dono!". E o animalzinho, da mesma forma que, durante o tratamento, obedecera às ordens do médico, obedeceu ao seu benfeitor que o dispensava, e voltou para o seu dono.[1]

Todas as testemunhas da vida de Martinho concordam em considerar o amor que ele tinha pelos animais como uma manifestação da sua caridade. Marcelo de Rivero, que tinha conhecido Martinho antes da sua entrada para o convento e em tudo teve a sorte de tratar com ele por quase meio século, quando deve falar da caridade do seu ex-aluno, diz que não tem "palavras suficientes para poder explicá-la". Para dar pelo menos uma ideia da extensão dessa caridade, afirma que Martinho a "exercia até com os animais", tanto é verdade que, enquanto os seus coirmãos estavam no recreio, durante algum passeio à propriedade de Limatambo, ele ia cuidar dos bois e dos outros animais da fazenda.[2]

Curar os outros era uma verdadeira paixão para Martinho. Ele pouco se importava que os seus pacientes fossem ou não seres dotados de razão. Se lhe eram apresentados homens, cuidava dos homens, se animais, o cuidado que colocava em cuidar deles não era inferior. Poderia ele considerar a sua arte médica muito preciosa para fazer dela um presente aos animais, quando o Evangelho fala da solicitude do Pai que está nos céus pelos passarinhos do ar e pelos lírios do campo?

---

[1] *Ad novas* (VII e LIII), p. 70, e (XXIV), p. 72.
[2] *Positio*, pp. 44-45.

Martinho, portanto, achava muito natural dar os seus cuidados aos animais, que ele amava espontaneamente. Espontaneamente os amava com aquele amor puro de caridade que faz amar Deus em todas as suas criaturas, e todas as criaturas por amor de Deus. "Para a alma que ama a Deus" – escreve Santa Catarina – "qualquer lugar é lugar e qualquer tempo é tempo".[3] Martinho acrescentaria: e qualquer criatura é criatura. Todas as coisas que estão no mundo estão muito cheias de Deus, e falam muito eficazmente, para quem sabe entendê-las, do Poder que dá e conserva o ser, da sabedoria que ordena cada ser para o seu fim e cria a harmonia na variedade dos seres, da bondade que provê com amor a todas as necessidades das suas criaturas! Como não deveria atrair para si o amor aquilo que com tanta eloquência fala do Primeiro Amor?

O Cântico do Irmão Sol cantava todo inteiro na alma de Martinho: "Louvado sejas, meu Senhor, por todas as tuas criaturas", porque de todas, sem exceção, se eleva o louvor; e louvor é, na alma que ama a Deus, o descobrir nas perfeições das criaturas o reflexo das perfeições infinitas dele.

Louvor tão mais perfeito quanto mais o amor está livre da busca de utilidade própria; quando, ao contrário, deve se munir de boa vontade para não se deixar superar pela ofensa: "Louvado sejas, meu Senhor, por aqueles que perdoam por teu amor...".

Desse heroísmo do amor que perdoa, Martinho tinha dado prova no caso dos ratos. Do heroísmo do amor que está sempre pronto a ajudar, dava prova toda vez que se apresentava alguma ocasião. E as ocasiões se apresentavam frequentemente.

---

[3] *Diálogo*, c. LXXVII.

Não era Martinho que ia procurar os animais, pelo menos na maioria dos casos, mas eram os animais que se orientavam para ele, atrás do atrativo infalível do instinto. Os animais sempre sabem, sem necessidade de alguém que lhes vá dizer, quem vai acolhê-los com um carinho e quem, com um pontapé.

Até os mais indisciplinados iam confiantes procurar Martinho. Também entre os animais, realmente, se encontram tipos diferentes, e se alguém sabe compreendê-los dá um grande sinal do seu amor.

O cachorro que entrou na rouparia enquanto Martinho desfazia o lençol devia ser um cachorro bom e sério, um daqueles cachorros que dariam a vida para defender o seu dono e as suas coisas, mas que não se metem a latir atrás das patas do primeiro cavalo que passa pela rua, nem vão roubar no galinheiro do vizinho.

Um tipo completamente diferente deste, um daqueles tipos de prepotentes que gostam de arrumar briga por qualquer pretexto, se apresentou um dia no pronto-socorro de Martinho, jorrando sangue por quatro feridas. Realmente, não tinha recebido mais que dois golpes, mas como a arma o havia transpassado de lado a lado, as bocas pelas quais o sangue caía eram quatro. Esse canzarrão não ficou esperando que Martinho se movesse de compaixão, olhando-o com olhos lânguidos e agitando a cauda: colocou-se entre os doentes que estavam na fila e atraiu a atenção do médico com dois ou três latidos prepotentes.

Esse modo enérgico de fazer divertiu a todos e despertou a curiosidade de um personagem importante, como o Padre Cipriano de Medina, que, apesar da sua dignidade de mestre em sagrada teologia, ficou admirando a cena da galeria superior do claustro. Depois desceu para ver como tudo terminaria.

Martinho tinha-se dirigido ao cachorro e estava lhe fazendo um sermão.

"Irmão cão, quem te ensinou a ser assim tão prepotente? Veja só o que se ganha sendo malcriado!"

Esse discursinho bastou para que o cão mudasse seu estilo; em vez de latir, ia agora esfregando o focinho na túnica de Martinho. Ele o tomou por uma orelha e o levou até seu quarto, onde lavou as feridas com um pouco de vinho cozido com rosmaninho – o seu remédio infalível – e as costurou com agulha e linha.

O cão, naturalmente, rangia os dentes e, de vez em quando, virava a cabeça para as mãos do cirurgião, contraindo os lábios e descobrindo os dentes serrados. Martinho, sem se descompor, continuava a costurar e, para mantê-lo bom, lhe dizia: "Aprenda a ficar quieto e a não ser brabo, porque quem quer ser muito valentão acaba mal".

Quando terminou de costurar colocou duas ou três peles de carneiro uma sobre a outra e disse ao cachorro: "Deite aqui!". O cão se deitou sobre as peles, mas depois começou a se contorcer com as pernas no ar e a esfregar as feridas contra as peles de carneiro, porque a pele costurada o incomodava e lhe provocava coceira.

"Deite e fique quieto!" – disse Martinho. O cão se virou sobre si mesmo e tomando, com um grande suspiro, uma posição mais digna, ficou olhando o frade com o focinho apoiado nas patas anteriores e os olhos pensativos.

Martinho lhe deu comida e, sem outros cuidados, depois de poucos dias, o cachorro estava melhor que antes e mostrava o seu reconhecimento ao cirurgião seguindo-o por toda parte sem nunca querer se afastar dele.

Compreende-se que, apesar dos bons conselhos de Martinho, não tinha mudado o comportamento, e, portanto, também nas manifestações de afeto, continuou aquele valentão que sempre tinha sido, e passou os limites da boa educação. É muito bom, realmente, estar perto de uma pessoa e saber defendê-la em caso de perigo, mas como o "cão brabo" podia pretender que ninguém mais se aproximasse de Martinho para conversar com ele? Mas era assim: para quem quer que se aproximasse, ele rangia e mostrava os dentes. Um dia, até, que um irmão leigo estava pedindo a Martinho alguma informação, pouco faltou para que o valentão o mordesse. Martinho o segurou, e com a habitual paciência fez ainda uma tentativa para persuadi-lo. "Irmão, você não quer mesmo deixar de ser mau? Veja bem: da próxima vez vão expulsá-lo de casa a pauladas!"

Cão avisado...

Mas o irmão cão não se deixou convencer e, depois de alguns dias, agrediu outro religioso, motivo pelo qual três ou quatro frades se armaram de bastões e o abordaram sem cumprimentos, e assim, a pauladas, o expulsaram para fora da porta e a fecharam atrás dele, deixando-o todo aturdido no meio da rua. Mas penso que, antes de passar a mão nos bastões, procuraram afastar Martinho que, embora previsse o fato, não o teria talvez suportado.[4]

Não foram esses dois os únicos cães curados por Martinho. O Padre Velasco Carabantes diz que o viu muitas vezes medicar "a ferida de um, a sarna de outro". Um cão que não podia se medicar por si com a língua porque estava ferido na cabeça veio procurar os cuidados do "pai da caridade"; outro, ferido na barriga, Martinho mesmo o convidou a vir ao convento, quando o encontrou na rua. A todos recomendava que ficassem quietos no seu quarto e que não se deixassem ver, e logo que estavam curados os mandava embora.[5]

---

[4] *Ad novas* (II), p. 68.
[5] Ibid. (XXIII), p. 72.

Mas não foram os cães a única espécie de animais que recebia os seus cuidados. Também os gatos frequentavam o seu ambulatório. Um dia, enquanto passava por um pátio em companhia de Frei Fernando, Martinho viu um deles que miava desesperadamente na soleira de uma cantina: tinha a cabeça meio quebrada por uma pedrada. "Venha comigo e vou medicá-lo" – lhe disse. – "Você sabe que está muito mal?"

Talvez o gato o soubesse, tanto é verdade que compreendeu logo e seguiu atrás dos dois frades, e quando chegaram à enfermaria ficou bem bonzinho e se deixou medicar e costurar. Quando terminou de dar os pontos, Martinho pegou um pedacinho de pano e fez com ele uma espécie de touca, adaptando-a e costurando-a na cabeça do gato com agulha e linha. Depois lhe disse: "Agora, vá embora, mas volte amanhã de manhã e vou medicar você novamente".

Na manhã seguinte, Frei Fernando, curioso para ver se o gato viria, foi bem cedo procurar Martinho e encontrou o gato sentado diante da porta: era um gato muito educado, que preferia esperar a chegar tarde aos compromissos![6]

Com a mesma pontualidade veio, todo dia, para se fazer curar, até quando foi preciso, um peru ferido.[7]

Naturalmente, com uma clientela dessas, poderia acontecer incidentes desagradáveis. Até o cão de caráter bom, se na hora da refeição se encontrasse diante de um gato, arreganhava os dentes. Martinho não tolerava esse tipo de coisa. Se estavam lá para receber o benefício da caridade, não deviam se tratar como inimigos.

---

[6] Ibid. (XII), pp. 68-69.
[7] *Positio*, p. 4.

"Vão embora, irmãozinhos" – dizia a cães e gatos –, "não briguem e comam juntos como bons irmãos. Diversamente deveremos dispensar vocês!"[8]

Era sempre uma maravilha, para aqueles que estavam olhando, ver como cães e gatos se deixavam persuadir pelas suas palavras e comiam lado a lado, em paz.

Aconteceu, uma vez, que na cantina que fica ao lado da enfermaria procurassem refúgio, para dar à luz os seus filhotinhos, uma gata e uma cadela. Pareceu a Martinho que os dois animaizinhos, não sabendo se decidir a se afastar nem um pouquinho da sua ninhada, estivessem com fome, e desde então, todo dia, levou à cantina um belo prato de sopa. Um só prato para ambas, é claro, e colocando-o no chão dizia: "Venham comer, rápido, e não briguem". Depois, gostava de ficar contemplando os dois focinhos lambuzados de sopa, que desaparecia a olhos vistos.

Um dia, o cheiro do almoço fez um rato aparecer. Saiu do seu esconderijo e ficou olhando de longe. Também ele gostaria de tomar parte no banquete, mas o que pensariam os outros dois animais, inimigos jurados do seu povo?

Visto que não devia nem pensar em se aproximar da sopa, o rato pensou talvez que, enquanto as duas mães estivessem todas entretidas no seu almoço, ele poderia matar a fome com um dos pequeninos, de uma ou de outra ninhada.

Martinho viu brilhar os olhinhos cheios de desejo no fundo escuro da cantina, e intuiu a tentação do irmão rato. Chamou-o com a sua voz calma e convincente: "Irmão, não perturbe os filhotinhos! Se você tem fome, venha cá e coma, sem se agitar tanto, e depois vá em paz".

---

[8] *Ad novas* (VII), pp. 70-71.

O rato, então, se aproximou do prato e colocou nele o seu focinho, enquanto os outros dois focinhos continuavam a engolir sopa sem nem sequer parecer se incomodar com o novo comensal. Continuaram assim de amores e de acordo por um bom período, tanto que Martinho teve tempo de ir chamar Frei Fernando, o qual teve tempo também de descer e de se alegrar com o espetáculo.

Era realmente uma coisa que merecia ser vista! É possível até, para quem dispõe de muito tempo e de muita paciência, adestrar os animais, mas nem todos conseguem fazer-se obedecer por qualquer animal no primeiro encontro, falando-lhe como se fala a um cristão. Frei Fernando ficou tão tocado com aquele espetáculo, que vinte anos depois da morte de Martinho podia narrá-lo com todos os detalhes como se o tivesse visto no dia anterior.

O que fazia pensar, observava justamente Frei Fernando, era que, onde quer que Martinho se fizesse ver, os animais lhe iam ao encontro e lhe faziam festa: "Quando ia ao galinheiro da enfermaria, as galinhas se deixavam tratar e manejar por ele, e acolhiam-no, giravam ao redor dele e lhe faziam festa, agradecidas pela sua caridade, e assim, da mesma forma, quando entrava na cocheira das mulas e de outros animais, eles davam sinais de especial alegria e inclinação; e isso também acontecia com cães, gatos e outros animais domésticos, os quais aparentavam uma grande inquietação nas carícias, mostrando, como podiam, o gosto que tinham em vê-lo, tocando-o, lambendo-lhe a roupa...".[9]

Não somente os "animais domésticos".

Uma vez, para uma festa, foram levados para o convento quatro touros – um grande e três pequenos –, deixados para distração dos jovens professos que deveriam cuidar deles.

---

[9] Ibid. (XII), pp. 68-70.

No entanto, como frequentemente acontece quando uma tarefa é confiada em comum a um grupo de pessoas, depois de quatro dias os touros estavam ainda em jejum. Martinho veio a saber, e à tarde foi visto transportar vasilhas de água e feixes de capim para o recinto do noviciado onde os touros estavam tão mal hospedados. Somente perto da meia-noite, Martinho conseguiu completar sua provisão. Naquela hora, naturalmente, a porta estava fechada, mas as portas fechadas não eram nunca um impedimento para a caridade de Martinho: ou se abriam, ou o deixavam passar permanecendo fechadas. Dessa vez, a porta se abriu, e Martinho colocou para dentro a sua carga de água e de forragem.

Os quatro animais, fechados num pequeno recinto, estavam furiosos, exasperados pelo jejum e pela sede. Mas, logo que Martinho entrou no meio deles, ficaram bons e gentis como cordeiros, e lhe lambiam – quase o beijavam – o hábito. De uma janela alta, o Padre Diego de la Fuente, pregador-geral, ouvia a voz de Martinho, que falava com o touro grande: "Irmão, você que é o maior, não seja prepotente: deixe que os pequenos comam!".

Depois foi embora da maneira como tinha vindo, mas as vasilhas vazias ficaram para que os touros tivessem com que se divertir um pouco. E os estragos, na manhã seguinte, testemunhavam a visita noturna de Martinho.[10]

Numa outra vez, tinham levado para os noviços, para que se divertissem, duas novilhas. Mas as novilhas não estavam muito à vontade: eram tão mansas que pareciam de madeira. Se pudessem ter um tourinho...!

E Martinho encontrou o tourinho. Por dois dias tudo correu bem, mas aprontaram tanto que o tourinho "no terceiro dia ficou brabo", isto é, se enfureceu, tanto é verdade que

---

[10] *Positio*, p. 45.

os noviços, aterrorizados, correram se fechar nas suas celas. Quando soou o sino que chamava os frades para o coro, estavam ainda de tal maneira apavorados com a fúria do touro que não ousaram sair. Martinho se encontrava próximo da porta do coro e viu passar todos os religiosos anciãos, mas não viu um noviço sequer. O que podia ter acontecido? Ouviu dizer que os noviços estavam todos escondidos na cela, por culpa do touro que estava furioso no pátio deles.

Martinho se armou de uma cana verde, que terminava num leque de folhas pontudas, e foi ao noviciado. O touro estava num canto, todo amuado. Martinho o cutucou com as folhas da cana dizendo: "Eu não trouxe você aqui para que apavorasse os religiosos e lhes dificultasse o cumprimento dos seus deveres. Agora, vá embora!".

E o touro, manso como um cordeirinho, atravessou aquele e os outros pátios do convento, e voltou para a fazenda de onde tinha vindo.[11]

Martinho, portanto, tratava familiarmente com toda espécie de animais, e por eles se fazia entender e obedecer sem dificuldade. "Martinho amava a Deus com todo o coração" – escreve E. Doherty – "e amava todo ser humano e todo animal que Deus colocou na terra; e todo animal, todo homem, mulher ou criança. E também Deus amava Martinho".[12]

Mas, entre as galinhas que batiam ruidosamente as asas contra ele, e os bois, cavalos e as mulas que nos currais o festejavam a seu modo, entre os gatos e os ratos e os galos feridos, Martinho reservava um lugar de honra para os cães. Os outros animais podiam ir e vir, mas somente aos cães estava reservado o privilégio da internação na rouparia até a

---

[11] *Processo* 1678 (V), t. I, cc. 536-537.
[12] DOHERTY, B. *Martin*. New York, 1948, p. 98.

cura completa. A casa de Joana hospedou, como os doentes, também os cães desalojados da enfermaria do Santo Rosário. Quando um "cachorrinho" se plantou sobre o túmulo do seu dono que haviam sepultado na igreja do Santo Rosário, e por quinze dias não houve jeito de tirá-lo de lá, Martinho, cheio de compaixão pela dor do animalzinho, foi levar-lhe um pouco de comida, todos os dias.[13] E, finalmente, somente por um cão, a caridade de Martinho conseguiu da onipotência de Deus um verdadeiro milagre.

Um cão há dezoito anos pertencia a Frei João de Bicuna ou Vicuna, o "prior da cozinha", ou procurador, ou despenseiro do convento. Dezoito anos são muitos para um cão, e não é preciso muito para imaginar em que estado devia estar o cão de Frei João, se aos males da velhice se acrescentara também a sarna. Garantem como certo, aqueles que o conheceram de perto, que tinha um odor desagradável.

Tudo considerado, Frei João pensou que não poderia mais pedir à comunidade que continuasse a suportar a presença daquele pobre animal, e pediu a um dos negros que o matasse. O negro foi procurar o cão e o encontrou no jardim onde dormia, deitado ao sol sem qualquer preocupação. Pareceu-lhe uma boa ocasião: pegou uma grande pedra e a deixou cair sobre a cabeça do cão. Devia ser grande de verdade, porque o cão morreu quase no mesmo instante.

Feliz por ter realizado tão facilmente a sua tarefa, o negro estava indo jogar o cão morto no rio, quando Martinho o parou, o repreendeu muito severamente, tirou-lhe das mãos o cão e, tomando-o nos braços, tão repugnante como estava, levou-o para sua cela e o colocou no chão.

Logo que o cão sentiu debaixo de si o pavimento da cela, se ergueu para se sentar e, levantando o focinho para

---

[13] *Processo* 1660 (XXXVII), cc. 296-297; ibid., (LXII), cc. 500-501.

Martinho, começou a movimentar devagar, com precaução, um pouco para a direita e um pouco para a esquerda, aquela sua pobre cabeça ferida. Martinho a segurou em suas mãos e começou logo a limpá-la da mistura de terra e sangue que a cobria. "Vou buscar um pouco de vinho!" – disse Frei Laureano que tinha assistido a todo o acontecimento.

No tempo que o frade empregou para ir ao refeitório e voltar, Martinho costurou todas as feridas da cabeça, de modo que o vinho, quando chegou, serviu para dar o último toque à obra com uma bela desinfecção externa das partes recompostas. A terra que estava dentro, Martinho a havia tirado toda, grão por grão, com os seus dedos.

O cão foi colocado para dormir, segundo o costume, na cama preparada num canto, e lá, entre o aturdimento da pedrada e o do vinho, dormiu imediatamente sem sequer ter o cuidado de comer.

"Como está o cão?" – perguntou Frei Laureano a Martinho logo que o encontrou pela manhã.

"Não sei: ainda não o vi."

Os dois foram até o cão, munidos de um belo bife. O cão dormia profundamente, mas quando Martinho lhe deu um par de tapas na barriga, suspirou.

"Vamos, você não vai morrer por tão pouco!" – disse Martinho.

O cão se espreguiçou um pouco esticou as patas e bocejou. Finalmente, tendo sentido o cheiro da carne, abriu os olhos e se levantou sobre as quatro patas balançando o rabo. E quando Martinho lhe deu o bife, comeu-o com gosto.

Por três dias o cão ficou na rouparia. No quarto dia, Frei Laureano, que, por ter visto o cão voltar à vida, continuava a se interessar pela sua saúde, encontrando Martinho lhe perguntou: "E o cão?". "Ora" – disse Martinho – "nesta manhã, quando saí para tocar o sino o cão me escapou por entre as pernas... Quer dizer que já está bem".

O cão, de fato, estava perfeitamente curado, não só da ferida na cabeça, mas também da sarna, e, portanto, podia se apresentar em público sem medo de outras aventuras desagradáveis. E como por dezoito anos estivera com Frei João de Vicuna, voltou a estar com ele, e Frei João ficou feliz por encontrar o seu velho cão curado e rejuvenescido, porque, acima de tudo, foi somente em consideração aos coirmãos que tinha decidido pedir ao negro que o matasse, e o fizera a contragosto. E ainda, para lhe aumentar o desprazer, houve a repreensão de Martinho, que, depois que curou a cabeça do cão, o havia procurado e, embora "com palavras mansas, humildes e cheias de condescendência", lhe havia dito "que não tinha feito bem em mandar matar um companheiro de tantos anos".

Do fato do cão foram testemunhas oculares, além de Frei Laureano, também o Padre José de Villarsbia e o Padre Fernando Aragonês, e os três atestaram que o cão, morto pelo negro, foi chamado novamente à vida por São Martinho.[14]

É notável a abundância de particulares com os quais as testemunhas depuseram no processo acerca de tantos pequenos fatos da vida de Martinho referentes aos animais. Quer dizer que davam muita importância àqueles fatos e os consideravam dignos de completar o perfil da santidade do seu santo irmão, mostrando um dos aspectos mais ousados e mais desinteressados da sua caridade.

E desinteressada, certamente, era a sua caridade pelos animais.

Mas, entre os animais, aqueles aos quais Martinho havia concedido mais, livrando-os, antes, da morte por

---

[14] *Positio*, p. 10; *Ad novas* (VIII), p. 71 e (XII), pp. 68-69.

veneno, que tinham merecido com os seus malfeitos, e depois alimentando-os, pacientemente, dia após dia, com o alimento que por amor lhes levava até no fundo do jardim, aqueles pequenos animais, os ratos, tão pouco amados pelas pessoas, parece que tiveram o privilégio de mostrar o seu reconhecimento ao pai da caridade pelos animais, permanecendo obedientes a ele também depois de sua morte. Até hoje, segundo dizem, quando os ratos ameaçam se tornar um flagelo, basta invocar Martinho de Lima para se libertar deles.

E Martinho, o mais humilde entre os humildes, quis ou permitiu que ficasse associado a ele, na iconografia, o menor e o mais modesto entre os seus beneficiados. Raramente se encontra uma imagem de São Martinho que não reproduza, aos pés dele, pelo menos um ratinho.

Mas talvez, também nisto, o santo da caridade obedeceu ao impulso dominante de toda a sua vida: unindo-o à própria imagem ele garantiu ao animalzinho desprezado um olhar de amizade e de reconhecimento por parte dos seus devotos.

É exigência do amor dar amor.

XIV.
A UNIÃO

> Eu sou o Caminho,
> a Verdade e a Vida.
>
> (Jo 14,6)

Santa Catarina representa, nos três patamares de uma ponte, as três grandes etapas que marcam a subida de uma alma para a santidade.

Na sua visão do mundo redimido, Cristo – o Pontífice da Nova Aliança – é a ponte que une a terra ao céu, e os patamares significam, ao mesmo tempo, a Paixão consumada no seu corpo adorável, e os atos da alma que reúne os seus poderes para seguir as pegadas do Redentor.

"O primeiro patamar são os pés, que significam o afeto; porque, como os pés levam o corpo, assim o afeto leva a alma. Os pés fixos são para ti patamar para que tu possas chegar ao peito, que te manifesta o segredo do coração, porque, subindo sobre os pés do afeto a alma começa a saborear o afeto do coração pondo o olho do intelecto no coração aberto do meu Filho, onde encontra consumado amor inefável... Então a alma se enche de amor, vendo-se muito amada. Subindo do segundo patamar ao terceiro, isto é, a boca, onde encontra a paz... No primeiro patamar, elevando da terra os pés do afeto, despojou-se do vício, no segundo se vestiu de amor com virtudes, e no terceiro experimentou a paz".[1]

---

[1] *Diálogo*, c. XXVI.

Chegando ao vértice da escada, a alma experimenta Deus Uno e Trino e é atraída para participar mais intimamente na vida da Trindade Santa.

E se o Pai é para ela "leito" em que repousa na certeza de que nada poderá separá-la dele, é para ela também "mesa" que oferece um alimento, o alimento dos fortes: o Verbo e a sua Doutrina, o Cristo eucarístico e o Cristo crucificado com a sua sede da honra do Pai na salvação das almas; enquanto o Espírito Santo se coloca quase a seu serviço "para ministrar-lhe os seus dons e as suas graças".

A paz, portanto, própria do estado perfeito onde Deus repousa na alma e a alma em Deus, não é inércia. É uma paz ardente, semelhante à certeza que tem "o tição quando tudo está consumido na fornalha, que não há ninguém que o possa apanhar para apagar, porque ele é feito de fogo".[2]

Aquela nova natureza que o penetrou e transformou, mais que abandoná-lo, o faz participante do ardor de conquista que lhe é próprio. Da boca de Cristo crucificado, junto com o beijo de paz que a estabelece na segurança da união, a alma recebe "o ofício da boca", que é o de tomar e saborear o alimento das almas, com uma avidez que a faz esquecida de si e não lhe deixa senão um desejo: o de imitar Cristo, alegrando-se com os sofrimentos, contanto que possa se conformar a ele.

A excelência da vida mista, isto é, de uma vida de ação que tira a sua mesma razão de ser da contemplação, é expressa aqui com a evidência pictórica da alegoria. E porque na vida mista a espiritualidade dominicana realiza o seu ideal de perfeição, não é estranho que seja possível encontrar na vida de São Martinho o itinerário da santidade segundo o esquema de Santa Catarina.

---

[2] Ibid., c. LXXVIII.

Os pés do crucifixo atraem os olhares e o afeto do seu coração de criança e de adolescente, e logo o pensamento da paixão, contemplada no mistério eucarístico e nas vigílias noturnas, lhe dá o desejo de subir mais alto.

Com o dom de si tornado perfeito pela profissão religiosa, a subida de Martinho pode ser identificada no segundo patamar, onde o olhar da alma perscruta o segredo do coração, e na ânsia de penetrar mais profundamente no abismo da caridade, se purifica e se fortifica com o exercício de todas as virtudes.

Mas não é possível marcar o momento da sua chegada ao terceiro patamar, também porque não há entre os dois um destaque nítido, e a alma que insiste na contemplação do amor do Verbo se encontra, quase sem perceber, na paz da união com ele. É, no entanto, provável que Martinho tenha atingido bem depressa o vértice, e tivesse tempo de lá colocar a sua tenda e de lá ficar por muitos anos da sua vida.

Essa é a impressão que se tem quando, procurando algum indício da sua presença no "terceiro patamar", se vê que as manifestações próprias desse degrau mais elevado não são consideradas por aqueles que viveram com ele como fatos esporádicos e extraordinários, mas como coisas habituais.

O primeiro sinal da união é a paz. Martinho, atestam os seus contemporâneos, estava imerso na paz e a irradiava. Era uma paz que não se perturbava nem com as injúrias nem com os elogios. As injúrias que de início tinham tentado perturbá-la, ele as havia desarmado com a sua boa acolhida, convencido como estava de que as merecia. E quando as pessoas começaram a chamá-lo santo e a dar-lhe elogios, não se deixou impressionar e repetiu com o Mestre: "Por que me perguntas sobre o que é bom? Um só é bom" (Mt 19,17).

A sua paz era a certeza da bondade de Deus, a certeza da benevolência daquela vontade à qual, com pleno abandono, tinha confiado a sua vontade e todo o seu ser – *scio cui credidi* –, a certeza de que o amor do seu coração nunca deixaria de encontrar correspondência.

Era a paz do repouso nos braços do Pai.

Martinho não se vangloriava, nunca se exibia. Mas a alegria, da qual tais certezas enchiam o seu coração, manifestava-se por si mesma e dava a quem tratava com ele outra certeza: que ele "estava todo em Deus e Deus nele".[3]

Também a sua oração era toda permeada dessa paz. "Doces colóquios" preenchiam as horas que Martinho passava aos pés do tabernáculo e da Rainha do Santo Rosário, "Dulcíssimas contemplações com Deus e com a sua santíssima Mãe"; colóquios em simplicidade de coração, num entendimento pleno; colóquios sem pressa, sem medo de interrupções, pela certeza de poder continuá-los em qualquer momento, em toda ocupação, no segredo do coração, porque "em quantos ofícios se ocupava, sempre, de cada um deles, tirava altíssimos argumentos para as celestes e divinas contemplações, nas quais se elevava por si mesmo; com tudo isso, naqueles tempos, que não eram da enfermaria, se entregava totalmente a este ofício e ocupação, entendendo-se somente com Deus, gozando o privilegio especial de não ser visto pelas pessoas... tendo sempre os seus pensamentos colocados em Deus".[4]

Marta e Maria, nele, não estavam nunca em contraste, porque Maria acompanhava Marta sempre e em todo lugar. Mas, depois que Marta tinha concluído todos os seus afazeres, Maria tomava Martinho pela mão e o levava à parte, em algum lugar escondido onde pudesse gozar a presença do seu Senhor, somente com ele. A solidão atraía Martinho como um ímã: era para ele um refúgio da curiosidade, piedosa e bem

---

[3] *Ad novas* (CXV), p. 32.
[4] Ibid., p. 41.

intencionada, mas um pouco desagradável, daqueles que lhe estavam próximos. Eles iam atrás dele para espiá-lo, e ele se defendia como podia.

Em relação a Frei Fernando, por exemplo, que sendo enfermeiro-mor tinha uma segunda chave da rouparia da enfermaria, não gostava de se fechar por dentro. Por isso, tinha pendurado na porta um sininho, para que o seu tilintar o avisasse em tempo.

Mas quando o êxtase tomava o lugar da oração, Martinho ficava sem defesa.

Quem mais frequentemente viu Martinho em êxtase foi talvez o jovem Vázquez. Depois daquela primeira vez na noite do terremoto – e Frei Miguel lhe havia predito, quando ele saíra para o pátio, fora de si pelo medo, que estando com Martinho chegaria a não se admirar mais com os prodígios – João o viu muitas outras vezes, elevado do chão à altura de um homem, com os joelhos dobrados, com o olhar no crucifixo ou em alguma imagem de santos.

João era um rapaz discreto e ajuizado, e compreendia muito bem que Martinho não devia ser perturbado naqueles momentos. Numa manhã, Martinho estava em êxtase diante da imagem de um santo que costumava invocar nas suas necessidades com o nome – que talvez ele mesmo lhe houvesse atribuído – de Santo Auxílio, e João o deixou sozinho na cela, fechando a porta à chave atrás de si.

Pouco depois encontrou um religioso que ia à procura de Martinho.

"Frei Martinho está na sua cela?" – perguntou mestre Osório.

"Não!" – respondeu João, sem se tocar que estava dizendo uma mentira. Mestre Osório, de qualquer forma, não acreditou nele e, visto que tinha na mão a chave, tomou-a dele sem cerimônias e abriu a porta.

João Vázquez o seguiu e viu que Martinho ainda estava como o havia deixado, elevado do chão e em oração diante do seu Santo Auxílio, e sentiu todo o desprazer de ter dito uma mentira inútil, que não tinha conseguido evitar uma situação desagradável ao seu amigo.

Mestre Osório olhou dentro, à direita e à esquerda, mas não viu ninguém, e sentiu, também ele, um pouco de desprazer por não ter acreditado naquilo que João Vázquez lhe havia dito. "Onde será que pode estar!?" – disse entre os dentes, enquanto lhe devolvia a chave.[5]

Francisco della Torre, o outro privilegiado que podia ir e vir livremente na cela de Martinho, teve também ele muitas vezes a sorte de vê-lo em êxtase. Mas, outras vezes, era um caso estranho e inesperado que levava algum vizinho a Martinho, naquele momento.

Um dia, chegou ao convento do Santo Rosário um rapazinho todo ofegante. Chamava-se Nicola de Penasola, e mais tarde seria sacerdote e religioso na Ordem de Santo Agostinho, mas, no momento, não era senão um moleque que procurava fugir do castigo. Tinha, de fato, fugido de casa, por medo de ser pego pelos seus, depois de ter tramado não sei que molecagem, e ia procurar asilo lá no Santo Rosário.

Nicola ia ao convento, quase todos os dias, um pouco para ver alguns seus parentes religiosos, um pouco para ver Martinho que toda vez lhe dava pão e figos ou uva passa. De fato, ninguém o observou porque era conhecido, e ele, prático do lugar, sem pensar em outra coisa senão em não se fazer encontrar por aqueles que o estavam procurando para castigá-lo, passada a portaria atravessou correndo o pátio, passou rapidamente pela porta do capítulo e se escondeu entre as cadeiras.

---

[5] Ibid. (XXX), pp. 42-43.

Êxtase.

Ficou ali algum tempo, todo encolhido e ofegante; depois, quando estava um pouco mais calmo, criou coragem e se arriscou a levantar a cabeça. Então, estava quase certo de que os seus o tinham perdido de vista. Convinha-lhe ficar lá e esperar. Quando as iras do primeiro momento estivessem acalmadas, poderia se apresentar novamente em casa.

Martinho, no entanto, estava também na mesma sala do capítulo, em êxtase, elevado do chão mais de quatro braços, na altura do crucifixo.

O rapaz começava a olhar ao redor, como para procurar uma maneira de passar aquelas horas sem se entediar demais. Quando viu Martinho, ficou tão apavorado ao vê-lo suspenso no ar, que esqueceu todo o resto e saiu correndo da sala.[6]

A santidade não consiste certamente no êxtase, mas esse dom é também um sinal da união da alma com Deus. "Frequentes vezes o corpo é elevado do chão... porque a união que a alma fez em mim é mais perfeita que a união entre a alma e o corpo", explica o Senhor a Santa Catarina no *Diálogo*.[7]

Que o homem possa continuar a viver, quando Deus faz a alma sentir o poder irresistível dos seus atrativos, é uma espécie de milagre: nenhuma criatura saberia resistir a uma pressão semelhante se Deus mesmo não a "procurasse circundar de fortaleza".

Paciência, fortaleza e perseverança são os frutos que se colhem no patamar da paz, os frutos para a mesa que traz o alimento das almas. Martinho os colhia a mancheias.

Também para ele, como para o profeta cansado à sombra do junípero, a voz do Senhor continuava a dizer: "Levanta-te e come: ainda tens um caminho longo a percorrer". E Martinho, com o entusiasmo do atleta que se lança

---

[6] Ibid., pp. 46-115.
[7] *Diálogo*, c.LXXIX.

na pista, tinha se colocado no caminho da doutrina do Verbo Encarnado, no caminho da imitação dele.

Qualquer coisa que fizesse, tinha diante dos olhos o exemplar divino. Se visitava ou cuidava dos doentes, pensava que o Senhor, vindo à terra, justamente para visitar e curar a humanidade doente, tinha tanta compaixão dos doentes a ponto de colocar a sua onipotência a seu serviço, para curá--los. Quando à noite se punha a rezar, recordava as noites que Jesus passava em oração com o Pai, e não sabia se decidir a interromper o seu colóquio com Deus, antes que raiasse o dia. Justificava longos jejuns com o exemplo do Salvador, e todas as suas mortificações eram um esforço para participar, de alguma forma, na paixão dele.

E se alguém o ofendesse, Martinho se calava pensando que o aluno deve imitar os exemplos do Mestre, "que subiu na cátedra da cruz para nos dar doutrina fundamentada na verdade". E permanecia aos pés daquela cátedra "para aprendê-la... na baixeza da verdadeira humildade, que, porém, não se poderia aprender na soberba".[8]

Toda a vida do Senhor era para ele objeto de estudo, de um estudo que não se propunha às puras abstrações especulativas, mas queria chegar à conclusão prática de uma regra de vida. Olhados nessa luz, todos os ensinamentos e todos os exemplos da sua vida estavam coordenados para ele numa síntese muito simples: na caridade. A sabedoria do Verbo não soubera encontrar nada melhor para expressar ao Pai o seu amor, senão amar os homens e entregar-se pela sua salvação. Não podia, portanto, haver outro caminho para Martinho.

Uma vez fixado este ponto, todo o resto vinha por si: a paciência com os doentes, a operosidade incansável no serviço dos irmãos e dos pobres, a constância heroica no esquecer--se de si mesmo pelos outros, e aquela total generosidade

---

[8] SANTA CATARINA, Carta 216.

que coloca a serviço do próximo não somente os recursos físicos, mas também as mais preciosas reservas do espírito.

Aqui está realmente a prova da constância e da fortaleza, daquela "fortaleza sobre fortaleza" que reveste a alma no degrau mais alto da escada. "Esses não escondem as virtudes por temor... e se ele precisa do seu serviço no próximo, ele não as esconde por temor... mas virilmente o serve".[9]

Martinho devia fazer um esforço não indiferente toda vez que alguém vinha pedir-lhe um conselho. Os seus gostos o impeliam para o escondimento e para aquela obscuridade à qual parecia ter direito pela sua condição humilde de irmão converso. A sua reação espontânea era de responder: por que vocês querem zombar de um pobre mulato? E de correr para procurar refúgio na cruz do Senhor. Mas justamente dela era obrigado a voltar para o seu próximo a fim de exercer o ofício da caridade espiritual. Os dons que lhe dei, parecia que o Senhor lhe dissesse, não são para que você os feche em si, como faz o avarento, mas para que fraternalmente você os distribua ao próximo.

E Martinho precisou se resignar a ser uma espécie de conselheiro-geral.

Naturalmente, os primeiros que recorreram a ele foram os coirmãos e, entre esses, em primeiro lugar os jovens. Já foi dito quase tudo o que é possível dizer sobre a estima que os seus chegaram a ter dele, quando se diz que o mestre dos noviços via com muito bons olhos as visitas de Martinho ao noviciado, e o deixava falar livremente com os noviços, às vezes todos juntos, às vezes com algum deles em particular. E se um noviço pedia a Martinho que o considerasse como um filho, prometendo considerá-lo como um pai, o mestre não tinha nada a objetar. Os mestres dos noviços, em geral, estão bem informados, e os fatos deram razão ao do convento

---

[9] *Diálogo*, c. LXXVII

do Rosário, porque os jovens que tinham escolhido Martinho como modelo e como guia estiveram sempre entre aqueles que se saíram melhor. Houve entre os seus "filhinhos" religiosos bons e doutos, mestres em teologia e bispos.

Não é menos notável que os conselhos de Martinho fossem seguidos nos momentos em que os interesses e as preferências pessoais tornam os homens menos dispostos a se deixarem guiar: isto é, em tempo de eleições. Se as coisas não iam bem como deveriam, se havia discórdias que impediam de se chegar a um entendimento, ou coalizões fundamentadas sobre um terreno que não fosse o da virtude, Martinho entrava no meio da discussão como um autêntico anjo de paz, e resolvia as discórdias e as amizades viciadas numa concórdia serena. Com a franqueza de quem fala sem paixões e sem interesses pessoais, ia até aos candidatos que serviam de obstáculo para um bom entendimento e os aconselhava a se retirarem. Com essa santa franqueza dizia a um: "Você não dá para este ofício" e a outro: "Você não está ainda maduro". E todos aceitavam o seu parecer e, o que é mais bonito, ninguém se sentia ferido e amargurado, mas todos ficavam, segundo o que afirma o Pe. Velasco Carabantes, "muito alegres e pacíficos, amando-se mutuamente no Senhor, consolando-se cada um com os conselhos de tão grande homem, e que neles se fizesse a vontade de Deus".[10]

Também no campo dessa caridade espiritual, como no das ajudas materiais, a atividade de Martinho não se esgotava no seu convento. A fome do espírito levava a ele pessoas de fora, não mais nem menos que a fome física. Havia mais de um que vinha regularmente, como o capitão João de Ronda, "para a consolação que tinha o seu coração e proveito de si mesmo", isto é, para voltar para casa, cheio de desejos grandes e bons: amar e servir a Deus evitando tudo aquilo que o ofende.

---

[10] *Ad novas* (VII), p. 75.

Martinho não distribuía biscoitinhos a quem vinha pedir que o ajudasse nos caminhos do espírito, mas o pão compacto e substancioso das grandes verdades da fé e especialmente aquele um pouco duro dos novíssimos. E encontrava homens capazes de saboreá-lo desde o momento em que o seu cenáculo parece ter sido bastante numeroso. Realmente, aqueles que pediam conselhos a Martinho não se preocupavam somente com coisas espirituais. "Aconselhavam-se com ele – afirma o Padre João de Barbazán – como com um oráculo do céu, os superiores para a prudência, os doutos para a doutrina, os espirituais para a oração, os aflitos para o alívio, sendo remédio geral para todos os males".[11]

E com o nome "superiores" é preciso entender todas as autoridades, as pessoas "mais sérias desta república de todos os estados", começando pelo senhor conde de Chinchón, vice-rei, que se apresentava sem cerimônias no convento em qualquer momento, ou então, se não pudesse mesmo ir até lá, mandava um bilhete e pedia a Martinho que viesse ao seu palácio; e terminando, depois de ter descido por todos os degraus da autoridade civil e subido por todos os da autoridade eclesiástica, com o ilustríssimo e reverendíssimo senhor doutor Dom Feliciano de Vega, vigário-geral da diocese de Lima, e mais tarde bispo de La Paz e, finalmente, arcebispo de Cidade do México, o qual, apesar de ser grande literato e jurista, sentia frequentemente necessidade de consultar o fradezinho mulato "para estar mais tranquilo no seu governo eclesiástico e na magistratura".[12]

Com semelhante clientela, não deviam faltar, entre aqueles que lhe pediam conselho, casos realmente difíceis e delicados. Mas se sabia, por experiência, que ninguém devia nunca se arrepender de ter seguido o conselho de Martinho, e isto encorajava a vir até ele.

---

[11] Ibid., p. 76.
[12] Ibid. (VI), p. 76.

O ser "remédio geral para todos os males" não queria dizer que a palavra de Martinho não tivesse uma sua eficácia particular para um determinado gênero de males. E acontecia, de fato, para o mal da discórdia. Nenhuma discórdia ou inimizade resistia à ação pacificadora de Martinho. Por isso, Martinho era procurado de modo especial para trazer paz: parecia que tivesse o dom de fazer a paz em torno de si.

E era realmente dom, mais que virtude: o dom do conselho que aperfeiçoava nele a virtude da prudência e lhe abria o olho, para o bem dos seus, não somente sobre o presente, mas também sobre o futuro. Para a generosidade de Deus não custa mais dar um ou outro dom, e o Espírito Santo que, na "mesa" da união com o Pai, "ministra os dons e as graças", se alegrava em demonstrá-lo concedendo-os sem medida ao frade de Lima.

Um dia, apresentou-se a Martinho o governador João de Figueroa. Era um dos mais assíduos visitantes da sua cela: ia infalivelmente, toda segunda-feira, para lhe levar as esmolas das missas, e ia muitas outras vezes para lhe pedir conselhos, porque em tudo aquilo que dizia respeito à sua alma se regulava segundo as diretrizes que Martinho lhe dava.

Figueroa entrou com o seu habitual ar jovial. A sua visita tinha sempre sido agradável. Não tinha, por sua vez, preocupações. As quantias dadas aos pobres não tinham prejudicado o seu patrimônio, mas tinham sido como uma bênção que o aumentara em suas mãos, tanto que naquele momento podia dispor de uma renda de vinte e três mil pesos, sem contar os duzentos mil e mais pesos que tinha colocado à parte, como reserva. A acolhida que Martinho lhe deu foi, ao contrário, muito estranha e diferente da habitual. Sem nenhum preâmbulo, e com ar sério, Martinho lhe disse: "Pode ir embora, não há nada mais a fazer senão se preparar para enfrentar dificuldades!"

O governador, entre a surpresa e o desprazer, sentiu-se tão mal que não teve sequer a coragem de pedir explicações, e saiu todo perturbado. Depois que saiu, repensando naquelas palavras estranhas e naquele modo estranho de fazer, nasceu-lhe um pouco de esperança de não ter entendido bem, mas teve vergonha de voltar atrás para interrogar Martinho, não o tendo feito logo depois. Por isso, foi procurar a senhora Luiza de Soto Melgarejo, que era uma santa mulher, e dotada, segundo diziam, de espírito de profecia. Pobre João de Figueroa! As mesmas palavras com as quais Martinho o havia saudado, acolheram-no à porta da senhora Luiza.

A confirmação da sentença acabou por entristecê-lo, e antes que passassem muitos dias veio a confirmação indubitável dos fatos. Foram problemas sobre problemas: a calúnia tentou atacar a sua honra; a saúde física, que até àquele momento era sempre boa, começou a traí-lo; e até o patrimônio que parecia tão seguro foi diminuindo a olhos vistos. Provas que o Senhor manda para aqueles que ele ama a fim de purificá-los, e fazê-los mais dignos de si.

Martinho, entretanto, velava sobre o seu filho espiritual para apoiá-lo no momento difícil. E, um dia, o chamou, porque temia que a carga fosse um pouco pesada para os seus ombros, e lhe disse: "Fique tranquilo, que não vai ser sempre assim e não vai ficar na miséria, mas vai conservar do patrimônio tudo o que tinha quando de sua chegada a Lima, e até alguma coisa mais!".

Isso acontecia em 1638, que foi o penúltimo ano da vida de Martinho. Em 1660, João de Figueroa podia atestar que as coisas caminharam exatamente como Martinho havia predito.[13]

---

[13] Ibid. (I), p. 110.

Virtude da prudência, dom do conselho e espírito de profecia concorriam, portanto, para fazer de Martinho um conselheiro ideal. Virtude e dons contribuíam para acender nele aquilo que Santa Catarina chama "a luz da discrição", isto é, a capacidade de discernir aquilo que é bom para cada alma, conforme os desígnios de Deus sobre cada alma em particular. Essa luz é indispensável para quem deve aconselhar. Quem não a possui pretende modelar todos conforme o seu modelo, "com o mesmo peso que ele pesa, quer pesar qualquer outra pessoa" e reduzir a variedade quase infinita do mundo espiritual à monotonia da sua nota pessoal.[14]

    Nada disto havia em Martinho. Não pretendia que todos caminhassem pela sua estrada. Se a sua estrada era boa para ele, não queria dizer que fosse da mesma forma boa para os outros. Se ele havia escolhido o lugar mais humilde, não era uma boa razão para que todos devessem se precipitar a fazer-lhe companhia. Se, portanto, Frei Fernando, depois de ter entrado na Ordem como irmão leigo e ter permanecido irmão leigo por vários anos, agora aspirava a "estar de coroa", isto é, a se tornar clérigo e, com o tempo, receber as ordens sagradas, por que dissuadi-lo? Frei Fernando era um espírito um tanto irrequieto e, talvez, não perfeitamente equilibrado; o equilíbrio constante de Martinho parecia feito justamente para mantê-lo "no tom". Sobreviveu ao santo treze ou quatorze anos e morreu em 1662. Numa outra vez, quando Martinho estava ainda vivo, precisamente em 1619, Fernando tinha chegado ao limite da outra vida e Martinho o havia conservado nesta. E tinha feito bem, porque o testemunho de Fernando Aragonés, seu companheiro de enfermaria por muitos anos, seria um dos mais ricos de particulares.

    Frei Fernando, em 1619, tinha sido desenganado pelos médicos, recebera os sacramentos, inclusive a extrema-unção,

---

[14] SANTA CATARINA. Carta 213.

e a comunidade esperava ser chamada de repente para perto do leito do moribundo. Mas, pela meia-noite, Martinho veio e, experimentando-lhe o pulso, lhe perguntou se a dor no lado era muito forte.

"É tão forte que quase não consigo respirar" – respondeu Frei Fernando com um fio de voz.

"Lembrei-me de que se poderia experimentar algum remédio" – disse então Martinho e, tomando uma longa faixa de tecido, começou a enrolá-la no tórax do doente, tendo o cuidado de colocar de vez em quando, entre uma volta e outra da faixa, alguma folhinha de trevo. O enfermeiro-mor podia pensar qualquer coisa daquele remédio, mas o que é certo é que a comunidade pôde descansar tranquilamente todas as noites sem ser chamada ao seu leito, e que de manhã o sacristão veio pegar as mesinhas que tinha preparado perto da porta para dar o sinal e que já não serviriam mais, porque Frei Fernando, depois do remédio que Martinho lhe tinha aplicado, havia dormido profundamente e, de manhã, acordando sem dores, levantou-se da cama e foi para os seus afazeres.

Martinho, quase brincando, lhe havia sussurrado enquanto o enfaixava: "Não se importe com o que os médicos disseram, pode acontecer que uma vez ou outra você tenha que morrer, mas não vai morrer desta doença".

Mas, alguns anos mais tarde, Frei Fernando teve um novo ataque do seu mal, em circunstâncias tais que o fez lamentar não ter ido para o outro mundo da primeira vez, quando estava no convento entre os coirmãos e podia ter todos os confortos. Agora se encontrava em viagem, sozinho, num vale deserto na estrada entre Arequipa e Lima, sem médico, sem sacerdote, sem uma casa onde pedir alojamento. E a dor no lado aumentava e lhe tirava as forças.

Então, visto que a terra não lhe podia ajudar, pensou em pedir a ajuda do céu e rezou, com todo o fervor de que era capaz, a São Domingos e a São Francisco para que o socorressem naquela situação trágica. Ainda estava rezando quando passou um jovem franciscano que viajava a cavalo numa mula, e dele Frei Fernando recebeu o conforto dos sacramentos. Depois, enquanto continuava a rezar com os olhos fechados, pedindo para ainda poder viver e servir a Deus, lhe pareceu ver São Domingos que lhe dizia: "Meu filho, você não vai morrer, mas pense em se corrigir e em servir melhor ao Senhor".

Reabrindo os olhos, percebeu que podia caminhar e, todo feliz, retomou o caminho para Lima. Quando chegou ao convento, enquanto ia até à cela do prior para lhe pedir a bênção, viu aberta a porta da rouparia e colocou dentro a cabeça para contar a Martinho as suas aventuras. Martinho não o deixou falar e lhe disse: "Você teve dois bons protetores, e pode ser reconhecido ao 'nosso velho'! Mas cuide de cumprir o que lhe prometeu".

Não se pode pensar que Frei Fernando não se esforçasse, depois de um fato semelhante, para se corrigir e servir melhor o Senhor. Mas isto não o impediu, depois de certo tempo, de entrar em desacordo com o superior e se deixar dominar pela melancolia por causa desse fato. Tinha já pensado muitas outras vezes que um caminho de saída seria o caminho do sacerdócio, mas já não era um pouco tarde demais?

"Vamos, coragem, porque daqui a quatorze anos você não vai ter que pensar mais nessas coisas" – lhe disse Martinho, que não podia ver gente melancólica.

"Com certeza, porque daqui a quatorze anos estarei morto" – respondeu-lhe Frei Fernando, mais lúgubre que nunca.

No entanto, dali a quatorze anos, Frei Fernando, alegre e comovido, subia ao altar.[15]

---

[15] *Positio*, pp. 41-42.

Um dia, Martinho falava sobre coisas espirituais com um padre um pouco ancião, um daqueles tipos naturalmente rígidos e intransigentes, mas dotados, ao mesmo tempo, de muita bondade e virtude. Falavam, portanto, da observância regular e da perfeição cristã, e naquele momento passou um jovem religioso com um par de sapatos novinhos que lhe calçavam perfeitamente e tinham um não sei quê de muito elegante. Não era, em suma, o tipo de sapatos que se costumava usar no convento.

Para o padre ancião, a vista daquele par de sapatos, justo no momento em que estava falando com tanto fervor de perfeição e de observância, foi uma espécie de soco nos olhos.

"O que diz da leviandade daquele jovem?" – perguntou ao seu companheiro. Martinho não gostava de emitir juízos sobre os outros. Se realmente devia dar uma opinião, precisaria descobrir o lado bom.

"Não, não" – disse logo – "não se trata de leviandade: isto acontece pela Grande Providência de Deus, que permite esses deslizes para reconduzir a si os pecadores. Veja, padre, há pessoas tão habituadas à vida cômoda e aos prazeres, que até o nome de austeridade os espanta. Imagine agora se algum desses homens de vida desordenada viesse aqui para se confessar... O senhor acredita que o seu aspecto austero e essas lanchas de sapatões que traz nos pés lhe inspirariam confiança? Realmente não! Vendo, ao contrário, aquele padre jovem com os seus belos sapatos, poderá pensar: este sim vai me compreender! E vai se confessar e, depois, a graça do Senhor fará o resto".[16]

O bom padre aceitou a lição e riu prazerosamente com Martinho.

---

[16] Processo 1678 (I), t. I, cc. 264-265.

XV.
MINISTRO DOS DONS

> Quem crê em mim
> fará as obras que eu faço.
>
> (Jo 14,12)

Quando Frei Luiz Gutierrez tinha dezessete anos e se preparava para fazer a profissão religiosa no convento dominicano de Santa Maria Madalena, num dia de carnaval, durante o recreio, viu outro noviço que, com ar distraído, tinha uma fruta na mão.

Quis brincar com ele: aproximou-se dele devagar e fez que ia lhe tirar a fruta. Não tinha outra intenção senão fazer uma brincadeira: tomar e restituir. Mas, na pressa de agarrar, fechou a mão sobre a fruta e sobre a faca que o outro segurava junto com a fruta e se feriu gravemente no quarto e no quinto dedo.

Apavorado, mais pelos cortes do que pela bronca do padre mestre, e persuadido de que "por ser a ferida tão recente" não precisaria fazer nada mais que estancar o sangue, Frei Luiz se enfaixou bem apertado com o primeiro pano que encontrou e ficou esperando que os dois cortes se cicatrizassem.

E ficou assim por três dias.

No terceiro dia, febre, agitação, dor que paralisava o braço, aconselharam-no a tirar o pano e olhar um pouco como andavam as coisas.

Apareceu uma mão grossa, inflamada e roxa, da qual pendia inerte o quarto dedo, cujos nervos tinham sido cortados.

Dessa vez, Frei Luiz não se iludiu, compreendeu que não devia brincar e, recordando que nos dias de férias Martinho tinha o costume de vir fazer penitência no convento de Santa Madalena, pôs-se a procurá-lo. Encontrou-o, de fato, fechado numa cela, e bateu à porta.

"O que é?" – perguntou a voz de dentro, sem o mínimo sinal de tédio, e logo a porta se abriu e Martinho se viu diante de um noviço todo em lágrimas que lhe mostrava o dedo pendurado de uma mão na qual a gangrena já tinha talvez começado a trabalhar. Bastou-lhe um olhar para fazer o diagnóstico exato. Não havia tempo a perder. Começou encorajando o doente, sem mentiras piedosas: "Não tenha medo, pequeno! Sua ferida é feia, sim, é perigosa, mas Deus lhe dará a saúde". E o levou para trás na horta, pela lavanderia. Procurou uma erva – a erva-de-santa-maria –, e colheu um par de folhas, triturou-as com duas pedras, aplicou aquela pasta sobre as feridas e a espalhou sobre a mão até onde chegava a inflamação, fazendo sobre ela o sinal da cruz.

Frei Luiz – que devia se arrepender por ter sido muito rápido no primeiro momento, agora se sentia levado a exagerar no sentido contrário – gostaria de ter visto Martinho usar algum instrumento cirúrgico para ter certeza de que agora era para valer, e quando Martinho terminou de espalhar a sua mistura de erva-de-santa-maria –, não pôde deixar de perguntar: "Está acabado?". "Tudo acabado" – respondeu tranquilo Martinho. – "Agora volte em paz para o seu noviciado".

Ainda desconfiado, o jovem olhou para a sua mão. O inchaço já ameaçava diminuir, o braço não causava mais tanto incômodo a qualquer movimento.

Na manhã seguinte, Frei Luiz ficou literalmente desconcertado vendo que, não somente não havia mais inflamação, mas também os nervos cortados deviam estar reconstituídos de alguma forma, porque o dedo havia readquirido todos os movimentos.

Frei Luiz continuou por alguns momentos a levantar e a abaixar o quarto dedo e a gozar aquele domínio reconquistado. Sim, era um verdadeiro gozo mover livremente dedo, mão e braço sem dor. Poderia acreditar que tinha sonhado todo aquele grande mal dos dias anteriores, se não tivesse ficado lá, nos dois últimos dedos, as cicatrizes dos dois cortes.

E elas lá ficaram ainda por um bom tempo – por trinta anos, pelo menos –, uma vez que, em 1660, o Padre Luiz pôde mostrá-las ao relatar o fato no processo. O prodígio tinha acontecido por volta de 1630.[1]

Na recuperação de Frei Luiz, Martinho agiu segundo o seu estilho habitual, como o descreve o Padre Gonsalvo Garcia de Guzman: "aplicando... Frei Martinho... um remédio mediador na ferida e fazendo o sinal da cruz sobre ela, sem outro remédio, dentro de poucos dias ficavam curados...".[2]

Martinho não dispensava o "remédio mediado". Não esquecia que era médico e que dedicara muitas horas da sua juventude ao estudo dos remédios, e que havia aprofundado o conhecimento das propriedades das ervas medicinais.

Diante de um doente exercia, antes de tudo, o ofício do médico. Não lhe parecia justo deixar de dar do seu trabalho ao paciente e pedir um milagre onde não havia necessidade.

Uma vez, por exemplo, alguém que sofria de má digestão e de insônia, querendo obter quem sabe qual cura estrepitosa, pediu a um seu companheiro que fechasse a cela com chave para obrigar Martinho a ir até lá para curá-lo.

Martinho, certamente, riu no seu coração daquele grande aparato e sugeriu o remédio do simples bom senso, o remédio que qualquer um poderia sugerir, somente levando em conta o clima opressivo do Peru: "Coloque a cama entre

---
[1] *Processo* 1660 (VIII), cc. 81-85.
[2] *Positio*, p. 14.

a porta e a janela, onde há mais ar...". Frei João de Vargas, que também tinha preparado o espírito para alguma coisa grande e prodigiosa, teve também ele o bom senso de seguir aquele conselho tão lógico e tão simples. E o belo sono reconfortante daquela noite tornou mais fácil a digestão e o encorajou a continuar a cura também nas noites seguintes.[3]

Totalmente diferente foi o caso de Frei André Martinez, um dos raros casos em que Martinho recorreu a um remédio no mínimo bizarro.

Frei André tinha adoecido de febre malária logo depois da profissão. Depois de ter combatido por um bom tempo, inutilmente, contra essa febre, percebeu, num determinado momento, que estava doente dos pulmões. Essa descoberta lhe havia tirado toda esperança de cura e tinha feito dele uma pessoa tristonha.

Martinho o viu, um dia, enquanto estava muito triste, e teve compaixão dele. Disse-lhe que tivesse coragem e o aconselhou a tomar um bom banho, naquela mesma noite, no tanque que estava no centro do pátio no noviciado.

Frei André riu daquela saída: Frei Martinho devia ter vontade de provocar riso, naquele dia, para fazer semelhante proposta a alguém que com dificuldade conseguia permanecer de pé, tão fraco que estava.

Martinho, no entanto, não tivera nenhuma intenção de brincar e repetiu o seu conselho: um bom banho frio, já de noite, era o que precisava para recuperar a saúde.

Dessa vez, Frei André deixou de rir e levou a sério o conselho. Talvez tenha pensado: "Morto por morto, vale a pena tentar". Alguém que ficou sabendo procurou dissuadi-lo, dizendo: "Você está louco? Com a doença que você tem...!".

Mas Frei André já tinha decidido. Jantou com os outros e, quando todos se retiraram para a cela, também ele foi para

---

[3] *Processo* 1660 (X), cc. 95-96.

a sua. Às dez da noite desceu para o pátio, tirou a túnica e entrou no tanque. O frio da água lhe tirou a respiração e o fez voltar para fora rapidamente. Mas, depois, pensou que aquela imersão tinha sido muito rápida para ser chamada de banho, e voltou para dentro, resolutamente, e permaneceu na água por tanto tempo que o frio lhe paralisou os movimentos e o tornou incapaz de sair sozinho do tanque. Por sorte, passava por ali um irmão leigo que o tirou da água, e encontrando-o todo enregelado o enxugou, envolveu-o num tecido de lã e o colocou na cama, procurando aquecê-lo da melhor forma que pôde à força de cinza quente e cobertas.

Logo que o bravo irmão terminou de ajeitar-lhe as cobertas, Frei André adormeceu e dormiu até de manhã. Depois, acordou e sentiu-se curado.[4] Martinho não abusou desse gênero de remédios estranhos. O gênero que preferia era o do "remédio mediador", do remédio comum, do remédio que mesmo se, à primeira vista, não parecia capaz de resolver a situação, não era também capaz de piorá-la. Martinho aplicava o remédio e rezava ao Senhor para torná-lo eficaz, enquanto traçava sobre ele o sinal da Santa Cruz, mas também nesse ato e nessa oração não havia nada de dramático. Martinho invocava a ajuda de Deus com toda simplicidade, como deveria invocá-lo, para qualquer ato, todo aquele que tem uma fé tão grande como um grão de mostarda. Mas o Evangelho diz que pode bastar esse mínimo de fé para que encontremos as forças da natureza obedientes além de toda expectativa.

Acontecia assim com Martinho: o Senhor estava sempre pronto a responder a suas orações, a dar sem medida, a superar com divina liberalidade os seus simples pedidos.

Verdadeiramente, segundo a expressão de Santa Catarina, o Espírito de Amor estava quase às ordens do humilde

---

[4] *Positio*, p. 15.

frade "para lhe conceder diversas graças e dons". E Martinho não podia impedir que o Senhor fosse generoso. Não poderia querer, mesmo podendo, desde o momento em que os irmãos sofredores experimentassem o conforto da liberalidade da bondade divina. Aproveitava, por isso, com simplicidade de tão grande riqueza.

"Eu vi fazer assim na França, no hospital de Baiona" – disse uma vez Martinho, para dissipar as dúvidas dos seus colegas da enfermaria sobre a eficácia de um remédio ainda novo para Lima.[5]

Disse-o com a mesma simplicidade com a qual teria dito ter aprendido na escola de Marcelo de Rivero, sem pensar que aquela afirmação, para quem o conhecia há anos e não o tinha visto nunca se ausentar de Lima, equivalia a um testemunho da faculdade que lhe era concedida – também esta, praticamente, sem medida – de se deslocar de um lugar a outro, e de se encontrar contemporaneamente em vários lugares.

Sem medida, mas com capricho. Todo seu deslocamento para lugares distantes ou próximos – quer se tratasse de ir ensinar a doutrina cristã aos meninos no Extremo Oriente ou de levar paz a uma família nas portas de Lima; de levar ajuda a um cristão caído nas mãos dos muçulmanos no Marrocos, ou de ir aprender as últimas descobertas da medicina num hospital da França –, todo deslocamento prodigioso, feito por força do dom de agilidade e de bilocação, era movido, como qualquer passo dos seus pés, pela caridade.

Assim, numa noite, sabendo, sem que ninguém o tivesse dito, que no hospital de Santa Ana, em Lima, um índio estava para morrer sem o batismo, Martinho saiu do convento, estando as portas fechadas, entrou no hospital e se aproximou do leito do enfermo. Começou a conversa com

---

[5] *Novissimae* (XXII), p. 11.

alguma pergunta genérica, e chegou logo ao assunto que lhe interessava: "Você é batizado?".

O homem respondia com dificuldade, porque estava realmente grave, mas não houve necessidade de discursos longos para que ele e Martinho chegassem a um acordo. No espaço de poucos minutos, Martinho mandou procurar o capelão do hospital, o capelão veio e batizou o índio, que, logo depois, expirou; a alma toda fragrante da graça há pouco recebida deixava o corpo desfigurado por quem sabe quantas dificuldades, e ia, livre, para o céu.

E Martinho voltava para o convento, entrando novamente, como tinha saído, com as portas trancadas a chave.[6]

Desde o momento em que o ofício principal de Martinho era o de assistir os doentes, é natural que o Espírito Santo tivesse pronto os seus dons, de modo especial, para ajudá-lo nesse ofício. "Para socorrer as necessidades e as aflições dos doentes penetrava nos muros mais maciços, e portas fechadas das celas, e entrava nos locais mais secretos do noviciado, fora de hora, tendo por revelação divina conhecimento daquilo que precisavam, e sofriam", atestava o Padre Cristóvão de Toro, e convalidava o seu testemunho com um fato acontecido justamente com ele.

Também ele, como Frei André, tinha havia pouco terminado o noviciado quando precisou de Martinho para curar uma doença bem diferente daquela da qual o outro foi curado com um banho frio. Frei Cristóvão, logo depois da profissão, foi tomado por uma terrível dor de dente. Suportou-a por vários dias, depois decidiu pedir para que lhe extraíssem o dente doente, e recorreu a um irmão leigo da enfermaria que havia se especializado naquele ofício de tirar dentes; mas tinha a mão um pouco pesada, e para arrancar

---

[6] *Ad novas*, p. 132.

o dente maltratou-lhe a gengiva e o alvéolo, causando-lhe uma hemorragia que parecia não poder mais ser estancada.

Depois de uma semana de jejum, de hemorragias e de noites em que a dor contínua não lhe deixava fechar os olhos, Frei Cristóvão estava prostrado e desmaiava com frequência. E, o que é pior, começava a perder toda esperança de sarar e se deixava dominar pela depressão.

Um pouco de esperança nasceu para ele, todavia, quando lembrou que na enfermaria, além daquele pobre frade tira--dentes, estava também Frei Martinho. Pensou que, se ainda lhe restava alguma probabilidade de sarar, essa probabilidade estava nas mãos do enfermeiro santo, e conseguiu do padre mestre que Martinho fosse vê-lo.

Martinho entrou na cela de Frei Cristóvão e, encontrando-o todo aflito e em lágrimas, começou dando-lhe dois ou três tapinhas – ou carícias – na face dolorida e recomendou--lhe coragem: "Acalme-se, rapaz, não se aflija, porque não vai ser nada, com a ajuda de Deus".

Pegou alguns fios secos e os colocou no alvéolo do dente; o sangue estancou e a grande dor desapareceu.

Frei Cristóvão se sentiu renascer. Jantou com apetite e logo que colocou a cabeça no travesseiro dormiu placidamente.

Contudo, à uma hora da noite, acordou sobressaltado: a dor tinha voltado, mais terrível que antes. Aquela retomada, depois de poucas horas de interrupção, trazia consigo, e renovava, todas as sensações penosas dos dias anteriores, e produzia novamente um sentido, quase invencível, de depressão.

Frei Cristóvão levantou a cabeça do travesseiro que parecia lhe comunicar uma insatisfação intolerável e se sentou na cama para chorar mais comodamente. Não podia fazer outra coisa. Naquela hora, mesmo que chamasse, ninguém lhe responderia, porque era justamente a hora das Matinas e todos estavam no coro. Também o seu companheiro de cela tinha ido para as Matinas.

Enquanto chorava, o seu pensamento voltou-se para Martinho, que pouco antes lhe havia dado tanto alívio, e todo o seu desejo se dirigiu para ele: poder tê-lo perto!

E Martinho estava lá, perto do leito, e sorria daquele seu grande desconforto, e lhe dava ainda algum tapinha amoroso na face dolorida, repetindo, como da primeira vez: "Vamos, rapaz, não se aflija, isto não é nada!".

Depois, tirou-lhe a faixa e os fios que estavam intactos – tão intactos que o jovem não pôde deixar de pensar que o fato de tê-los colocado foi mais para disfarçar a saúde que lhe causou o contato da sua mão – e lhe acalmava, e dessa vez para sempre, a dor.[7]

Martinho, portanto, quando curava os seus doentes, podia dispor, por um lado, da sua ciência médica, da sua experiência, de uma vontade que o impelia sem trégua para uma atividade incansável e inteligente; por outro, dispunha dos dons que o alto grau de santidade ao qual tinha chegado os colocava, por assim dizer, ao alcance da mão. Ele aproveitava de um lado e do outro, conforme a necessidade, sem nunca evitar o trabalho dos meios naturais, e sem se deixar embriagar pela abundância e pela riqueza dos dons sobre os quais lhe tinha sido concedido o domínio. "Tanto lhe pesa a mão esquerda quanto a direita",[8] poder-se-ia dizer desse seu modo simples de conseguir, sem nunca se dar ares de taumaturgo, sem fazer pose, sem sequer apontar uma diferença entre a obra da mão esquerda e a da mão direita. Quando muito, como revelava justamente o Padre de Toro, Martinho

---

[7] Ibid. (XXII), pp. 65-66.
[8] *Diálogo*, c. CXLI.

preferiria destacar a obra da mão esquerda, parecendo-lhe menos perigoso ser estimado como médico do que ser considerado santo.

Mas nem sempre conseguia. Uma vez, a impaciência de um doente, outra vez circunstâncias providenciais, preveniam as suas precauções. O que aconteceu com Martinho, no último ano da sua vida, durante a doença de dom Feliciano de Vega, já lhe tinha acontecido, anos antes, com um coirmão, o Padre Luiz de Guadalupe. O fato foi relatado no processo pelo Padre João de Barbazán, que nele teve uma parte importante. Numa noite, pelas três, Padre João tinha sido acordado por um negro que batia energicamente à porta da sua cela e lhe pedia que fosse logo administrar os sacramentos ao padre Luiz, que estava às portas da morte. Sem perder um minuto, Padre João acorreu ao leito do doente e o encontrou sem palavras e quase sem respirar, tanto que precisou se contentar com dar-lhe a absolvição sem poder ouvir a sua confissão.

E logo chegou Martinho. Trazia um recipiente cheio de cinza quente, e cumprimentou o doente, segundo o seu costume, com um convite a louvar o Senhor. Depois borrifou com vinho o pequeno braseiro e aproximando-se do leito e tirando as cobertas pediu ao Padre Luiz que lhe indicasse o ponto que estava doendo para que pudesse aplicar-lhe o remédio do calor.

Padre Luiz, como única resposta, tomou a mão de Martinho e a pôs sobre si apertando-a com força. Readquirindo a palavra que aquele contato lhe havia trazido imediatamente, exclamou: "Bendito seja Deus e este bom servo de Deus! A dor já passou, e não há mais necessidade de cinza quente".

Martinho ficou todo envergonhado por aquela sua mão que tinha agido assim, impensadamente, e depois de ter permanecido um momento todo confuso, com os olhos baixos, teve uma explosão de protesto contra o Padre Luiz: "Esta é maneira de zombar de um pobre mulato?".

E sem qualquer outra palavra deixou todos de repente e foi tocar o sino para o despertar.[9]

Quantas vezes o "ministro" dos dons e das graças agia em seu nome sem sequer perceber!

Entre os discípulos que frequentavam a cela de Martinho, havia Francisco Ortiz, "homem de vida tão reta", segundo o Padre de Saldana, "que é considerado e venerado como santo". Francisco sofria de fortes dores de cabeça. Numa manhã, enquanto estava na igreja do Santo Rosário para ouvir a missa e receber a comunhão, veio-lhe uma dor de cabeça tão forte que, logo que acabou a missa, foi procurar Martinho em busca de socorro. Encontrou-o na sua rouparia.

"Não aguento mais" – disse-lhe entrando. – "É como se tivesse a cabeça numa morsa de ferro".

"Vamos, vamos, não se aflija" – disse Martinho com a sua boa voz encorajadora. – "Sente-se aqui; talvez você tenha necessidade de comer: é toda uma questão de fraqueza. Espere-me: volto logo com um bocado especial para você".

E foi embora.

Francisco Ortiz, ficando só com aquela sua cabeça que lhe pesava como se a tivessem enchido de chumbo, sentiu a necessidade de fazer alguma coisa melhor que estar sentado numa cadeira e, vendo a cama de Martinho, deitou-se de lado, apoiando um lado da cabeça na dura cabeceira que fazia função de travesseiro. Bastou só o contato para que aquela metade da cabeça ficasse livre da dor.

Naquele ínterim, Martinho voltou com a sua suculenta sopa e o convidou a comer. "Um momento" – disse Francisco Ortiz – ,"é sua esta cabeceira?".

"É nossa, irmão" – respondeu Martinho.

"Agora compreendi" – disse Francisco. E completou o seu raciocínio assim, consigo mesmo: "Se este travesseiro foi

---

[9] *Positio*, p. 33.

capaz de me libertar da dor um lado da cabeça, por que não deveria ser capaz de me libertar o outro lado? Experimentemos".

E logo, virando-se para o outro lado, pousou sobre o travesseiro a parte ainda dolorida, e a dor foi embora também de lá, tão completamente que, pulando da cama, Francisco custava a acreditar que tinha estado tão mal poucos minutos antes. E, como santo homem que era, antes de tudo, agradeceu ao Senhor, não somente por tê-lo curado, mas também e especialmente por ter dado tanta abundância de graças ao seu servo Martinho a ponto de tornar capaz de realizar prodígios até os objetos dos quais ele se servia. Depois, foi procurar o padre prior e lhe narrou tudo, relatando, também, como era lógico e justo, a muitas outras pessoas.[10]

Tinha, portanto, razão o Padre João de Barbazán, quando afirmava que Martinho era "um instrumento vivo das maravilhas de Deus para a saúde dos enfermos". Saúde natural e saúde sobrenatural, com o concurso de todos os dons dos quais a caridade divina o havia enriquecido, mas especialmente através do dom de conhecer o estado verdadeiro de um doente sem se deixar enganar pelas aparências.

"Não dê importância a coisas que não são absolutamente urgentes" – disse, um dia, tirando da mão de Frei Fernando o trabalho que estava fazendo – "e pense em chamar logo o sacerdote para que dê os sacramentos a Frei Lourenço: não se pode perder nenhum momento".

Frei Lourenço de Pareja tinha sido "desenganado" pelo médico, mas desde o momento em que o bom velho continuava a se arrastar sobre as pernas, embora se lamentando dos seus achaques, Frei Fernando não tinha pensado que devesse partir tão depressa. Mas o sacerdote com o viático ainda não tinha chegado à enfermaria, e Frei Lourenço expirava.

---

[10] Ibid., p. 28.

De Frei Fernando de Valdês, ao contrário, que já tinha sido sacramentado e tinha as mesinhas à porta, Martinho disse que não morreria, por aquela vez, e, de fato, depois de poucos dias estava bem.[11]

Um dia, uma família proveniente de Callao – pai, mãe e seis filhos – bateu à porta do convento do Santo Rosário. Tinham feito toda aquela viagem para venerar o corpo da beata Rosa, e pedir à serva de Deus a cura de um dos filhos. Tinham-no levado até lá numa maca. Tinha no Santo Rosário um sétimo filho, Frei Vicente, e o prior o encarregou de mostrar o corpo da Santa aos seus parentes. Mas a mãe, Dona Bernarda, não estava satisfeita.

"Chame-me Frei Martinho" – disse ao filho.

Martinho foi até eles e Dona Bernarda suplicou-lhe: "Reze o senhor a Deus que dê a saúde ao meu filho que está doente!".

"Vou fazê-lo com satisfação" – disse Martinho com a sua simpatia, e com tanta compaixão pelo sofrimento daquela mãe. – "Mas não posso deixar de preveni-la de que este e outros quatro morrerão em breve, e somente o mais jovem vai ficar em casa com vocês. É esta a vontade de Deus".

Aconteceu precisamente como Martinho predissera, e o irmão sobrevivente, Pedro Quijano Ceballos, pôde dar testemunho do fato.[12]

Um dia, mandaram chamar Martinho para que confortasse uma jovem esposa que estava para dar à luz e estava muito apreensiva. Martinho foi visitá-la em companhia do padre mestre, Frei Francisco della Croce, e lhe disse que não tivesse medo, porque o filho nasceria sem qualquer dificuldade; mais tarde, sim, aquele filho lhe daria muitos

---

[11] Ibid., p. 43.
[12] *Ad novas* (XVI), p. 112.

desprazeres... E Marcelo de Rivera, sobrevivendo a Martinho, pôde ver o filho de Dona Mayor Bazán de Valdês contrair matrimônio não aceito pelos seus e, aos poucos, destruir a família.[13]

Desse fato, daquele de Luiza de Santa Maria, da Ordem Terceira dominicana, que, depois da cura prodigiosa acontecida segundo a predição que Martinho lhe havia feito, entrou no mosteiro da Segunda Ordem dedicada a Santa Catarina de Sena; do outro de Dona Francisca Velez Michel, a qual, tendo conseguido uma visita de Martinho por conta da antiga amizade – eram contemporâneos e naturais do mesmo bairro – apanhou uma extremidade da capa e a apertou sobre a parte doente até se ver livre da dor; de todos esses fatos se deduz que Martinho ia algumas vezes visitar doentes fora do seu convento, e que ia munido de todos os seus recursos naturais e também de outros.[14]

Mas é lógico que a maioria dos fatos extraordinários, realizados por intermédio de Martinho pelo poder de Deus, acontecia entre os muros do convento do Santo Rosário. Em nenhum outro lugar parece ter acontecido, como aconteceu aqui, dar novamente a vida a um morto. Devemos o relato desse fato a Frei Fernando de Aragonês, que, tendo-o vivido em todos os seus particulares, conservava dele a lembrança e a comoção muitos anos depois.

Estava doente, numa cela da enfermaria, Frei Tomás, um velho frade leigo que tinha trabalhado humilde e assiduamente por anos e anos no convento do Santo Rosário. A sua longa vida tinha sido um verdadeiro exemplo de toda virtude, e agora ia se apagando suavemente, quase insensivelmente. Já lhe tinham dado a extrema-unção.

---

[13] *Positio*, p. 46,
[14] Ibid., pp.11-12; *Processo* 1660 (V), c. 63b.

*Arte médica, experiência de um longo e
paciente hábito no leito dos doentes, dons taumatúrgicos,
faziam de Martinho um enfermeiro ideal...*

Martinho ia frequentemente encontrar Frei Tomás. Além de estar muito ligado a ele, porque tinham trabalhado juntos por muito tempo, sentia como uma dívida santa a de aliviar os últimos sofrimentos de um homem tão exemplar na sua dedicação à Ordem.

Não podendo cuidar dele continuamente, como já era preciso, tinha colocado naquela cela um jovem ajudante espanhol para que assistisse o enfermo dia e noite.

Numa manhã, o jovem esquentou sobre um braseiro, na cela, a sopa e o ovo que constituíam o invariável almoço de Frei Tomás, ajudou-o a comer, colocou tudo em ordem, depois se afastou por algum tempo da cela. Quando voltou, Frei Tomás estava morto.

Apavorado, o jovem correu em busca de Frei Martinho, e o encontrou na rouparia junto com Frei Fernando. Foram logo à cela de Frei Tomás: o velho frade já estava frio.

Martinho, então, disse que precisava dar o sinal com as mesinhas para chamar a comunidade e recitar as orações que são ditas logo que a alma deixa o corpo. E, enquanto a comunidade se reunia, ele e Frei Fernando, fechando a porta, se prepararam para vestir o defunto. Frei Fernando procurou uma túnica limpa e preparou uma mesa, e Martinho se pôs a rezar diante do crucifixo.

Certamente algum segredo foi revelado a Martinho durante aquela oração, porque, quando se levantou, em vez de continuar a preparar o corpo de Frei Tomás para o enterro, aproximou-se do seu ouvido e o chamou pelo nome: "Frei Tomás!".

Frei Tomás respondeu com um leve suspiro.

"Atenção, Frei Fernando, porque ele está vivo!" – disse Martinho a Frei Fernando.

"Não me parece, absolutamente" – respondeu Frei Fernando, e Martinho repetiu: "Frei Tomás!".

Dessa vez, Frei Tomás movimentou um pouco os lábios e a língua, ao suspirar, fazendo uma espécie de bocejo.

"Frei Tomás!" – Martinho chamou pela terceira e última vez, com voz forte, e a face do cadáver retomou a cor da vida.

"Está vendo como está vivo?" – disse Martinho enquanto o cobria novamente. E Frei Fernando exclamou: "Deus é poderoso porque dá a vida aos mortos!".

Martinho, então, abriu a porta da cela e disse à comunidade que estava esperando fora que fosse embora em paz, porque Frei Tomás tinha voltado a si.

"Frei Martinho disse bem que voltou" – comentou Frei Fernando, chegando também ele à porta: "De fato voltou da outra vida para esta!".

Mas Frei Tomás não parecia ainda decidido totalmente a permanecer nesta terra. Jazia imóvel com os olhos fechados. Martinho pediu que trouxessem três gemas frescas de ovo. Aproximando-se do leito com as três gemas de ovo na mão, Frei Fernando teve um lampejo de compreensão nos olhos apagados.

Ele e Martinho, com muito boa vontade e com a habilidade adquirida em muitos anos de assistência aos enfermos, se puseram a alimentar o velho frade e conseguiram fazer que engolisse as gemas de ovo. Aos poucos, Frei Tomás ia retomando a consciência. Somente quando a retomada de todas as faculdades vitais foi completa e certa, Martinho se afastou do seu leito e da cela.[15]

Certamente é muito bom ver o poder de Deus se servir de Martinho como de um instrumento dócil e apropriado para realizar um prodígio tão estrepitoso como o de chamar um morto novamente à vida.

---

[15] *Positio*, pp. 42-43.

Mas é talvez ainda mais bonita e comovente a condescendência da sabedoria divina ao lhe sugerir conselhos humildes para abrir o caminho da graça numa alma atormentada pelo sofrimento; revelar o desejo secreto de um coração, quando esse desejo não é senão... uma salada de alcaparras!

O fato das alcaparras aconteceu assim: o Padre Pedro de Montesdoca tinha uma perna doente, tão doente que se falava em amputá-la. Compreende-se que esta perspectiva não podia deixá-lo feliz: no estado em que se encontrava a cirurgia do século XVII, a amputação de uma perna queria dizer dores atrozes durante o ato operatório e, frequentemente, a morte logo depois.

Na vigília do dia marcado para a operação, Padre Pedro estava na sua cela, atormentado por pensamentos tristes. Não é, portanto, de admirar se, vendo entrar um irmão enfermeiro com o almoço, o acolhesse com palavras que soariam mal a qualquer um, menos ainda para aquele irmão enfermeiro que gostava de ouvir maus tratos. O fato, aliás, de o enfermeiro que levava o almoço para o Padre Pedro se chamar Martinho de Lima, anula, quase, a admiração pelos títulos que o acolheram quando entrou na cela: era de fato pacífico que os doentes podiam desafogar livremente a sua inquietude sobre ele, toda vez que sentissem a necessidade de fazê-lo.

Martinho, portanto, sem fazer o mínimo caso da acolhida de Frei Pedro, continuou a se aproximar do leito e descobriu o prato que tinha trazido, colocando sob os olhos do enfermo a mais apetitosa salada de alcaparras que já se tinha visto em Lima.

Frei Pedro arregalou bem os olhos: "Mas, meu pai" – disse mudando radicalmente o tom –, "é este o almoço que me traz? Quem lhe deu a ideia desta salada de alcaparras?".

É preciso que se diga que o desejo de uma salada de alcaparras, justamente como aquela que estava diante dele, havia atormentado o doente nas últimas vinte e quatro horas, porque no desgosto geral que lhe causavam todos os alimentos, o único sabor no qual podia pensar como tolerável e até quase agradável era o sabor fresco e ácido das alcaparras. Mas como Martinho tinha feito para adivinhá-lo? Ele não tinha dito sequer uma única palavra com ninguém.

Sentado na cama, em vez de comer a sua cara salada de alcaparras, Frei Pedro continuava a olhá-la e a pensar. Se Martinho pudera conhecer aquele seu desejo secreto, queria dizer que a bondade de Deus tinha olhado para ele, Frei Pedro, de modo a prover que lhe fosse proporcionado aquele pequeno conforto. E enquanto a majestade suprema se tinha curvado com tal condescendência para acolher aquele seu desejo elementar, ele, todo fechado na sua tristeza, pudera fazer a Martinho aquela ríspida acolhida, justamente enquanto Martinho vinha trazer-lhe um dom tão precioso!

Comoção e arrependimento suavizavam agora a alma de Frei Pedro que até aquele momento parecia ter-se enrijecido no pensamento da desventura iminente. Pediu a Martinho que o perdoasse e lhe agradeceu pelo presente. E uma esperança lhe brilhou na mente: "Frei Martinho, você se incomodaria em dar uma olhada na minha perna? Sabe, devem amputá-la amanhã...".

Martinho se inclinou carinhosamente e começou a desfazer a bandagem, tomando cuidado para não machucar aquela pobre perna doente. Sabia como acabaria, mas não podia recusar um prazer a Frei Pedro, depois dos precedentes.

Liberou a perna das faixas e colocou em cima dela, delicadamente, a mão. Nada mais. A perna ficou curada.[16]

---

[16] *Processo* 1660 (I), cc. 24-25.

Em 1634, chuvas violentas engrossaram de modo impressionante o curso do Rimac. Em várias localidades antes de Lima as águas transbordaram causando prejuízos consideráveis. Quando a cheia chegou a Lima, um dos edifícios mais ameaçados foi uma igreja dedicada a Nossa Senhora e chamada popularmente de *las Cabezas*, pois, como continha muitos objetos de grande valor, os habitantes se preocuparam em proteger o tesouro.

Enquanto estavam para começar o salvamento, chegou Martinho. Recolheu três grandes pedras e, depois de ter invocado a Santíssima Trindade, pôs uma delas no ponto onde a água confinava com a parte seca. Deixou cair a segunda um pouco mais adiante nas águas lamacentas. A terceira atirou bem no centro da correnteza. Depois se ajoelhou para rezar. Aqueles que tinham acorrido para esvaziar a igreja fizeram como ele, e pouco depois perceberam que a enchente ia se retirando. Mais um pouco e o riu retomou o seu leito natural.

Cheios de entusiasmo e ainda um pouco sob a impressão do primeiro apavoramento, os habitantes de Lima pensaram em expressar seu reconhecimento construindo uma nova igreja num lugar mais seguro. Martinho os dissuadiu, garantindo que as águas do Rimac nunca destruiriam a igreja de *Nuestra Senora de las Cabezas*. E o tempo deu total razão a Martinho.[17]

---

[17] KEARNS, J. C. *The Life of Blessed Martin de Lima*, cit., p. 136

XVI.
OCASO NA TERRA

> A vereda dos justos é como luz esplêndida,
> que surge e cresce até tornar-se pleno dia.
>
> (Pr 4,18)

O dia 1º de janeiro de 1639 encontrou Martinho no sexagésimo ano da sua vida. O dia 1º de janeiro de 1640 não o encontraria mais na terra.

Os primeiros meses de 1639 não trouxeram nada de novo na vida de Martinho. Mas, no verão, o senhor Feliciano de Vega, da cátedra episcopal de La Paz, foi elevado à cadeira pontifícia arquiepiscopal de Cidade do México e interrompeu a sua viagem para a nova sede com uma parada em Lima, uma parada que poderia ter sido a última da sua vida se a virtude milagrosa das mãos de Martinho não tivesse chegado a tempo para curá-lo da pleurite que o colhera na estrada.

Esse fato por pouco não trouxe uma mudança na vida de Martinho. O arcebispo, alegre com a cura e feliz por ter encontrado o seu antigo conselheiro, pediu ao padre provincial que permitisse levar Martinho para o México e tê-lo consigo. Como não era fácil dizer não ao arcebispo, o padre provincial disse sim, mas o fez muito a contragosto porque não somente não queria perder Martinho, mas sabia que desagradaria a todos os frades.

Martinho, ao contrário, quando soube da decisão do seu superior, ficou feliz. A vida em Lima estava se tornando para ele muito insuportável. Era muito conhecido. Havia muita gente que o tratava como se fosse um oráculo. Era bom dar algum conselho – pois também o considerava como uma caridade, e ele a fazia de muito bom gosto –, mas as pessoas de Lima exageravam, estavam até criando o vício de chamá-lo "o santo Frei Martinho".[1]

Chegaria ao México como um desconhecido e poderia permanecer na sua querida obscuridade, disfarçando a sua insignificante pessoa atrás do esplendor do arcebispo e de sua corte. A resposta dada ao coirmão na sua volta ao convento, depois da cura de Dom Feliciano, ao que lhe havia perguntado, talvez com uma ponta de malícia, se não seria melhor estar no palácio do senhor arcebispo... a resposta da sua fidelidade à escolha da parte mais humilde permanecia verdadeira também depois que o palácio do arcebispo lhe era atribuído pela vontade do superior: também lá – lá mais que nunca – Martinho ficaria fiel à humildade de toda a sua vida.

Mas Martinho estava feliz com a viagem ao México, segundo Frei Francisco de Santa Fé, sobretudo porque esperava que pudesse ser uma primeira etapa para o Japão, aquele Japão que o sangue de tantos mártires dominicanos tornara para ele terra santa, terra de esperança.

Contudo, no momento, não era preciso pensar na partida, porque Dom Feliciano tinha intenção de permanecer ainda alguns meses em Lima.

Martinho continuou, portanto, a levar a sua vida habitual sem se preocupar com o amanhã. Mas, um dia, os coirmãos não acreditaram quando o viram com um hábito novo. Em quarenta e cinco anos, desde quando Martinho entrara para o convento do Santo Rosário, não se tinha visto coisa semelhante.

"O que está acontecendo?" – perguntou-lhe o Padre João de Barbazán. Aquela roupa nova nos ombros de

---

[1] *Positio*, pp. 18 e 26.

Martinho lhe causava um estranho sentimento de mal-estar, parecia-lhe como uma nota dissonante... Mas, acima de tudo, Martinho devia também se preparar para a partida para o México e certamente não poderia acompanhar o arcebispo com os seus habituais farrapos.

Martinho talvez adivinhasse os pensamentos do Padre João e riu:

"Com este hábito deverão me sepultar!" – respondeu simplesmente.

Padre João não riu. Também ele era um discípulo fiel de Martinho, e procurava caminhar na luz daquela vida tão humilde, simples e luminosa.

Agora lhe parecia que tudo, num instante, tivesse caído no escuro. Ele mesmo devia partir dali a poucos dias, mas esperava poder reencontrar na volta Martinho, que, provavelmente, não ficaria para sempre com o arcebispo do México. Agora precisava renunciar também a essa longínqua esperança.[2]

No entanto, quando o Padre de Barbazán foi cumprimentá-lo, no momento de partir, Martinho lhe disse: "Nos veremos logo porque você não vai ficar muito tempo longe de Lima".

O padre lhe respondeu: "É impossível que volte antes do fim do ano, uma vez que os superiores me mandam a Cuzco para ensinar teologia". E partiu. Mas, logo depois, por algum imprevisto, foi obrigado a voltar atrás, e a sua partida precisou ser ou adiada de alguns meses ou indeferida para sempre, porque quando Martinho morreu ele ainda estava em Lima, no convento do Rosário.[3]

Também para João de Figueroa, Martinho dissera alguma coisa sobre a sua morte próxima. Figueroa lhe pedia que

---

[2] *Processo* 1660 (LXIII), c. 513.
[3] *Positio*, p. 34.

rezasse por sua alma quando chegasse para ele o momento de passar para a outra vida, e Martinho lhe respondeu simplesmente: "Eu vou morrer primeiro".[4]

Não se passaram muitos dias desde que Martinho vestira o hábito novo até quando o tirou para se acamar. Tinha-lhe vindo uma febre violenta, com dores agudas em todo o corpo e especialmente na cabeça. Já tinha chegado o outono e naquela estação, quase todo ano, Martinho devia lutar contra um ataque de febre malária. Mas esse não era como os ataques habituais. Martinho percebeu e disse desde o primeiro momento, porque o Espírito do Senhor que tantas vezes na sua longa carreira de médico lhe havia colocado diante dos olhos a futura conclusão das doenças dos seus pacientes, lhe permitia agora conhecer o resultado da sua doença.

Martinho, portanto, no mesmo dia em que lhe aconteceu a febre, disse claramente aos coirmãos que aquela doença seria a última para ele, e os coirmãos, alarmados com o pensamento de perdê-lo, chamaram logo para visitá-lo o doutor Navarro, que era um dos médicos que atendia no convento.

Não se sabe o diagnóstico do doutor Navarro, mas se sabe que, para dar a Martinho algum alívio da dor de cabeça, ele mandou que lhe aplicassem uma espécie de pasta feita com sangue de pintainhos recém-mortos. Martinho, com um gesto calmo chamou aqueles que já se precipitavam para executar a prescrição, dizendo que não era bom tirar a vida daqueles pobres animaizinhos para fazer um remédio que seria ineficaz. E também ao doutor Navarro disse que não havia nada a fazer.[5]

Foi este o seu último ato de amor pelos animais. E, como no amor por todas as coisas criadas, assim também por

---

[4] *Processo* 1660 (I), c. 27.
[5] *Ad novas* (V), p. 110.

todo o resto, Martinho foi em sua morte o que tinha sido em vida. Verdadeiramente, toda a vida tinha sido para ele uma preparação para a morte, e agora que ela lhe estava próxima não havia nada para mudar. Martinho não mudou nada, mas concentrou toda energia na vontade de permanecer fiel até o fim, enquanto as forças físicas o estavam abandonando.

Martinho tinha ido deitar, quando a febre o colheu, na habitual cama de tábuas, com a rústica túnica leve de saco. A autoridade do prior o obrigou a passar para uma cama verdadeira e a mudar a túnica leve por uma camisa de tecido. Martinho obedeceu, dócil como uma criança. Mas logo depois, a camisa que lhe devia dar alívio se tornou tal tormento que ele suplicou ao superior que o deixasse vestir de novo a túnica leve.[6]

Conseguido esse favor, Martinho não pediu outro alívio físico. A febre o consumia, as variações repentinas da temperatura minavam a resistência do organismo. Todos os membros lhe doíam e a cabeça parecia explodir. Martinho, sem qualquer lamento, abandonava seu corpo ao flagelo da doença para que continuasse – agora que a fraqueza lhe impedia de fazer por si – a uni-lo na dor à paixão de Jesus.

O seu aspecto era o de sempre: sereno e calmo. Mas o sorriso acendia nos seus olhos uma luz mais suave e profunda. Sentia-se a presença de alguma coisa grandiosa e sagrada naquele pobre corpo consumado pela dor e pelo sofrimento, alguma coisa que fazia daquele leito de moribundo um centro vivo de atração.

Sempre havia alguém perto do leito de Martinho: os coirmãos sentiam o quanto aquelas horas eram preciosas, e estavam lá para colher as últimas palavras e os últimos exemplos daquela vida santa.

---

[6] Ibid., p. 129.

Também Martinho sentia a preciosidade do tempo que já se precipitava na eternidade.

Agora que o aproximar-se do fim marcava um limite para a ansiedade do desejo, como lhe parecia pequena toda a sua vida! Como lhe pareciam breves aqueles sessenta anos, vistos de relance! E as obras que os haviam preenchido não eram então muitas, agora que se podia passar um traço e somá-las. Por isso, aproveitava a presença dos coirmãos para reparar naquilo que lhe parecia uma falta. Acusava-se de ter perdido o tempo da sua vida, de ter sido descuidado no serviço de Deus, e a todos pedia que o perdoassem pelos maus exemplos e rezassem a Deus por ele. E eles, entre a admiração pela humildade tão grande e o conhecimento que tinham das suas virtudes heroicas, entre a lembrança do bem recebido e a dor pela perda iminente, cheios de compaixão pelos sofrimentos de quem sempre tivera para todos um coração de pai, não conseguiam conter o pranto.

"Por que está chorando, meu anjo?" – perguntou Martinho dois ou três dias antes de morrer a Frei Antonio Gutierrez, que tinha sido designado para ser seu enfermeiro. O estar já quase fora de todas as formalidades deste mundo lhe dava direito de tratar com aquela familiaridade simples.

Gutierrez custou para encontrar a resposta entre as lágrimas que lhe enchiam continuamente os olhos.

"Choro porque vossa reverência" – e a fórmula de respeito lhe vinha espontânea do coração – "me disse que está morrendo, e que é vontade de Deus que morra dessa doença; porque morre, por isso choro, porque o senhor é meu pai e todo o meu bem!"

Martinho olhou para ele com um olhar cheio de afeto. Depois lhe disse em tom muito sério e muito suave: "Não chore, irmão, porque talvez eu seja mais útil lá que aqui".[7]

---

[7] Ibid. (V), pp. 116-117.

A esperança viva na misericórdia divina e nos méritos da paixão o fazia falar assim: embora a sua vida lhe parecesse um nada, não lhe podia faltar a confiança na bondade do Salvador que o levaria consigo para o céu.

Entretanto, a notícia da doença tinha se espalhado na cidade, e seus amigos de fora, não menos angustiados que os religiosos, vinham ao convento para ver Martinho, para lhe pedir ainda um conselho. Era a véspera da morte, mas quem não o conhecia poderia acreditar que estava são, vendo-o sentar-se tranquilo no leito, sem um lamento, sem outra preocupação senão a de exortar para o bem.[8]

Mas para aqueles que o conheciam, ver Martinho parado no leito era um sinal certo de que não havia mais vida nele.

Um dos mais assíduos visitadores era Francisco Ortiz. Toda vez que entrava no quarto, Martinho lhe dizia que o recomendasse a Deus, e ele o fazia com muito prazer. Uma noite, na qual não se decidia voltar para casa e os padres que assistiam o doente insistiam para que fosse repousar, Francisco pensou: Poderia também ser a última noite, por isso quero saudá-lo bem.

E voltando-se para o leito onde Martinho estava deitado sobre um lado, com o olhar para a parede oposta, aproximou-se dele e lhe deu um beijo no pescoço. Martinho lhe respondeu levando o braço para trás e apertando-lhe a cabeça contra a sua, com tanta energia e tão longamente, que Francisco se viu todo ardente e molhado de suor. Ao mesmo tempo, sentiu um perfume que nunca tinha sentido, alguma coisa mais suave que a mais suave flor.[9]

Mas a notícia tinha chegado também aos ouvidos do inimigo de todo bem, que quis fazer uma última prova, para

---

[8] Ibid. (LXII), p. 116.
[9] Ibid. (XI), p. 116.

ver se conseguia vencer, nos últimos dias, quem o havia derrotado por sessenta anos. Também ele se aproximou, invisível, naquele leito e ficou pensando por que parte era mais conveniente atacar a posição. Era preciso alguma coisa grandiosa, contra uma fortaleza tão bem defendida, uma arma experimentada e garantida. Lúcifer não encontrou nada melhor que o seu velho cavalo de batalha, e começou a agitar diante da mente do moribundo fantasma de soberba. "Você venceu" – dizia-lhe – "você já colocou debaixo dos pés todos os obstáculos: você é santo! Pode deixar de bater no peito: tome uma atitude mais de triunfador".

Martinho logo entendeu a voz falsa do pai de toda mentira, e lhe respondeu redobrando os atos de humildade. Mas o inimigo insistia – a aposta era muito grande –apontando todos os seus esforços como uma cabeça de aríete naquele único ponto: se lá fizesse uma brecha, todo o resto ruiria. Insistia com a monotonia da gota d'água sobre a pedra, do malho sobre o ferro. Esperava que, no fim, Martinho cedesse pelo cansaço.

A angústia da luta aparecia no rosto de Martinho. Os irmãos seguiam com a alma em suspense e rezavam. Alguém disse de repente: "Frei Martinho, não entre em discussão com o demônio, que é capaz de fazer parecer branco o que é negro e negro o que é branco, à força de sofismas e enganos". Martinho abriu os olhos e reencontrou aquele seu sorriso um pouco malicioso para responder ao padre que lhe tinha falado: "Não tenha medo, porque o demônio gasta os seus sofismas com alguém que não é mestre em teologia: é muito soberbo para fazer uso deles contra um pobre mulato!".[10]

Desorientado pela ironia, Satanás dando-se por vencido novamente, deixou o terreno para alguém muito maior que ele.

---

[10] KEARNS, J. C. *The Life of Blessed Martin de Lima*, cit., p. 152.

Chegou ao convento o vice-rei que queria saudar o seu amigo e conselheiro. Os religiosos o acompanharam à cela e se aproximaram da porta para anunciar a tal visita, mas não obtiveram resposta: Martinho estava absorto em êxtase. O vice-rei, como era um homem muito gentil, não quis que insistissem, e ficou fora do quarto por um bom quarto de hora, falando com os superiores e os outros religiosos sobre as virtudes do seu caro Frei Martinho.

Quando terminou o êxtase, o conde de Chinchón entrou e se ajoelhou perto do leito e, tomando a mão de Martinho, beijou-a e pediu-lhe que impetrasse de Deus a bênção sobre aquelas terras das quais era chefe. E Martinho, como bravo educador que sempre tinha sido, respondeu que rezaria com muito prazer por ele e pelo Estado quando chegasse à presença do rei eterno, mas que para obter a bênção divina o vice-rei precisaria oferecer orações e boas obras.

Depois, o visitante ilustre deixou o convento e, quando os frades o acompanharam à porta com todas as honras, o Padre Saldaria voltou até Martinho e o repreendeu muito asperamente porque tinha feito o vice-rei esperar por tanto tempo fora da porta. Estranha repreensão, uma vez que o êxtase em que estava absorto tirava de Martinho a percepção daquilo que acontecia ao redor dele. Mas o Padre Saldaria sabia com quem estava lidando e onde queria chegar. Martinho, segundo o seu modo habitual, escutava a repreensão sem dizer nada. Então o prior lhe ordenou em nome da obediência que dissesse por que havia deixado que o vice-rei esperasse.

Havia, de um lado, um pequeno altar sobre o qual estava exposto o Santíssimo Sacramento para que estivesse pronto quando chegasse o momento de dar o viático ao moribundo. Martinho acenou com a mão para aquele lado e disse: "Estavam lá perto daquele altar a santíssima Virgem Maria, minha patrona e advogada, e o meu pai São Domingos com São Vicente Ferrer e muitos outros santos e anjos, e eu estava tão ocupado com essa santa visita que não me seria possível receber outras naquele momento".[11]

A morte já estava perto e Martinho sabia disso. Pediu, por isso, que lhe dessem os últimos sacramentos. Renovou ainda uma vez a confissão geral e pediu perdão dos seus maus exemplos, a todos juntos, como já tinha feito muitas vezes, desde quando caíra de cama, ora com um ora com outro. Depois recebeu o viático e a extrema-unção.

A luta continuava. Cada novo acesso da febre era precedido de arrepios que agitavam toda a sua pessoa, com uma angústia que o cobria de suor frio. Todos os membros estavam como penetrados por lâminas cortantes de dor. Mas nem mesmo então Martinho deu um só lamento.[12]

O inimigo ainda voltou. Apresentou-se sob formas estranhas e horríveis: uma vez que não tinha conseguido com a soberba, queria tentar dominar a alma de Martinho com o terror e desespero. E Martinho continuava a apertar o crucifixo e a fixar o olhar da alma nas suas chagas, fontes de misericórdia e de esperança.[13]

Estava, então, perto de Martinho o Padre Francisco de Paredes. Adivinhando a luta que se travava na alma do irmão, sugeriu-lhe invocar o santo pai Domingos. Martinho respondeu: é inútil pedir que ele venha: ele já está aqui com São Vicente Ferrer.[14]

O pai santo não poderia deixar sozinho um filho que por três quartos da sua vida tinha trabalhado com tanto amor

---

[11] *Ad novas* (VII), p. 119.
[12] *Ibid.* (XLIX), p. 119.
[13] *Positio*, p. 32.
[14] *Proceso de Beatificación de fray Martín de Lima*, p. 105, Patencia, 1960.

e tanta humildade na sua Ordem. A derrota do inimigo desta vez era definitiva.

Desde aquele momento, Martinho permaneceu imerso numa grande paz apesar da repetição dos ataques febris. O Padre Francisco o observava atentamente, porque cada ataque podia ser o último, e era preciso pensar em chamar a comunidade em tempo. Duas vezes se virou para dar o sinal, e duas vezes Martinho o deteve. Quando pela terceira vez perguntou se não era a hora de chamar os frades, Martinho consentiu com um sinal da cabeça.[15]

Com o barulho das "mesinhas" todos acorreram, de todo canto do grande convento, para a cela do irmão moribundo: padres anciãos e jovens estudantes, noviços e irmãos conversos ou donatos, toda a grande família do Santo Rosário se voltou para a cela onde Martinho agonizava, e enquanto os primeiros a chegar se aglomeravam ao redor do leito, muitos ficavam fora com os olhos fixos na porta e o coração em suspense. O Padre Saldaria recitava as orações dos agonizantes e os outros respondiam. Muitos choravam, ajoelhados ao redor do leito ou em pé, apinhados junto das paredes. Não havia, pode-se dizer, naquela pequena multidão, ninguém que não tivesse um motivo particular para lamentar a morte daquele irmão humilde, ninguém que não tivesse recebido dele um serviço, ou uma palavra de encorajamento ou um bom exemplo; sem dizer aqueles que tinham sido curados, ou aos quais Martinho havia salvado a vocação num momento de dúvida, aqueles que tinham experimentado como podem ser recebidos os favores em troca dos insultos, ou aqueles que tinham sido testemunhas das penitências ou dos êxtases ou dos milagres; ou ainda aqueles que se haviam confiado a ele como guia de perfeição espiritual.

---

[15] *Positio*, p. 32.

Martinho tinha os olhos fixos num padre ancião que, aos pés do leito, chorava como uma criança. João de Barbazán, que tinha ficado atrás da fila dos coirmãos, foi tomado por um grande desejo de ver o rosto do "juiz do seu coração" e insinuando-se devagarzinho ao longo da parede conseguiu chegar à cabeceira do leito. Vê-lo e começar a chorar foi a mesma coisa. Martinho já estava quase enrijecido, mas o grande desejo de encontrar uma última vez o seu olhar levou o Padre João a pedir uma coisa quase impossível. Martinho ouviu a sua oração e, reencontrando por um momento a possibilidade de mover o pescoço, voltou o rosto para ele e lhe sorriu. E o Padre João, tirando da manga um lenço limpo, enxugou o suor da agonia que banhava o rosto do moribundo. Aquele lenço ele o conservaria depois como um tesouro.[16]

 As orações dos agonizantes estavam terminadas; Martinho continuava a beijar amorosamente o crucifixo que ainda conseguia ter na mão. Depois o Padre Saldaria entoou o Credo. Todos os frades responderam em uníssono e o canto encheu a cela e se propagou fora. Cantavam aqueles que estavam ao redor do leito, moderando a voz para não encher de vibrações o espaço muito restrito; cantavam aqueles que estavam no corredor, a toda voz, e a melodia invadia os pátios, subia, na noite ainda nova, para as estrelas.

 Martinho escutava o abençoado coro dos irmãos. O timbre inconfundível daquelas vozes fundidas numa harmonia forte e sem aspereza, suave sem ser afetada, lhe despertava a lembrança dos momentos mais belos de toda a sua vida. Sempre aquele timbre, durante anos: chegava-lhe do coro com os salmos das matinas, um pouco enfraquecido pela distância, durante as vigílias noturnas; tinha-o sentido triunfar, cheio, nas missas cantadas das festas solenes, como

---

[16] Ibid., p. 33.

um eco do júbilo do seu coração na expectativa da comunhão eucarística; tinha acolhido a sua voz, toda noite nas Completas, na saudação à Rainha de Misericórdia.

Mas aquele canto do Credo... Não era aquele o seu canto triunfal, o poema do seu ideal, da alma de toda a sua vida? Sim, Martinho acreditara no Pai que está nos céus, acreditara que a sua paternidade divina acolheria o pequeno ser indesejado que ele tinha sido para o seu pai natural, e tinha se colocado nos seus braços onipotentes e amorosos. Confiava na bondade e na beleza de tudo o que tinha sido feito por ele: céu, terra e tudo aquilo que o universo compreende dentro dela, até o último entre os seres vivos. Acreditara na realidade do mundo invisível do espírito, e tendo intuído que esse mundo supera em variedade, beleza e perfeição o mundo visível, tinha-o preferido a todas as satisfações naturais que as criaturas aqui embaixo podem oferecer.

Confiava no Filho, luz e revelação da luz impenetrável do Pai; no Verbo que, sendo Vida e Verdade, se fez Caminho para nós. E tinha se colocado atrás dele seguindo pelo seu caminho, saboreando, assim, a doutrina do amor que resume toda a lei e tinha entendido a obra do Espírito de Amor na restauração do homem, de servo para livre. Tinha-se entregado àquele coração novo de Mãe que o mistério da encarnação lhe havia revelado: aquele templo puríssimo e santíssimo das núpcias do Filho Unigênito de Deus com a natureza humana – com toda a humanidade, sem exceção de raças e de cores, de lugares e de tempos – que, dele tomava, como esposa, com o seu nome, o título da sua nova nobreza: *ut filii Dei nominemur et simus* [Que possamos ser chamados seus filhos; e o somos] (1Jo 3,1).

O coro cantava agora com voz mais fraca e os frades estavam todos, de joelhos, adorando no coração o mistério enunciado pelas palavras: *Et homo factus est* [E se fez homem].

Martinho deixou cair o crucifixo sobre o peito e fechou os olhos como para dormir.[17]

A luz da fé não podia mais iluminar o seu olhar que já se distanciava feliz nos esplendores da Caridade eterna e incriada.

---

[17] *Ad novas* (VIIss), pp. 117-119; cf. Brev. Dom. Die V Novembris.

XVII.
VIGÍLIA NOTURNA

> Se entregares ao faminto o que mais gostarias de comer,
> matando a fome de um humilhado,
> então a tua luz brilhará nas trevas,
> o teu escuro será igual ao meio-dia.
>
> (Is 58,10)

Eram mais ou menos nove horas da noite do dia 3 de novembro de 1639 quando a alma de Martinho de Lima, sem nenhum sobressalto, sem nenhum gemido, se separava do corpo, que lhe tinha sido dócil e heroico instrumento de virtudes, e entrava no reino da alegria eterna.[1]

O canto morreu nos lábios dos frades. Tinham os olhos fixos naquele rosto, que, num instante, tinha mudado as contrações involuntárias da dor numa expressão de paz, uma paz que se comunicava suavemente a todo coração e acalmava o pranto.

Houve um instante de silêncio, enquanto Dom Feliciano de Vega traçava sobre o amigo o sinal da cruz. Depois o Padre Saldaria começou as orações para logo depois que a alma deixa o corpo. Convidava todos os santos do céu e todos os anjos do Senhor para virem ao encontro da alma de Martinho, para acompanhá-la e apresentá-la ao trono do Altíssimo.

Os frades respondiam, seguindo com o pensamento o seu irmão naquela grande viagem. E quando recitaram o salmo "In exitu Israel de Aegypto", pensaram que era mais para se alegrar que para chorar, uma vez que Martinho deixava o exílio e, passado o mar a pé enxuto, aportava na praia da Pátria.

---

[1] *Ad novas* (VII e XXII), p. 118, e (XLIX), p. 119.

O canto morreu nos lábios dos frades.

Quando terminaram o último "oremos", Dom Feliciano quis dizer uma palavra de conforto para a comunidade, mas a emoção lhe apertava a garganta. Tudo o que conseguiu dizer foi: "Irmãos, aprendamos de Frei Martinho como se morre; porque esta é a lição mais importante e a mais difícil".

Depois saiu para voltar ao seu palácio, e também o prior e o convento deixaram a cela, onde permaneceram somente três ou quatro religiosos que tinham a tarefa de lavar e vestir o cadáver.[2]

O médico do vice-rei, dom Baldassare Carrasco de Orozco, que assistira Martinho nos últimos dias da doença – mais como amigo do que como médico, porque logo precisou se convencer de que não havia nada a fazer – e que estava presente na hora da morte, constatou a morte acontecida. Este nobre senhor morava diante da torre do campanário da igreja do Santo Rosário, e muitas vezes, despertando antes da aurora, tinha ouvido da sua casa os golpes que, naquela hora, Martinho dava em si mesmo ou se fazia dar no subterrâneo da torre.[3]

Também para os religiosos, que se preparavam para vestir o corpo de Martinho, as suas penitências não eram um mistério. Mas, quando tiraram a túnica leve de saco e o silício gasto pelo uso – a grossa corrente de ferro fechada em torno da cintura, a qual Martinho não pôde deixar de usar nem mesmo durante a última doença –, ficaram atônitos e comovidos vendo quantas cicatrizes e chagas vivas ainda marcavam aquele corpo. Era realmente de causar assombro que uma criatura humana pudesse ter vivido e trabalhado da manhã à noite naquelas condições!

---

[2] *Vita*..., cit., p. 169.
[3] *Ad novas* (XL), pp. 30 e 34.

Procurando entre as poucas coisas do irmão os objetos necessários para vesti-lo, caiu nas mãos dos enfermeiros o hábito novo que, poucas semanas antes, tinha sido para eles motivo de surpresa; e o Padre Barbazán recordou então e repetiu aos outros as palavras que Martinho lhe dissera naquele dia: "com este hábito deverão me sepultar".[4]

Vestiram-no, portanto, com aquela túnica nova e se dispunham a levá-lo para a igreja, quando gritos agudos vindos da enfermaria fizeram que eles fossem para aquele lado.

O doente que se lamentava tanto era o Padre João de Vargas, e gritava daquela maneira somente porque não conseguia deixar de fazê-lo. Há alguns dias ataques periódicos de dores agudas o prendiam ao leito e naquele momento estava sob um daqueles ataques.

Os frades vindos do quarto de Martinho lhe disseram: "Invoque Martinho de Lima, aquele cuja perda todos nós sentimos com muita dor!".

Logo depois que o Padre João invocou aquele nome, as dores se acalmaram de uma vez para sempre, e, depois de um bom sono, sentiu-se curado.[5]

Martinho não tinha, portanto, deixado os seus!

Consolados por esse pensamento, os religiosos tomaram o corpo e o levaram para a igreja. Enfeitaram-no e o puseram com amoroso cuidado sobre aquele catafalco onde tantas vezes Martinho tinha-se deitado para um breve sono, e acenderam as velas aos lados. Na pequena esfera de luz que a chama das velas trazia da escuridão em que afundavam os pilares e os arcos das naves, os frades velavam e rezavam. Ou, talvez, simplesmente meditassem. Relembrados à luz daquelas velas fúnebres, muitos fatos da vida do humilde

---

[4] *Positio*, p. 34.
[5] Ibid., pp. 34-35.

irmão adquiriam um relevo novo. E se João de Barbazán, recordando tudo aquilo que Martinho soubera fazer no convento e fora, ia repetindo com profunda tristeza: "Aquele vazio nunca será preenchido" – outros talvez pensassem que numa vida como aquela a morte não podia escrever a palavra "fim". Deus revelaria ao mundo a virtude daquele seu servo tão humilde e tão bom.

Tomado por esses pensamentos, o Padre Cipriano de Medina se aproximou do féretro e tocou o corpo. Ficou muito surpreso e contrariado por encontrá-lo já frio e rígido. Mas não se deixou destruir por aquele contratempo, e lá, diante dos padres mais respeitáveis do convento, que faziam a guarda de honra, protestou em alta voz, quase repreendendo o seu santo amigo: "Como? Tão frio e rígido? Não sabe, irmão, que logo ao raiar do dia toda a cidade virá para vê-lo e para louvar a Deus em você? Peça, portanto, a Deus que torne flexível o seu corpo, e esteja certo de que por isso lhe daremos graças infinitas!".

Do alto de sua beatitude Martinho sorriu, sem dúvida, com a veemência do amigo, e rezou ao Senhor para lhe dar essa alegria, uma vez que parecia ser muito importante. Poucos minutos mais tarde o corpo se tornava flexível, enquanto o rosto, perdendo toda a rigidez, retomava a sua expressão natural.

Feliz por ter recebido, com o atendimento da sua oração, uma confirmação da fama de santo que o seu coração atribuía a Martinho, e pela esperança de vê-lo glorificado publicamente, o Padre Cipriano levantou o corpo para sentá-lo sobre o catafalco e o colocou numa posição que o fazia parecer vivo.[6]

---

[6] Ibid., p. 26.

Entretanto, apesar de ser ainda noite, a notícia da morte de Martinho tinha-se espalhado fora do convento. Não eram ainda quatro horas da manhã e o povo já começava a se reunir fora da igreja e a se comprimir contra as portas. Quando o sacristão a abriu, uma verdadeira multidão afluiu, invadiu as naves, se apertou atrás do cordão que os frades faziam em torno do féretro. Os primeiros que chegaram olhavam, assombrados por encontrar Martinho morto tão igual ao Martinho vivo que tinham conhecido. Parecia adormecido. Mas o que causava mais maravilha e prendia lá as pessoas como encantadas era a fragrância que emanava do corpo – um perfume estranho e indefinível, como uma mistura de flores, mas suavemente perfumadas –, uma fragrância que penetrava a alma de um sentimento de alegria, enquanto invadia toda a igreja e superava o odor da multidão.

As pessoas, de fato, continuavam a chegar, ondas e mais ondas: uma maré impressionante. Caminhavam com os olhos fixos no ponto para onde todos convergiam, levados pelo desejo de ver melhor, de tocar aquele que ninguém duvidava em chamar o corpo de um santo, atraídos pelo seu perfume.

Enquanto duraram o ofício e a missa, o povo respeitou o espaço livre em torno do qual tinham tomado lugar as autoridades que, sem que fosse mandado nenhum convite, tinham vindo espontaneamente prestar aquela homenagem ao frade que tinha trabalhado tanto por todos os cidadãos de Lima, grandes e pequenos.

Mas, quando todas as funções terminaram, a multidão invadiu aquele espaço e se atirou sobre o féretro, e foi um só elevar-se de mãos para o morto, mãos que traziam rosários e outros objetos de devoção, mãos que se esforçavam por tocar os membros aparentemente ainda vivos, e não se resignavam em voltar vazias, mas procuravam levar alguma coisa que tivesse estado em contato com o frade santo, que pudesse ser considerada uma recordação dele, uma relíquia.

Martinho precisou ser revestido mais de uma vez, porque as pessoas tinham rasgado todo o seu hábito, apesar da defesa que se esforçavam por fazer aqueles que tinham sido colocados como guarda. Não só o povinho ignorante se mostrava ávido de relíquias: com o mesmo cuidado que o padre mestre João de Barbazán teve no conservar sempre cuidadosamente como grande tesouro o lencinho que lhe servira para enxugar o suor da agonia no rosto de Martinho, também Dom Pedro de Ortega, bispo eleito de Cuzco e professor na Régia Universidade de Lima, guardava um lencinho com o qual na mesma noite tinha realizado o mesmo ato piedoso.[7]

Depois, na multidão, começou a se formar um movimento de refluxo: aqueles que eram empurrados pelos que chegavam depois, aos poucos se decidiam a se encaminhar para a saída, e uma vez fora estimulavam outros a entrar.

Então, a corrente que percorria a nave central começou se mover mais lentamente, com mais dificuldade: não eram indivíduos que procuravam caminhar, cada um por si, mas pequenos grupos de pessoas que levavam doentes e inválidos, esforçando-se para defendê-los do aperto. Estes, depois de terem tocado o corpo de Frei Martinho, se tornavam capazes de voltar para casa com as próprias pernas.

Foi assim até à noite. Quando escureceu, os frades se reuniram em conselho, e estando todos de acordo em se considerar felizes por ter conseguido salvar o corpo do seu santo coirmão dos assaltos de todo aquele povo, decidiram sepultá-lo imediatamente.

Formou-se então o cortejo, e um grande cordão de religiosos e de amigos do convento o protegeu da pressão da

---

[7] Ibid., p. 33.

multidão. Levavam o caixão quatro dos mais queridos amigos de Martinho: o vice-rei e o arcebispo do México; Dom Pedro Ortega, bispo de Cuzco, e Dom João Penafiel, ouvidor do tribunal real. O cabido da catedral, muitos superiores de conventos, dignitários leigos, oficiais militares, o acompanhavam. E quem oficiava era o Padre Gaspar Saldana, que não cederia a ninguém o privilégio, ao qual lhe dava direito o cargo de prior, de pronunciar as últimas orações sobre o túmulo daquele caríssimo entre os seus filhos.

O cortejo desfilou sob as arcadas e desceu para a cripta que está ao lado da sala do capítulo, onde eram sepultados os religiosos. Mas não pareceu conveniente depor os despojos de um homem tão superior ao comum dos homens no espaço destinado aos irmãos conversos, e preferiu-se sepultá-lo entre os sacerdotes, num lóculo novo, perto daquele onde repousava outro leigo que pela sua vida santa tinha sido julgado digno dessa distinção: Frei Miguel de São Domingos.

E quando o túmulo foi fechado e cada um foi para casa, Dom Feliciano de Vega expressava o seu pensamento sobre os acontecimentos das últimas vinte e quatro horas dizendo: "Sim, assim são honrados os santos".[8]

---

[8] Ibid., pp. 32 e 36.

XVIII.
VIDA NOVA

> O Senhor te guiará todos os dias
> e vai satisfazer tua fome, até no meio do deserto.
> Ele dará a teu corpo nova vida
> e serás um jardim bem irrigado,
> mina de água que nunca para de correr.
>
> (Is 58,11)

Martinho não ficou por muito tempo na sepultura nova, ao lado de Frei Miguel.

Se o seu corpo estava escondido ao olhar dos irmãos, o seu espírito continuava a viver no meio deles. Como antes, Martinho velava sobre os seus e estava pronto para socorrê--los, a qualquer momento, para qualquer necessidade.

O primeiro a experimentá-lo foi o Padre João de Vargas, e o experimentara no mesmo momento em que a alma de Martinho, abandonando o corpo, entrava na glória do céu.

Dois dias depois, Frei Antonio Gutierrez, o enfermeiro de Martinho durante a sua última doença, adoecia da mesma febre que tinha levado o santo ao túmulo. "Se Martinho morrer" – tinha-lhe dito o padre mestre, mandando-o prestar aquela assistência –, "tome a cruz de madeira preta que traz no peito e conserve-a com muita reverência".

Frei Antonio obedeceu prontamente, e ainda mais: sem esperar que a morte ocorresse, aproveitando um momento em que Martinho estava dormindo, tinha cortado o cordão do qual a cruzinha pendia no pescoço e se apossara dela. Mas bastou aquele pequeno toque para acordar Martinho, e Frei

Antonio, flagrado com o "piedoso furto" entre as mãos, vermelho de vergonha, se desculpara dizendo: "Vossa reverência me disse que vai morrer, e eu para ter uma recordação sua lhe tirei a cruz". Martinho deixara que ele o fizesse e, sem qualquer palavra, havia fechado os olhos.

Frei Antonio, depois, teria um bom trabalho para defender o seu tesouro de quem queria tomar-lho, e nisto deu prova de tenacidade e habilidade pouco comuns, quando se pensa que entre os aspirantes à posse da pequena cruz estava até o prior do convento, Padre Gaspar de Saldanha. Alguns anos depois, em viagem, percebendo que não estava mais com a cruzinha de Frei Martinho, o Padre Antonio Gutiérrez escreveria aos coirmãos do Santo Rosário para pedir-lhes que procurassem na sua cela se, por acaso, a cruzinha tinha ficado lá. E não podendo encontrá-la, nem por meio dos coirmãos, nem procurando ele mesmo no seu retorno a Lima, Frei Antonio não teve paz até que, passando novamente pelo mesmo campo diante da igreja de Nossa Senhora de Guadalupe, onde mais de seis meses antes havia dado pela falta da cruzinha, ele a viu improvisamente, no sulco cavado na estrada pelas rodas dos carros e pelos cascos das mulas que, quase sem interrupção, a percorriam carregados de provisões para a cidade vizinha.

No momento, Frei Antonio tinha passado um cordão no furo da cruzinha, e a pendurara no pescoço, como Frei Martinho fazia antes dele.

Depois lhe vieram as febres, tão violentas e tão malignas que em pouco tempo o haviam reduzido a condições extremas. No sexto dia, o médico tinha dito. "Não há nada mais a fazer senão dar-lhe os sacramentos". Mas não se podia administrar os sacramentos para Frei Antonio enquanto o delírio o fazia como louco, e isso entristecia os seus coirmãos mais ainda que vê-lo morrer aos vinte e três anos. Entretanto, haviam preparado um pequeno altar, perto da cama, e nele tinham colocado o santíssimo Sacramento. Desceu a noite. O doente tinha-se acalmado um pouco, parecia dormir. De repente, abriu os olhos e disse: "Fiquem tranquilos porque desta vez não vou morrer!". "Está bem, mas como você fez para saber?" – disseram os enfermeiros, só para responder de alguma forma. Sabiam muito bem que estava delirando.

"Frei Martinho esteve aqui, perto de minha cama, e me disse" – respondeu Frei Antonio. – "Entrou no quarto junto com a Virgem Maria e com o nosso pai São Domingos e com Santa Catarina virgem e mártir. Os outros pararam perto do altar, mas ele veio até perto de mim e me disse: 'Esta visita vai fazer você sarar'."

Depois, fechou novamente os olhos e dormiu tranquilo até o outro dia. De manhã, pediu que lhe levassem a refeição porque já estava curado.[1]

Entre o fim de 1642 e o princípio de 1643, o Padre Cipriano Medina voltava da Espanha, onde tinha tratado como "definidor" os negócios da sua província. Logo que colocou o pé no convento, apanhou uma doença que lhe causava dores agudas nos braços e nas pernas, "de modo que lhe parecia que o picassem com agulhas". Dormir, com aquele tormento, nem pensar. E não conseguindo nem engolir sequer um bocado de alimento, depois de três ou quatro dias, Frei Cipriano estava em condições realmente graves. Fez-se uma consulta. Vieram os mais cotados médicos de Lima e, como não conseguiram chegar a um acordo sobre os cuidados a aconselhar, foram pelo menos unânimes em declarar que a doença era mortal. E com essa sentença foram em paz.

Os coirmãos do Padre Medina, ao contrário, não se conformaram. Frei Cipriano era um religioso muito bom e

---

[1] *Processo* 1660 (VIII), cc. 85-86 e (LX), cc. 470-472; *Processo* 1678 (V), 1.1, cc. 544-546.

muito bravo para que pudessem se resignar a perdê-lo assim, de repente. Lembraram-se do quanto Martinho o queria bem, e lhe sugeriram que se recomendasse a ele. O Padre Gaspar de Saldanha foi mais além: mandou-lhe o terço que Martinho costumava trazer no pescoço.

Frei Cipriano seguiu o conselho e com muito respeito e satisfação pegou o terço do seu amigo e o colocou no pescoço. Mas, pelas nove da noite teve tal crise de dores que não podia deixar de gritar forte enquanto se contorcia por causa do espasmo. Diversos religiosos, ao redor do seu leito, procuravam inutilmente proporcionar-lhe algum alívio, até que, num determinado momento, Frei Cipriano viu um irmão leigo que estava aos pés do leito, tranquilo em meio a tamanha agitação. Tinha as mãos unidas nas mangas do hábito e a cabeça um pouco inclinada para a frente: o seu aspecto habitual e o seu sorriso!

Frei Cipriano não teve dúvidas em reconhecê-lo, como não teve dúvidas em lhe falar, com a mesma brusca franqueza com a qual o tinha repreendido por não cuidar dele, da outra vez que estivera gravemente doente, e por ter enrijecido os membros na noite da sua morte: "Frei Martinho, onde foi parar o seu amor? Esqueceu-se de mim? Agora que você desfruta de Deus, na glória, cuida somente da sua felicidade e me deixa padecer sem me dar uma ajuda? Você sabe muito bem que já disseram que não chegarei até amanhã cedo".

Martinho, sem se descompor, olhou Cipriano, fixo, nos olhos. Depois sorriu novamente, só abanando a cabeça:

"Você não vai morrer desta doença."

Os enfermeiros, vendo que o Padre Cipriano falava sozinho, pensaram que a dor lhe tivesse subido à cabeça. Mas logo o viram se acalmar, fechar os olhos e adormecer.

Às seis da manhã, os médicos chegaram e ficaram surpresos ao encontrá-lo, em vez de morto como esperavam, muito melhor, para não dizer curado. Tiraram-lhe um pouco de sangue – justamente para deixar parecer que também eles tinham feito alguma coisa; depois, não houve necessidade de outros cuidados para que o Padre Medina pudesse se levantar da cama, livre e são, com admiração de todos do convento, os quais não se deixaram impressionar pela intervenção médica de última hora, reconhecendo na cura a obra do seu santo Frei Martinho. E, por isso, agradeciam a Deus e a ele. Frei Cipriano, naturalmente, relatou como Martinho lhe tinha aparecido no mais agudo da crise, e como no mesmo instante lhe deu alívio dos sofrimentos ininterruptos de muitos dias.[2]

Outra cura em condições muito diferentes dessa de Cipriano de Medina foi a de Nicola de Guadalupe. Nicola, por quatro meses, fora atormentado por lumbago. Também ele, por causa da dor contínua, "de nenhuma forma podia repousar, nem dormir de dia nem de noite, e passava toda a noite sem poder pregar os olhos". Não sabendo mais o que fazer para sarar, numa noite, quando sofria mais que de costume, começou a invocar Martinho e a se recomendar a ele, recordando-lhe a antiga amizade. Logo que terminou a oração, foi colhido pelo sono e, de manhã, se viu são e salvo como se nunca tivesse sentido dores lombares. Isto aconteceu por volta de 1653, depois de quatorze anos da morte de Martinho.[3]

A notícia desses fatos, naturalmente, não ficava dentro dos muros do convento, mas se espalhava, para conforto dos habitantes de Lima, que viam com orgulho e com amor solidificar-se a fama daquele seu filho humilde e grande.

De resto, como durante a sua vida, também agora Martinho não se limitava a curar somente os enfermos do seu

---

[2] *Positio*, pp. 27-29; *Processo* 1660 (LXIII), c. 518.
[3] *Positio*, p. 12.

convento. Estava doente em Lima um menino de seis anos, Francisco Remígio de Ribera. Parecia que se encontrava no último estágio da doença: estava deitado em sua caminha, sem movimento e sem pulso, os olhos fechados como para não reabri-los nunca mais. À simples invocação do nome de Martinho, os pais viram aquele pequeno cadáver reviver e não foi preciso muito tempo para que a casa voltasse a se encher com os gritos e com os brinquedos do pequeno Francisco.[4]

Da mesma forma, Isabela Ortiz de Torres curava-se instantaneamente de uma nevralgia que a havia atormentado durante dias. "Pense em como você me ajudou quando estava aqui na terra" – lhe havia dito olhando afetuosamente uma imagem rústica que, com muita simplicidade, tentava reproduzir os traços de Martinho de Lima. "Deus escutou, então, as suas orações quando todos tinham perdido a esperança da minha vida: Não me abandone, agora que você está no céu, mas dê-me o alívio que lhe suplico"[5].

Para Dona Isabela d'Astorga, ao contrário, que sofria de febres violentas, foi levada e estendida na cama uma velha túnica de Martinho, e as febres retrocederam imediatamente.[6]

Esses e outros fatos miraculosos que contribuíam para manter viva a lembrança da santa vida de Martinho e a confiança no seu poder de intercessão diante de Deus, também levavam muitos fiéis à igreja do Santo Rosário, que era o lugar mais próximo da sepultura para onde os estranhos podiam se dirigir. A sepultura, realmente, era inacessível, porque estava dentro da clausura. Mas não seria sempre assim: o mesmo Martinho o havia predito. Estava conversando, um dia, com o amigo João de Figueroa, que lhe falava sobre um seu projeto: contribuir para a construção de uma capela na

---

[4] *Vita...*, cit., p. 185.
[5] KEARNS, J. C. *The Life of Blessed Martin de Lima*, cit., p. 159.
[6] Ibid.

igreja dos mercedários, e desta forma adquirir o direito de sepultar na mesma capela, para si e para os seus. Martinho aprovou e encorajou a boa vontade do seu amigo de contribuir com uma esmola tão generosa para a ornamentação da igreja dos mercedários. "Quanto à sepultura" – acrescentou –, "não se preocupe com ela, porque não será lá que vão sepultar você. Você e eu devemos ser sepultados aqui. E indicava o pavimento do quarto, que era a rouparia da enfermaria".

Quando os dominicanos começaram a se preocupar em satisfazer o desejo dos devotos, de poder visitar a sepultura do seu santo irmão, o lugar mais apropriado para transferir o corpo pareceu ser a rouparia onde Martinho tinha trabalhado tanto, e curado tantos doentes, e aconselhado muitos que o tinham tomado por guia nas coisas do espírito.

O quarto se prestava muito bem para ser transformado em capela e a despesa seria relativamente modesta. Naturalmente, quando o Padre Gaspar de Saldanha tentou inserir aquela modesta quantia no orçamento do convento, percebeu-se logo que não teriam os recursos suficientes, e pensou: "Aqui precisamos de um benfeitor". Revistou, em sua mente, aqueles que tinham sido os amigos mais queridos de Martinho e lhe pareceu ver uma multidão a perder de vista e sem nome sobre a qual se destacava claramente uma única figura, a de João de Figueroa.

Sem perder tempo, com o seu belo projeto debaixo do braço, o Padre Saldanha foi procurar Figueroa propondo-lhe contribuir para as despesas e adquirir assim, para si e para os seus, o direito de sepultura na cripta que seria feita sob o piso da futura capela. Gaspar de Saldanha não sabia nada sobre a predição feita por Martinho, mas João de Figueroa recordou-se dela imediatamente e acolheu com entusiasmo a proposta. Pôs mãos à obra e logo a capela ficou pronta.[7]

---

[7] *Processo* 1660 (I), cc. 21-23 e (LXIII), cc. 516-517.

A exumação e reconhecimento do corpo de Martinho foram feitos em março de 1664, vinte e quatro anos e quatro meses depois da morte.

Já era tarde da noite, para evitar toda publicidade, o Padre João de Barbazán Lazcano, vigário-geral para a província dominicana de S. João Batista do Peru, e o Padre Francisco de Oviedo, vigário *in capite* da comunidade do Santo Rosário, e três irmãos leigos se reuniram na sala do capítulo. Os três irmãos leigos eram: Bartolomeu del Rosário, Tomás Marin e Laureano de los Santos.

Frei Tomás, que era o sacristão auxiliar do convento, pediu ao provincial que lhe concedesse a honra de desenterrar os ossos e, tendo-a conseguido, começou a escavar. Precisou trabalhar duro por um bom tempo, porque a sepultura era profunda. Mas, finalmente, o corpo aflorou, ainda quase intacto, com os ossos ainda revestidos dos tecidos musculares e conservados juntos pelos seus ligamentos. Vendo-o tão inteiro, Frei Tomás acreditou que podia levantá-lo nos braços como se levantaria o corpo de uma pessoa viva, mas, ao tomá-lo nas mãos, os ossos se soltaram revelando o frescor dos tecidos que os recobriam.

Entretanto, logo que aquele corpo bendito apareceu, um perfume muito suave, como de pétalas de rosa, invadia a sala do capítulo, enquanto uma imensa alegria enchia os corações. Da mesma forma, ao descobrir o humilde sepulcro em que o pai São Domingos quisera que o seu corpo fosse sepultado "debaixo dos pés dos seus frades", o beato Jordão e os que estavam com ele tiveram a impressão de abrir, não uma tumba, mas uma caixinha de essências preciosas e perfumadas. Mais uma vez foi concedido a Martinho mostrar-se *genuinum Patris sui Dominici filium*.[8]

---

[8] Assim o card. Vidoni definia São Martinho no relatório sobre o processo diocesano para a primeira Congregação preparatória de 21 de julho de 1668; cf. *Positio*, p. 7.

Visto que o corpo não resistia aos seus modos muito apressados do primeiro momento, Frei Tomás o tirou com muito cuidado da sepultura, e o Padre Oviedo o recompôs sobre o féretro com amor e grande respeito. Tocando e retocando os membros do corpo de Martinho, as mãos do Padre Francisco ficaram impregnadas daquele delicioso perfume de pétalas de rosa dissecadas, e o conservaram também depois que ele as lavou várias vezes, tanto que no dia seguinte os frades que não puderam estar presentes à exumação iam aspirar aquele perfume em suas mãos.

Frei Tomás Marin, depois que tirou o crânio fora da sepultura, tinha nas mãos um pequeno torrão de terra que antes devia ter aderido àquela parte do corpo. Tentou quebrá-lo com os dedos, e viu sair dele sangue vivo.

Na manhã seguinte, os frades se preparavam para fazer as exéquias e a transladação, de forma privada. O Padre Barbarán não queria absolutamente chamar a atenção e tinha tomado providências rigorosas para que tudo fosse feito tranquilamente, sem alarde: não tinha feito convites, ao contrário, tinha proibido dar aos estranhos a notícia de quanto estava para ser feito. Mas, como tinha acontecido no dia seguinte da morte de Martinho, logo que amanheceu, o povo começou a encher igreja, desde a comunidade até autoridades, como o vice-rei.

Terminadas as exéquias, todos os "grandes" de Lima começaram a disputar a honra de levar o caixão que continha relíquias tão preciosas. O excelentíssimo Conde de Santo Estêvão, vice-rei, assumiu sem mais entre os carregadores o lugar que mais lhe agradou, sem temer os rivais. Mas os outros começaram a avaliar os títulos – de nobreza, de cargo, de anos – que pudessem fazê-los participantes daquele glorioso trabalho ou, pelo menos, que os aproximassem o mais possível da caixa da qual emanava tamanha suavidade.

Quando o cortejo se movimentou, os religiosos que o Padre Oviedo havia colocado para servir de cordão não foram suficientes para conter o ímpeto de todos os que queriam, a todo custo, tocar o féretro com terços ou outros objetos de devoção. Vagarosamente, a procissão foi abrindo espaço por entre a multidão e chegou à capela. E mesmo quando o ataúde foi fechado na cripta e uma pedra lacrou sua abertura, o perfume de rosas despetaladas permaneceu no ar, enquanto sentimentos de alegria e grande confiança na santidade de Martinho pacificavam os corações.[9]

"Nenhum ato de culto pode ser prestado a Frei Martinho, pois a igreja ainda não se pronunciou em relação à sua vida" – advertiam os frades, mas o povo continuava a se ajoelhar sobre aquela pedra sepulcral e a invocar Martinho como eram invocados os santos.

Depois, aos poucos, a multidão se dispersou: o Excelentíssimo vice-rei e o chefe da Justiça e Regimento da cidade de Lima, os senhores do Régio Tribunal e o cabido da catedral, os nobres cavaleiros e os religiosos de várias Ordens, um depois do outro, saíram. Também os irmãos de Martinho, os dominicanos do Santo Rosário, cansados daquele dia de muito trabalho, se retiraram para as suas celas, e a capelinha ficou vazia.

Martinho, porém, não ficou sozinho. Estava com ele na capela o companheiro inseparável de toda a sua vida: um grande crucifixo que da parede atrás do altar olhava para a pedra que fechava a sepultura. Era como se pensasse no momento mais oportuno para retirar aquela pedra e mostrar no humilde frade que tinha acreditado nele o cumprimento da sua palavra: "Quem crê em mim, ainda que tenha morrido, viverá" (Jo 11,25).

---

[9] *Positio*, pp. 19-22.

XIX.
TRÊS SÉCULOS

> ... como está escrito:
> "o que Deus preparou para os que o amam
> é algo que os olhos jamais viram,
> nem os ouvidos ouviram,
> nem coração algum jamais pressentiu".
>
> (1Cor 2,9)

"Assim são honrados os santos" – havia dito Dom Feliciano de Vega, arcebispo de Cidade do México, na noite do dia 4 de novembro de 1639, depois que, com a participação de todas as autoridades civis, o corpo de Martinho de Lima tinha sido solenemente transferido da igreja do Santo Rosário para a cripta sepulcral embaixo da sala do capítulo.

Em março de 1664, quando o caixão era removido da sepultura primitiva e sepultado na capelinha do Santo Crucifixo, ex-rouparia da enfermaria, os vinte e quatro anos passados não tinham servido senão para confirmar na população de Lima a convicção de que Martinho era digno do nome e do culto de santo.

A transladação, aliás, tinha sido como um sopro de vento sobre a brasa ardente para reavivar a devoção e a confiança nele, tanto mais que na abertura da velha sepultura tinham aflorado novos milagres: até a terra do sepulcro realizava prodígios.

Um dos muitos que experimentaram sua virtude foi certo João Criollo, um negro. Havia algum tempo tinha uma febre insistente e não conseguia se livrar dela. Tinha tomado muitos remédios, mas a febre não diminuía. Apesar de os médicos não o terem dito claramente, João Criollo sentia um medo louco de terminar tísico. Mas, um dia, veio procurá-lo Frei Laureano dei Santi, num dia de março de 1664.

"Como está?" – perguntou Frei Laureano.

"Como quer que eu esteja...? Tenho febre sempre: vou acabar mal!"

"Escute bem" – disse Frei Laureano –, "eu lhe trouxe um remédio daqueles bons: um pouco de terra da sepultura de Frei Martinho de Lima. Justamente ontem o transportamos do velho sepulcro para a sepultura nova, e eu ajudei a tirá-lo, e um pouco da sua carne bendita ficou-me presa nos dedos, com um perfume que não sei lhe descrever. Tome esta terra com um pouco de água, e peça a Martinho que lhe obtenha de Deus a saúde, se for bom para você".

João gostou do conselho. Tomou a mistura, recomendando-se a Martinho da melhor maneira que soube, e logo a sua temperatura voltou ao normal. O médico o conservou ainda alguns dias em observação, depois lhe disse que podia se levantar e se considerar curado.[1]

Se os santos pudessem ser proclamados tais por um voto plebiscitário, não se deve duvidar que Martinho teria conseguido esse título no dia seguinte a sua morte. Dom Feliciano, chamando-o santo, tinha expressado, com a sua opinião, a opinião de todos. Mas a voz do povo, embora soe em lábios tão respeitáveis, não é suficiente para dizer a última palavra em fato de santidade, é preciso a voz oficial da igreja. Por isso, os coirmãos de Martinho e os seus concidadãos se preocuparam em solicitar o parecer da Igreja.

---

[1] *Processo* 1664 (VII), c. 69 e (XI), cc. 81-82.

A Ordem Dominicana não demorou em reconhecer oficialmente as virtudes de Martinho: um solene elogio da sua vida e das suas obras era pronunciado no capítulo provincial acontecido, em Lima, em 1641, dois anos depois da sua morte. Notícias sobre sua vida se espalharam rapidamente na América Meridional e não tardaram em ultrapassar o oceano para chegar ao velho mundo: uma primeira biografia do frade de Lima vinha à luz em Valência, em 1647, outra em Roma, em 1658.

Mas quando se tratou de pedir à Santa Sé a introdução da causa, o mesmo soberano de Espanha, Filipe IV, por graça de Deus Rei de Castilha, de Leon, de Aragon, das duas Sicílias, de Jerusalém, de Portugal, de Navarra, de Granada e das Índias, pegou a pena para obter para o fradezinho mulato as honras dos altares. "Muy Santo Padre", escrevia o rei no dia 17 de dezembro de 1659, "escrevo ao meu embaixador, dom Luis de Gusman Ponce de Leon, que exponha a Vossa Santidade os motivos concorrentes a fim de que se digne mandar o 'rótulo' em relação à beatificação de Frei Martinho de Lima, da Ordem de São Domingos, em cuja vida virtuosa e exemplar, foi-me dito, se verificaram, junto com milagres extraordinários e espírito de profecia, outros fatos de grande relevo, e suplico a Vossa Santidade que dê crédito pleno a tudo o que ele vai propor a respeito disso, e que se digne providenciar sem demora tudo o que é preciso fazer, segundo o beneplácito que de Vossa Santidade ele receberá para isto".[2]

Um ano e meio depois, no dia 20 de junho de 1661, solicitado a fazê-lo pelo vice-rei do Peru, o soberano repetia ao Santo Padre as suas instâncias para conseguir o decreto de introdução da causa de beatificação do servo de Deus Frei

---

[2] *Positio*, p. 47.

Martinho de Lima, da província do Peru, alegando o grande conforto que traria aos fiéis daquela província a exaltação das suas virtudes. E nas mesmas datas e com o mesmo objeto o rei escrevia a dom Luis Ponce de León, ordenando-lhe que se ocupasse ativamente do assunto.[3]

O ano de 1660 tinha levado ao Santo Padre cartas e mais cartas – do arcebispo de Lima, do cabido da catedral, das Ordens religiosas que tinham convento em Lima, da Universidade de São Marcos – que pediam a instituição do processo apostólico para Martinho e teciam o elogio das suas virtudes extraordinárias, cada uma a seu modo, na variedade do estilo e da caligrafia.[4]

Entretanto, no mesmo ano de 1660, o arcebispo de Lima, Dom Pedro de Villagómez instaurava o processo ordinário sobre a santidade de vida, o exercício das virtudes, os milagres que se diziam realizados por Martinho de Lima. Depois de vinte anos da sua morte, havia ainda muitos dos que tinham vivido perto dele, que tinham colaborado nas suas obras de bem ou recebido os benefícios da sua caridade.

O primeiro que se apresentou foi João de Figueroa, o contribuinte generoso para as obras caritativas de Martinho e que, um dia, tinha ouvido predizer a pobreza e, num outro dia, o privilégio de repousar lado a lado com o seu santo amigo no sepulcro.

Depois, Cipriano de Medina, agora bispo e, então, noviço feio e de pequena estatura; depois, Gaspar de Saldanha, o prior que tinha obrigado Martinho a lhe revelar as suas penitências noturnas, e o havia visto expirar enquanto os frades cantavam o Credo; e Fernando de Aragonês, colega de Martinho na enfermaria; e Francisco Velasco Carabantes,

---

[3] Ibid., pp. 47-49.
[4] Ibid., pp. 53-69.

que devia a Martinho a vida e a perseverança na vocação; e Francisco della Torre, que havia dividido com ele o quarto e tinha assistido aos assaltos dos demônios; e o outro capitão, João de Guarnido, que conhecia cada canto do convento do Santo Rosário por ter sido nele educado; e João Vázquez que, depois de ter ouvido muitas vezes de Martinho que não contasse à direita e à esquerda aquilo que via estando perto dele, não conseguia entender como, agora que Martinho estava morto, precisasse fazer tudo ao contrário, e não sabia decidir-se se devia apresentar-se para dar o seu testemunho. Mas Martinho apareceu-lhe e, acompanhando-o familiarmente por um trecho da rua, o exortou a falar agora francamente.[5] E ainda muitos outros, religiosos e leigos, homens e mulheres, até Dona Catarina de Lima, mulher de Nicolau Beltran e filha da irmã de Martinho.

E quando o escrevente Francisco Blanco registrou o depoimento da sobrinha de Martinho de Lima, que foi a sexagésima quarta, levantou-se da sua mesa e pediu para ser substituído no ofício de escrevente, para poder depor também ele como testemunha. Tomou, portanto, o seu lugar o colega Inácio Pujadas, e Francisco Blanco deu o seu depoimento. Como não tinha conhecido Martinho em vida, expôs um fato que lhe acontecera alguns dias depois do início do processo.

Estava de passagem por Lima o arcebispo de Santa Fé, Frei João de Arguinao, dos Pregadores, e, por respeito à sua dignidade, o escrevente devia se dirigir a ele para receber o seu depoimento. Mas na véspera do dia fixado, no dia 27 de junho, Francisco Blanco se viu na impossibilidade de

---

[5] KEARNS, J. C. *The Life of Blessed Martin de Lima*, cit., pp. 177-180.

Elegi abiectus esse.

caminhar. Tempos antes havia enfiado um espinho num dedo do pé. Depois de extraí-lo formara-se uma ferida purulenta que, no entanto, depois de alguns dias estava curada. Até aqui, nada de grave. Francisco tinha continuado a ir para o seu trabalho duas vezes ao dia mancando num velho par de sapatos descosturados e apoiando-se na bengala. Mas, logo que a ferida cicatrizou, um segundo espinho veio se colocar no exato lugar do primeiro, causando uma infecção muito mais maligna, com um enorme inchaço do pé e da perna. Depois de ter tentado calçar todos os sapatos velhos que tinha no sótão, o escrevente precisou se resignar a ficar descalço e a permanecer em casa, saltitando da melhor forma que podia de um quarto a outro, como Saci-Pererê, com o pé sadio, porque não podia nem pensar em apoiar o pé doente no chão.

Era possível, naquelas condições, caminhar um longo trecho de rua entre a sua casa e a do arcebispo? E, por outro lado, o escrevente não podia pretender, nem fazer vir até sua casa um personagem de tamanha autoridade, nem fazer que adiasse a partida. Mas dever renunciar a um testemunho tão importante, quer porque Frei João tinha vivido no convento do Rosário quando lá estava Martinho, quer pela autoridade da qual estava revestido agora, lhe desagradava muito.

Então, Francisco Blanco se dirigiu a Martinho. Tinha ouvido o suficiente sobre ele para compreender que a pessoa que poderia ajudá-lo era exatamente ele. "Veja como estou" – disse-lhe na noite do dia 27 enquanto, cansado de saltitar de uma cadeira para outra, ia finalmente para a cama. – "Não consigo ficar em pé, e amanhã deverei ir do outro lado de Lima para ouvir o arcebispo. Você sabe quanto é importante para a sua causa esse testemunho. Peça, portanto, a Deus Nosso Senhor que, entre os muitos favores e graças que confia a você para tantas pessoas, lhe conceda também essa graça para mim, embora eu seja tão grande pecador".

Atirou-se debaixo das cobertas tomando cuidado para não ferir o pé doente, e logo adormeceu.

De manhã, acordava são, e para ir até ao arcebispo de Santa Fé não precisava mais de sapatos velhos.[6]

Assim, aos sessenta e quatro depoimentos registrados por Francisco Blanco, foram acrescentados dois: o seu e o de Dona Joana de Ortega, que lhe havia extraído do pé o primeiro espinho e o segundo. Foram, portanto, ao todo, sessenta e seis testemunhos, mas não sessenta e seis testemunhas. Alguns, de fato, haviam se apresentado uma segunda vez para completar o depoimento com a narração de fatos esquecidos na primeira.

Com o depoimento de Joana de Ortega, fechou-se, portanto, o primeiro interrogatório. Era o dia 12 de julho de 1660; o processo fora aberto no dia 16 de junho.

Mas, em dezembro de 1664, depois da transladação dos restos de Martinho, Francisco Blanco pegava novamente a pena para registrar os depoimentos de outras onze testemunhas, depoimentos que, na sua maioria, tinham por objeto a transladação, além da vida de Martinho, e graças conseguidas pela sua intercessão.

Aquele ano de 1664 via partir da sede apostólica novas petições para a introdução da causa de beatificação: do Rei Filipe IV, desde 30 de março e, no outono, do vice-rei, conde de S. Estêvão, que escrevendo no dia 17 de novembro tinha ainda nos olhos a visão da multidão que acorrera à igreja do Santo Rosário no dia da transladação; do arcebispo, Dom Pedro de Villagómez; do cabido metropolitano; da Universidade de São Marcos; das comunidades religiosas – Hospitalares, Agostinianos, Frades Menores, Mercedários, Dominicanos, Jesuítas – quase todas ainda inebriadas pela

---

[6] *Processo* 1660 (LXV), cc. 525-531.

suavidade daquele perfume de rosa que se havia espalhado das relíquias de Martinho.[7]

A graça era finalmente concedida quatro anos mais tarde depois de exame cuidadoso, por parte da Sagrada Congregação dos Ritos, dos atos do processo ordinário, do qual fazia relação o Card. Vidoni, na Congregação Ordinária do dia 21 de junho de 1668.[8]

No dia 10 de dezembro de 1668, o sumo pontífice Clemente IX assinava o decreto de introdução da causa de beatificação e canonização de Martinho de Lima.[9]

No ano seguinte, era nomeada a comissão encarregada de proceder ao Processo Apostólico e o famoso "rótulo" era expedido.

Mas, logo que saiu do porto de Gênova, foi a pique com o navio que o levava. No entanto, a caixa na qual estava fechado, foi resgatada intacta. Agora, as coisas deviam caminhar rapidamente; foram precisos, no entanto, outros nove anos para que o "rótulo" chegasse a Lima e os trabalhos fossem iniciados.[10]

Porém, quando finalmente chegou, no dia 26 de outubro de 1678, parecia que os de Lima que esperavam há tantos anos iam enlouquecer de alegria.

No dia 27 de outubro, quinta-feira, por ordem do "Il.mo e Rev.mo e Ex.mo Doutor Dom Melchior Lignán e Cisnero, nosso Senhor Arcebispo de Lima, do Conselho do Rei Nosso Senhor, vice-rei, Governador, e Capitão-Geral destes Reinos e Províncias do Peru, Terra firme e Chile, saiu do palácio arquiepiscopal o Doutor dom José de Lara Galan,

---

[7] *Positio*, pp. 50-71.
[8] Ibid., pp. 3ss.
[9] Ibid., p. 1.
[10] KEARNS, J. C. *The Life of Blessed Martin de Lima*, cit., p. 175.

acompanhado por mim, o presente escrivão público e apostólico, e por todos os outros ministros do tribunal eclesiástico, tanto sacerdotes como seculares, e pelo M. R. P. Mestre Frei Gaspar de Saldanha e Vigário Provincial desta Província de São João Batista do Peru da Ordem dos Pregadores, e pelos RR. PP. Mestres Apresentados e Pregadores Gerais da mesma, e por muitos religiosos sacerdotes, Coristas, Conversos e Donatos da mesma Ordem; e assim acompanhado por muitos sacerdotes seculares, cavaleiros cidadãos da citada cidade, e pela maioria do povo que na América comumente se chamam pardos (mulatos) vestidos todos de gala, manifestando uns e outros a alegria que tinham de ter chegado a ver o dia em que, por autoridade apostólica, se tratasse da beatificação e canonização do Ven. Servo de Deus Frei Martinho de Lima... e pelo referido palácio episcopal passaram diante do palácio real e de lá chegaram até atrás da casa do governo e regimento dessa referida cidade, e em toda parte dela havia um anunciador; e de lá foram por muitas outras ruas principais da mesma e nas esquinas das referidas ruas se encontrava um anunciador, precedendo o dito cortejo tímpanos e sons de cornetas, trombetas e outros instrumentos musicais de tal gênero, para que toda a citada cidade conhecesse as cartas apostólicas remissórias e compulsórias, para se colher informações com Autoridade Apostólica da vida, virtudes, morte e milagres do Ven. Servo de Deus Frei Martinho de Lima.

 O comparecimento nas ruas tanto de homens como de mulheres de todos os estados e condições de pessoas foi o maior que se viu nas funções que assisti, e que em meu tempo tenha havido na cidade, e muitas das ruas, por onde passou o cortejo, eram cobertas de ervas olorosas e de flores que manifestavam o júbilo e a alegria dos cidadãos da referida cidade, pelo sucesso que estavam presenciando; na noite daquele dia, a praça-forte da mesma esteve cheia de máquinas de fogo, fogos e luminárias por toda a cidade, que acompanhavam as torres das igrejas, palácio real e arquiepiscopal, e casas do governo eclesiástico e secular, e na torre da igreja de Nossa Senhora do Santo Rosário acompanhando a disposição da praça pública, havia os mesmos fogos, pólvoras e fogos de artifício, e outras disposições de luzes, tudo acompanhado com o som geral de sinos, que começou das doze do mesmo dia, e continuou até às nove da noite, na qual terminaram os fogos e a alegria".[11]

Depois, enquanto todos os outros, atordoados pela alegria e pelos foguetes, foram dormir, o bacharel Pedro dell'Arco, notário público apostólico, por ordem do arcebispo, estendia o verbal deste primeiro dia solene, para que dele permanecesse o testemunho, ou como ele dizia, "para que conste".

Na manhã seguinte, sexta-feira, 28 de outubro, festa dos santos apóstolos Simão e Judas, houve uma missa solene cantada na catedral, à qual assistiram o arcebispo-vice-rei com todas as autoridades, o corpo acadêmico da Universidade e os representantes das ordens religiosas e das ordens militares, e uma multidão interminável de homens e de mulheres de toda classe social. O Padre Gaspar de Saldanha fez a pregação, e "na hora do ofertório da referida missa solene" – escreve Pedro dell'Arco – "me deu o referido senhor Arcebispo e vice-rei dois maços de papel, um de maior volume que o outro, os quais, segundo parece, contêm as referidas cartas apostólicas, e tendo-as recebido e colocado sobre a minha cabeça, subiu ao púlpito da referida igreja e, feita a reverência ao Santíssimo Sacramento, ao referido Senhor vice-rei e aos senhores do real tribunal e governadores eclesiásticos, seculares e ao restante dos presentes, leu em voz alta e inteligível o sobrescrito do maço maior; e

---

[11] *Processo* 1678, t. I, cc. 9-11.

terminado este, leu da mesma forma o outro maço menor, deixando-os selados, e conservados na forma que o referido senhor arcebispo vice-rei entregou, e logo que desceu do púlpito os transferi, cumprindo a ordem de sua senhoria Il.ma ao padre apresentado, pregador-geral Frei Francisco dell'Arco, procurador desta causa, que os apresentou diante de sua senhoria Il.ma para referida função, e dou fé de tê-lo feito assim, e que ouvi muitas pessoas darem graças a Deus por ter chegado a ver um dia tão desejado, no qual se trata com autoridade apostólica a beatificação e canonização do referido Ven. Servo de Deus Frei Martinho de Lima por haverem tratado e comunicado com ele em sua vida, e outros por terem notícia da sua virtude heroica, vida louvável e milagres prodigiosos".[12]

É natural que o povo agradecesse a Deus por ter finalmente visto despontar o dia tão desejado. Mas não era senão um primeiro amanhecer. O dia claro em que o complexo mecanismo do processo trabalharia plenamente estava ainda distante.

Quando Pedro dell'Arco, descendo do púlpito, entregou os dois maços de papel a quem de direito, logo começaram a surgir dificuldades: um dos juízes designados tinha sido eleito para a sede episcopal de Tucumã e devia partir, um outro estava cego e surdo...

Antes de estabelecer se esses dois juízes deviam ou não recusar o cargo, antes de encontrar quem os substituísse e controlar os títulos de cada juiz, passaram-se quarenta dias. Somente no dia 6 de dezembro o famoso maço maior que continha o decreto de introdução da causa, na presença do arcebispo-vice-rei e de todas as autoridades, foi aberto e

---

[12] Ibid., cc. 11-12.

lido pelo habitual notário Pedro dell'Arco, "todo de verbo *ad verbum*, em alta voz inteligível, clara e distinta".[13]

Coisa estranha! As *litterae remissionales* atribuíam ao nascimento de Martinho o ano de 1589 e a cidade de Guamanga. O equívoco devia ser esclarecido antes da primeira audiência, pela primeira testemunha que se apresentasse, mas, para que começassem os interrogatórios, ainda deviam transcorrer dois meses e meio.

A primeira audiência aconteceu, portanto, no dia 20 de fevereiro de 1679, na capela da Adoração dos Magos, na catedral. O primeiro a se apresentar foi o padre mestre, Frei Antonio de Morales, dominicano, bispo eleito de Concepción no Chile. Embora tivesse quase setenta anos, o Padre Morales não poderia basear-se em lembranças pessoais para retificar a data de nascimento de Martinho, cujo centenário ocorria justamente naquele ano. O Padre Morales, ao contrário, tivera a sorte de colocar, dir-se-ia, por acaso, a mão no documento que encerrava todas as discussões, o registro dos batizados da igreja paroquial de São Sebastião, em Lima. De fato, ocorreram algumas discussões, e Frei Antonio, que tinha sido testemunha disto desde sua entrada na Ordem, tinha sempre ficado com aquela perplexidade. Martinho, então, estava na plena maturidade e tão estimado pelos coirmãos que mais de um o quereria como concidadão. Por isso, alguns diziam que era de Cuzco, outros, de Guamanga. Martinho não se preocupava com retificar: não valia nem a pena gastar uma palavra para questões tão insignificantes.

Frei Antonio viveu dez anos com Martinho no Santo Rosário, de 1623 a 1633, depois a obediência o mandou para outro lugar para pregar, ensinar, exercer cargos de responsabilidade. Mas, em 1661, estava de novo em Lima,

---

[13] Ibid., c. 84b.

encarregado pelo Mestre da Ordem de organizar as festas para a beatificação de Rosa de Santa Maria. Naquela ocasião, quis ver a "partida" do batismo da nova beata, e a encontrou sem dificuldade, percorrendo as páginas onde estavam registrados os batizados do ano de 1585. Depois, continuou a folhar o registro para trás, sem algum objetivo preciso, e, de repente, caiu-lhe sob os olhos o nome de Martinho de Lima! Nem os coirmãos de Cuzco, portanto, nem os de Guamanga poderiam, desde aquele momento, vangloriar-se como concidadãos de Martinho: Rosa de Lima tinha reivindicado aquela honra para si e para a sua cidade.[14]

Depois do Padre Morales, as testemunhas se sucederam, não com o ritmo acelerado do primeiro processo em que Francisco Blanco pudera registrar, todo dia, cinco ou seis testemunhos, mas lentamente, com intervalo até de duas ou três semanas, isto é, de tantos dias quantos fossem necessários para responder, quem tivesse assunto para isso, a todos os pontos do interrogatório, que eram mais de oitenta.

Não é, portanto, de se admirar que o processo, recolhendo cento e sessenta e quatro testemunhos, durasse quase oito anos. Foi concluído em 1686, e quando as atas, fechadas numa custódia preciosa, foram colocadas no altar-mor da catedral, cantou-se um solene *Te Deum* e o arcebispo pronunciou o panegírico de Martinho. Depois, a caixa dourada com as atas do processo foi levada triunfalmente para a igreja do Santo Rosário, enquanto a população dava, ainda uma vez, sinal do seu entusiasmo indo para as ruas e invadindo a igreja. Depois foi carregada a bordo de um navio que rumava para o velho mundo. Mas esse navio, assim como aquele que havia zarpado de Gênova com o "rótulo", foi a pique e o resultado do trabalho paciente e minucioso de oito anos de interrogatórios ficou no fundo do mar.

---

[14] Ibid. (I), c. 220.

Felizmente, em Lima se conservava um segundo exemplar autêntico do processo, e o Papa Inocêncio XII autorizou a fazer dele uma cópia e mandá-la para a Sagrada Congregação dos Ritos. Essa segunda cópia chegou a Roma sem incidentes, mas foram precisos ainda uns três quartos de século antes que fosse aprovada a heroicidade das virtudes de Martinho de Lima. O papa Clemente XIII assinou esse decreto no dia 27 de fevereiro de 1763.[15]

Era um passo adiante, mas não era ainda tudo: era preciso que entre os muitos milagres realizados por Martinho depois da morte, dois fossem oficialmente reconhecidos pela autoridade pontifícia.

Os milagres escolhidos para a aprovação foram dois fatos realmente estrepitosos.

O primeiro aconteceu na pessoa de Elvira Moriano, de Lima. Elvira tinha colocado algum chá "no sereno", isto é, no frescor da noite, no parapeito da sua janela. De manhã, logo que acordou, foi para pegá-lo e tirá-lo de lá, mas a vasilha escapou da mão e, caindo, se quebrou, como era natural, porque era de barro. Mas um dos cacos lhe saltou num olho com tanta força que perfurou a córnea. Do furo saiu o cristalino com todos os "humores" e o globo ocular ficou murcho e vazio.

Elvira pensou que ia morrer pela dor e se pôs a gritar. Acorreram os vizinhos e chamaram um cirurgião: Pedro de Urdanibia, um dos mais competentes. Esse cirurgião, que tinha bom coração, sentiu uma grande compaixão por aquela pobre mulher: como fazer para lhe explicar como estavam as coisas?

"Há esperança de sarar?" – perguntava-lhe Elvira. O cirurgião tomou coragem: – "Somente em Deus há esperança,

---

[15] KEARNS, J. C. *The Life of Blessed Martin de Lima*, cit., pp. 180-182.

porque o olho ficou completamente vazio, e somente Deus pode recriar os órgãos do nosso corpo. Eu vou procurar fazer aquilo que posso para que o mal não se torne mais grave. Mas, se tem confiança em algum santo, recomende-se a ele com todo o coração". O cirurgião falara como um cavalheiro, e como cavalheiro aplicou no olho de Elvira aqueles pobres remédios que a arte lhe colocava nas mãos.

Entretanto, a notícia do infortúnio tinha se espalhado pela cidade e tinha chegado também ao convento do Santo Rosário onde Elvira tinha um filho noviço. O padre mestre, Jerônimo de Toledo, cheio de compaixão pela mãe do seu aluno, tomou uma relíquia, um pequeno fragmento dos ossos de Martinho de Lima e mandou a ela, explicando-lhe de quem era e exortando-a a aplicá-la com fé na parte atingida.

Elvira, quando recebeu a relíquia, se viu cheia de confiança. Tomou-a e a pôs sobre o globo vazio. Acalmou-se a dor que a atormentava e lhe veio uma suave sonolência. Dormiu até à manhã seguinte e logo que acordou tocou o olho ferido: a cavidade estava cheia. Pulou da cama e olhou-se no espelho: o olho estava curado e perfeito como se nunca tivesse sido ferido.

Os vizinhos ouviram gritar e acorreram, mas desta vez Elvira gritava porque estava quase louca de alegria. Veio também o cirurgião, e, como homem honesto que era, deu glória a Deus e aos seus santos.[16]

O outro milagre aconteceu assim: na casa de Dona Inês Vidal estavam fazendo uma limpeza muito cuidadosa. Para lustrar o pavimento da sala maior, os servidores tinham reunido no terraço todas as cadeiras, encostando-as no parapeito de ferro. Havia, entre os que estavam esfregando os tijolos, uma escrava negra que tinha um filhinho de dois anos

---

[16] *Vita...*, cit., pp. 190-192.

ou pouco mais. Não se sabe o nome da escrava, mas o seu filho se chamava Melquior Varanda.

Melquior, portanto, não tendo nada para fazer enquanto a mãe trabalhava, corria para cá e para lá sem que ninguém se preocupasse com ele. Num dado momento, chegou ao terraço e se viu diante da barreira das cadeiras. De repente, ficou contrariado; como faria para ver o que estava acontecendo na rua com aquela muralha? Mas, depois pensou que bastava subir nelas para ver até melhor. E escalando uma cadeira de braços, se posicionou em cima dela.

Melquior estava contente e feliz, pois se sentia grande como os adultos, podendo se pendurar no parapeito e saudar com a mãozinha todos aqueles que passam. Como era engraçado ver as coisas do alto para ele que estava habituado a ver sempre tudo de baixo. Melquior continua a se pendurar, a se alegrar com a sua conquista, até que se pendurou demais e acabou se precipitando na rua: um salto de seis metros. Naturalmente, a primeira a bater foi a cabeça. A mãe e os outros ouviram o tombo e correram para a rua: Melquior estava com o crânio quebrado, sangrava pelos olhos, pelas orelhas, pela boca e pelo nariz. Não era possível saber se ainda respirava, mas foi constatado que sim, ele estava, pois sua temperatura subiu loucamente e o braço esquerdo apresentava um movimento convulsivo.

O cirurgião chegou apressado, dom Pedro de Utrilia, e reconheceu sua impotência diante de uma situação tão desesperadora. Pôde somente dar um conselho: recomendar-se a Martinho de Lima! A pobre mãe não tem fôlego para dizer sequer uma palavra, mas está perto dela sua patroa, que a quer bem e está triste pela sua dor. Dona Inês vai pegar uma imagem do servo de Deus e a aplica na cabecinha ferida dizendo: "São Martinho! Santo da minha alma, meu amigo: cura este menino!".

Martinho sorriu no céu. Como ele gostava de ver a nobre senhora espanhola ter tanta pena de uma pobre escrava negra!

Três horas depois, o pequeno Melquior pulava da caminha onde o haviam colocado, são e esperto como antes da queda. E nem então nem nunca Melquior Varanda apresentou sinais ou consequências da fratura.

Quando dom Pedro de Utrilia voltou para visitá-lo, encontrou-o brincando e correndo para todo lado, travesso como toda criança da sua idade. E, saindo da casa de Dona Inês Vidal, foi relatar o fato prodigioso, avalizando-o com o testemunho da sua indiscutível competência.[17]

Os dois milagres foram aprovados pelo Sumo Pontífice Gregório XVI no dia 19 de março de 1836. Quatro meses depois, no dia 31 de julho, era sancionado o decreto do "Tuto", e finalmente, no dia 29 de outubro de 1837, nos esplendores da Basílica Vaticana, Martinho de Lima era solenemente elevado às honras dos altares, a uma semana do coirmão da sua Ordem e irmão da sua alma, João Masías.

Depois da feliz ancoragem nesse porto desejado, a causa do beato Martinho pareceu permanecer por tempo indefinido na região das grandes calmarias: décadas e mais décadas se passaram sem que fossem dados os passos necessários para chegar à canonização.

Somente em 1926, por pedido do então postulador da Ordem Dominicana, Padre Uingos G. Fanfani, op, e em vista de muitas petições de autoridades eclesiásticas e civis, o Santo Padre Pio XI formava a comissão para a retomada da causa.

---

[17] Ibid., pp. 192-194.

Dez anos mais tarde, o Mestre da Ordem dos Frades Pregadores, Padre Martinho Estanislau Gillet, numa carta circular para toda a Ordem, exortava a promover a devoção ao beato Martinho e a apressar, com as orações e com a coleta de testemunhos sobre milagres realizados por sua intercessão, o momento em que a sua canonização acrescentaria uma nova flor esplêndida à coroa do pai São Domingos.[18]

O convite do Mestre da Ordem encontrava ressonância especial entre os dominicanos da Província de São José (New York), que tomavam na mão o timão do movimento.

Há mais de meio século, Martinho vinha conquistando a alma dos norte-americanos. Quem o introduziu na República Estrelada foi um italiano, o Padre Felice Barotti, que, mandado em 1866 para evangelizar os negros da América Setentrional, erguia em Washington uma capela para nela recolher o seu pequeno rebanho, e a dedicava ao beato Martinho.

A semente lançada pelo Padre Barotti criava raiz e encontrava condições ótimas de desenvolvimento no final do século XIX, por iniciativa de Dom John E. Burke, o grande apóstolo dos negros.

Dom Burke, reconhecendo em Martinho um poderoso aliado da sua causa, se entusiasmava, propagador da devoção ao santo negro, ajudado pelas irmãs dominicanas de Sparkill, às quais tinha confiado, em 1886, uma escola para os negros, *St. Benedict's Home*. No periódico da escola, o *St. Benedict's Home Journal*, apareceram os primeiros artigos que apresentavam aos norte-americanos a vida e as virtudes de Martinho de Lima.

---

[18] KEARNS, J. C. *The Life of Blessed Martin de Lima*, cit., p. 209.

Aquele foi o ponto de partida de um movimento que devia adquirir importância nacional. Dom Burke o encaminhou numa dupla direção: propaganda e culto. Por isso, enquanto escrevia artigos para o jornal, compunha também uma oração ao beato Martinho para a qual obtinha do sumo pontífice Leão XIII a indulgência de cem dias.

Isto acontecia em 1894. Cinco anos antes, em 1889, publicava-se em New York a primeira biografia em língua inglesa, que não era senão uma tradução do italiano, com um prefácio do futuro Cardeal Vaughan.

Depois de retomada a causa, contribuíram para divulgar o conhecimento de Martinho de Lima as biografias escritas pelos padres McGlynn e Georges, e numerosos artigos no periódico dominicano *The Torch*, enquanto a *Blessed Martin's Guild* espalhava centenas de milhares de folhetos de orações e opúsculos de propaganda.

Contemporaneamente, as irmãs dominicanas de Union City, New Jersey, se faziam zeladoras da devoção ao beato Martinho com novenas e tríduos na sua "capela Azul". O resultado mais notável conseguido neste sentido foi a permissão dada pela Santa Sé para várias dioceses dos Estados Unidos de prestar culto público ao beato Martinho também fora das igrejas e capelas da Ordem Dominicana.[19]

Diante desses consoladores progressos no campo da devoção ao beato de Lima, era, no entanto, mais desconfortável o êxito de três processos apostólicos construídos na diocese de Cajamarca, no Peru (1928), em Detroit, nos Estados Unidos (1941) e no Transvaal (1948), sobre casos de curas prodigiosas, às quais não se pôde atribuir a qualificação de milagres.

---

[19] Ibid., p. 191.

Depois, de repente, como acontece para todas as coisas há muito esperadas, entre março e abril de 1962 se espalhou a notícia de que a canonização de Martinho de Lima já era coisa certa e próxima, porque dois, entre os muitos fatos extraordinários atribuídos à intercessão dele, tinham sido declarados pelos médicos superiores a qualquer recurso da natureza, e reconhecidos pela autoridade eclesiástica como milagres autênticos.

Do primeiro, já haviam passado quatorze anos. Tinha acontecido em Assunção, no Paraguai, onde Doroteia Caballero, viúva Escalante, vivia com desenvoltura os seus 87 anos, não tendo que lamentar nenhuma doença. Mas, no dia 8 de setembro de 1948, graves distúrbios vinham perturbar os seus dias. O diagnóstico médico de oclusão mecânica no intestino era confirmado por um exame radiológico. O único remédio seria uma intervenção cirúrgica, mas as condições gerais da paciente, tornadas mais críticas por um colapso cardíaco e pelo agravar-se progressivo do mal, excluíam a possibilidade de usar esse recurso. Depois de uma semana, a sua vida estava por um fio.

Mas, na noite do dia 14 de setembro, uma filha de Dona Doroteia que vivia em Buenos Aires, sabendo do grave perigo em que se encontrava sua mãe, começou, junto com algumas amigas, a rezar ao beato Martinho para que a curasse, e até a ressuscitasse se já estivesse morta. Durante a noite, não conseguindo dormir, voltou a rezar e logo que se fez dia partiu de avião para Assunção. Talvez ainda estivesse rezando enquanto, com o coração em suspense, entrava em casa da mãe e a encontrava completamente curada. A crise que havia improvisamente resolvido uma situação desesperadora coincidia exatamente com a hora da oração feita pela filha pouco antes do amanhecer, quando a ansiedade a havia impedido de dormir.

Doroteia Caballero viveu ainda alguns anos e passou em boa saúde a marca dos noventa, mas não a dos cem anos e, por isso, não teve a consolação de assistir, aqui na terra, à glorificação suprema do santo que a havia socorrido.

Essa alegria devia ser sentida pelo segundo miraculado, uma criança de quatro anos e meio que vivia em Santa Cruz de Tenerife, nas Ilhas Canárias.

Na noite do dia 25 de agosto de 1956, Antonio Cabrera Pérez passava perto de uma casa em construção, junto com outra criança que tinha na mão um pedacinho de sabão. Antonio tomou dele e o jogou no canteiro de obras. Depois se arrependeu da maldade que fizera ao companheiro, e quis recuperar o sabãozinho que tinha caído além de uma parede em construção. Então, começou a subir na parede para passar do outro lado, mas um bloco de cimento de uns trinta quilos se desprendeu e caiu-lhe em cima do pé esquerdo, esmagando-o.

Internado o mais depressa possível numa clínica, o menino, apesar de todos os procedimentos praticados, não demorou a chegar a uma situação gravíssima: o pé, sem circulação sanguínea, estava a ponto de gangrenar, e todo o organismo estava em estado de intoxicação.

Constatada a inutilidade dos remédios até então aplicados, os médicos da Clínica Santa Eulália de Tenerife chegaram a um acordo sobre a necessidade de amputar o membro para salvar a vida do menino. Mas, no mesmo dia, 10 de setembro, um amigo de família deu à mãe do menino uma imagem do beato Martinho de Lima com uma relíquia, aconselhando-a a pedir-lhe a cura.

A mulher se agarrou àquele fio de esperança, e, enquanto passava e repassava a imagem no pé acidentado, continuou a rezar até noite avançada junto do leito do seu pequeno Antonio, com o marido e com a superiora da clínica.

Naquela noite, a gravidade do mal atingiu o seu ápice. Mas aconteceu algo maravilhoso. Perceberam-no de manhã, quando viram que o pé, de azulado, estava se tornando rosado; de frio, voltava à temperatura normal. A circulação sanguínea havia prodigiosamente se restabelecido, e trazia novamente a vida onde estivera a morte.[20]

Esses dois casos de cura milagrosa foram discutidos e aprovados pelo Colégio Médico da Santa Congregação dos Ritos no dia 11 de janeiro de 1961 e no dia 18 de outubro do mesmo ano; passaram pelo crivo da reunião preparatória dos consultores teólogos no dia 13 de fevereiro de 1962; foram definitivamente aprovados na Congregação Geral no dia 20 de março, presidida pessoalmente pelo sumo pontífice João XXIII.

Nos primeiros dias de abril se soube que a canonização seria no dia 6 de maio, e foi logo um corre-corre febril para organizar peregrinações, para garantir um bom lugar, ou pelo menos algum lugar qualquer, em São Pedro. Nos escritórios do Vaticano, não havia, há anos, tamanha correria. Quanto às peregrinações, poder-se-ia perguntar o que teria acontecido se houvesse maior disponibilidade de tempo quando, num período tão curto, tantas foram organizadas, de toda parte do mundo.

Por isso, a Basílica Vaticana acolhia, na manhã do dia 6 de maio, uma das mais variadas e exuberantes multidões que as suas amplas naves podem acolher, uma multidão de mais de 40.000 pessoas. Homens de toda parte e de toda cor, costumes de vários povos e de toda condição social se encontravam ainda uma vez lado a lado sob a majestade das arcadas bramantescas, onde as mais estranhas aproximações não conseguem ser estridentes, porque na casa do Pai todos os homens se sentem, simplesmente, irmãos.

---

[20] *Canonizationis B. M. de P. Positio super Miraculis,* passim, Romae, 1962.

Diante dessa multidão, no silêncio ainda vibrante da polifonia do *Veni Creator*, a voz de João XXIII se elevava para proclamar a santidade de Martinho de Lima e as virtudes que lhe valeram a honra suprema. Ele unia a sua glorificação com o reconhecimento cinco vezes centenária da canonização de Catarina de Sena – cuja celebração tinha culminado, poucos dias antes, na inauguração de um monumento à grande dominicana, diante de São Pedro, sobre as espaldas do Castelo Sant'Ângelo –, e não tinha dúvida em aproximar a figura do humilde frade humano da figura excepcional da Santa de Sena.

Do alto do seu nicho, enfeitada festivamente por um cintilar de lampadários, São Domingos parecia escutar e consentir, enquanto os seus filhos, espalhados por todos os cantos da basílica e apinhados diante dele na tribuna da postulação, reencontravam ali a chave da identidade espiritual daqueles dois grandes, tão diferentes entre si em outros aspectos: a espiritualidade dominicana tornada alma das suas almas.

Escutavam a palavra do Santo Padre, compostos e respeitosos, na tribuna que está sob a estátua do patriarca dos Pregadores, os membros do corpo diplomático, indiferentes ao vaivém dos jornalistas e fotógrafos, atrás e em cima deles. E ao redor do trono papal, nos paramentos cintilantes de ouro, e em dupla fila ao longo do corredor da abside, no esplendor da púrpura, escutavam trinta e oito cardeais. E das tribunas enfeitadas às colunas centrais, das laterais e da nave central, a atenção da multidão compacta e multicolorida se concentrava naquela voz, naquele latim sereno e luminoso como a cúpula de Michelangelo, que proclamava a mensagem tão esperada.

Depois da missa, a missa solene papal com as cerimônias características das canonizações, o canto da epístola e do Evangelho em latim e em grego, que atesta a unidade da igreja na multiplicidade dos ritos; a procissão das ofertas

– velas e flores, pão e vinho, e gaiolas de passarinhos barulhentos – aberta pelas mais altas autoridades da Ordem de São Domingos e fechada por dois jovens dominicanos de cor, comovidos por subir os degraus do trono papal; os sons agudos das trombetas de prata e o cortejo de saída, com o papa que sorria e abençoava a todos.

Depois, a saída da multidão, da basílica para a praça, entre os braços acolhedores da colunata, com os olhares apontados para uma bem conhecida janela do palácio apostólico. Mas o Santo Padre encontraria ainda força, depois de uma cerimônia de quase quatro horas, para recitar o *Regina Coeli* com os seus filhos?

Sim, porque a alegria torna o cansaço mais leve: ao meio-dia, a janela se abria, e o olhar do pai se encontrava ainda com o olhar dos filhos, e a sua voz falava para aquela assembleia magnífica de povos diferentes, unidos na exaltação do frade humilde, falava de alegria e de festa. Que festa para o Peru, que via assim glorificado um dos seus filhos! Que festa para a Itália, que acolhia no seu solo tantos peregrinos vindos para honrar o novo santo! Mas o que são as festas da terra? Somente no céu poderemos compreender o pleno valor da santidade. Por isso, no céu... "que festa, meus filhos, que festa!".

E as estátuas dos santos na colunata pareciam lançar-se no azul quase para revelar os invisíveis coros dos espíritos celestes que se congratulavam no céu, enquanto na exultação da luz meridiana faziam coroa ao tapete que oscilava à brisa da janela central da Basílica Vaticana: o tapete da glória de São Martinho de Lima.

XX.
A MENSAGEM

> Então, qual novo amanhecer, vai brilhar a tua luz,
> e tuas feridas hão de sarar rapidamente.
> Teus atos de justiça irão à tua frente
> e a glória do Senhor te seguirá.
>
> (Is 58,8)

"O Reino de Deus é como quando alguém lança a semente na terra. Quer ele esteja dormindo ou acordado, de dia ou de noite, a semente germina e cresce, sem que ele saiba como. A terra produz o fruto por si mesma, primeiro aparecem as folhas, depois a espiga e, finalmente, os grãos que enchem a espiga. Ora, logo que o fruto está maduro, mete-se a foice, pois o tempo da colheita chegou" (Mc 4,26-29).

A carreira póstuma de São Martinho parece-nos extraordinariamente lenta, quando a comparamos com a de outros santos destes últimos anos, aos quais, no dia da canonização, puderam dirigir louvores e orações, da terra, os seus contemporâneos e até – caso talvez único, é verdade, o de Santa Maria Goretti – a própria mãe.

Para Martinho de Lima, ao contrário, longos intervalos de tempo distanciam umas das outras as várias etapas obrigatórias para chegar à honra dos altares.

Trinta anos se passaram desde a sua morte até a assinatura do decreto de introdução da causa; dez anos da assinatura do decreto à sua chegada a Lima e ao início efetivo do processo apostólico; oitenta e cinco anos do início do processo à proclamação da heroicidade das virtudes; setenta e quatro anos até à beatificação: dois séculos, tudo somado, da morte à beatificação.

E por noventa anos depois da beatificação, a Sagrada Congregação dos Ritos suspende toda atividade relativa à causa de Martinho de Lima, e mesmo quando a causa é retomada, em 1926, trinta e seis anos devem ainda passar para que se chegue à data da canonização, que ficou separada da data da morte do santo por um espaço de 323 anos!

Vem espontânea a pergunta sobre o porquê de tamanha lentidão. Nas obras de Deus, nada é feito por acaso, e se o divino semeador depois de ter deixado cair a semente no sulco "dorme de noite enquanto a semente germina", a noite do seu repouso pode ser mais ou menos longa, mas o seu surgir marcará a aurora do dia em que o fruto está pronto para ser colhido.

Certamente, o corpo de Martinho, deposto no sepulcro como a semente no sulco, não permanecia inerte. A mesma terra se tinha tornado, ao seu contato, agente restaurador e vivificante. Mas, sobretudo, o espírito de Martinho, permanecia vivo e operante entre os seus.

Ainda hoje, Martinho vive na sua terra. Tive a sensação precisa numa noite em que conheci uma velha senhora peruana. Com aquela graça um pouco forçada de quem deve se expressar numa língua que não é a sua, falava-me do seu país distante.

De repente, lhe perguntei: "Você já ouviu falar do beato Martinho de Lima?".

O seu rosto se iluminou: "Fray Martin...!".

Era como se tivesse nomeado a pessoa mais querida da família. Mas havia, ao mesmo tempo, no tom da sua voz um grande assombro: aquela era pergunta que se fizesse? Todos, no Peru, conheciam "Fray Martin". E continuou a falar dele não como se pode falar de quem pertence à história e só, mas como de uma pessoa com a qual se tem contatos cotidianos, afetuosos. Mas falou também de um motivo, entre os muitos, que tinha para lhe querer bem. Nada de estrepitoso, somente uma daquelas insignificâncias, daquelas atenções delicadas que se usam entre amigos. Tinha um sobrinho, aluno paraquedista. No dia em que devia fazer o primeiro salto no vazio, sentia-se um pouco emocionado. Se tivesse pelo menos consigo uma imagem sagrada! Mas já não podia mais procurá-la: o Fray Martin!

Abaixou os olhos, e encontrou o olhar cheio de doçura de uma pequena imagem do Sagrado Coração de Jesus, caída, quem sabe de onde, no chão da cabina. E com a imagem do Sagrado Coração saltou tranquilo e desceu ninado pela brisa, debaixo da cúpula leve do paraquedas, docemente, em terra.

Quem fosse consultar o arquivo da *Blessed Martin's Guild* em New York encontraria material abundante para traçar o perfil do Martinho mais moderno. Para essa associação – fundada em 1935 pelo Padre E. L. Hughes, op., à qual se compara a peruana Sociedad y Hermandad del Beato Martin de Lima, do Padre Iriarte, op. – convergem de toda parte dos Estados Unidos os atestados de graças atribuídas à intercessão do frade de Lima. De uma análise das cartas arquivadas resultaria a estupenda capacidade de Martinho de Lima em se adaptar à vida do nosso tempo, e o vê-lo exercer não somente a sua velha arte de médico de almas e de corpos, mas também as que em vida ele não poderia sequer imaginar possuir um dia – a arte de fazer funcionar aparelhos elétricos e aparelhos de rádio, ou de reabastecer, em pleno voo, aviões que queimaram toda a reserva de combustível; encontrar nele essas "habilidades" próprias da nossa vida moderna aumentariam a nossa confiança e a nossa simpatia.

Justamente, talvez, por essa sua santa desenvoltura no atualizar-se às exigências da vida de hoje, Martinho tenha conquistado para si a alma dos norte-americanos, e, sem renunciar a nenhum dos seus direitos de nativo da América Meridional, tornou-se cidadão estadunidense. Isto, no entanto, não é senão um aspecto, o mais popular, talvez, mas também o menos profundo, da figura de São Martinho. Sob uma luz bem diferente considerava a importância da sua causa o Mestre da Ordem quando, congratulando-se com o provincial de New York, M. R. P. Terêncio S. McDermott, pela atividade inteligente desenvolvida para promovê-la pelos dominicanos dos Estados Unidos, ele augurava que esforços tão generosos fossem coroados pela consolação de ver um tão digno filho de São Domingos inscrito no livro dos santos. "Aquele dia – escrevia o Padre Gillet no dia 11 de junho de 1936 – acrescentará novo esplendor à nossa Santa Ordem com a exaltação de um dentre os maiores dos seus filhos. Mas será também um dia de especial triunfo para toda a Igreja Católica, porque provará mais uma vez que a sua caridade indiscriminada transcende qualquer barreira de raça ou de classe...".[1]

Pacificador de diversas raças, com os braços abertos para abençoar o aperto de mão do branco e do negro: este é talvez o aspecto principal em que a figura de Martinho de Lima se apresenta para a alma dos norte-americanos.

Se conseguisse somente isto, ele já teria feito muito. Sabe-se que grande problema constitui para os Estados Unidos a presença de dezenove milhões de negros, e que campo vasto para os operários do Evangelho. De fato, enquanto essa multidão de indivíduos luta para se garantir direitos sociais iguais aos dos brancos, não se mostrou até agora muito sensível ao chamado da verdadeira fé: sequer

---

[1] KEARNS, J. C. *The Life of Blessed Martin de Lima*, cit., p. 190.

uma quinquagésima parte dos negros dos Estados Unidos pertence à Igreja Católica.

Martinho contribuirá para sanar o conflito: desmontará os preconceitos dos brancos, mostrando, com o exemplo da altíssima perfeição por ele conseguida, como é verdade que Deus não faz distinção entre raça e raça, entre povo e povo, mas convida para a dignidade da adoção divina na graça todos os homens de boa vontade; e indicará para os negros, na Igreja católica, depositária dos tesouros da redenção, a única instituição que em todo tempo reivindicou para a sua raça a verdadeira nobreza comum a todos os homens que possam chamar-se e ser filhos de Deus.

Os problemas raciais do novo mundo se dilatam hoje naqueles bem mais vastos do mundo antigo, onde muitas raças estão no trabalho de uma nova posição em que as colocou a independência conseguida nestes últimos anos, diante de questões e de responsabilidades totalmente novas.

Compreende-se, por isso, como o Card. Rugambwa, celebrando São Martinho de Lima no dia seguinte à canonização, pudesse dizer que "justamente por causa das necessidades particulares dos nossos tempos, nós agradecemos a Deus pela missão providencial de São Martinho, durante o período de sua vida, e também durante o século XX".

Já desde os tempos de Martinho – ele dizia –, quando as raças do Ocidente estavam penetrando nas Américas, e desde então durante os séculos que se seguiram, que foram os da penetração na África... era preciso recordar aos cristãos a grande verdade que Nosso Senhor tanto havia exaltado, a fraternidade dos homens sob a paternidade de Deus: "Eu vos dou um novo mandamento: amai-vos uns aos outros. Como eu vos amei, assim também vós deveis amar-vos uns aos outros" (Jo 13,34). Era preciso recordar aos cristãos que a lei fundamental do amor fraterno não pode tolerar nenhuma diferença entre os homens, sendo toda diferença desconhecida de Cristo, e, por isso, nenhuma diferença baseada na raça, na riqueza, na posição social...

Deus, na sua sabedoria e bondade, suscitou um homem que devia ser para a sua pátria e para a sua época, como para toda a cristandade dos séculos seguintes, um apóstolo dessa verdade justamente com a sua mesma vida...

Admiramos agora a obra de Deus no preparar o seu servo, eleito para essa tarefa. Martinho de Lima era de raça mista: espanhol por parte do pai e africano por parte da mãe. Assim ele era, na sua mesma pessoa, um anel de união entre as diversas raças.

Em Lima, havia claríssimas diferenças entre as pessoas das diversas raças, mas... "certamente, para Martinho todos eram irmãos".[2]

Sentir todo homem como irmão, não é esta a única solução de todo problema social e racial?

Por isso, desde o dia 10 de janeiro de 1945, acolhendo as súplicas do episcopado peruano, o Sumo Pontífice Pio XII proclamava Martinho de Lima patrono das obras de justiça social na República do Peru.[3]

Essa será, portanto, a missão de Martinho nos séculos: pacificar homens brancos e homens de outras raças, pacificar entre si homens de diversas classes sociais, mostrando com o seu exemplo como deve ser aplicada a lei da caridade.

Missão grande e necessária, porque em nenhum tempo como no nosso se falou tanto de justiça social, mas em nenhum outro tempo a incapacidade da sociedade para

---

[2] Discurso de S. E. o Card. L. Rugambwa, durante as celebrações em honra de São Martinho de Lima acontecidas na igreja dominicana de Santa Maria sopra Minerva, em Roma, nos dias seguintes à canonização. *Missioni Domenicane*, 1962, n. 4, pp. 2-3.

[3] *Acta Apostolícete Sedis*, Ser. II, vol. XV (1948), pp. 444-445. Cf. também VALDÊS, J. M. *Vida admirable del Bienaventurado Martín de Lima*, p. 379. ed. del 1945.

encontrar uma solução justa dos seus problemas apareceu com igual evidência. O remédio, muitas vezes, não cura o mal-estar material, e exaspera o mal-estar espiritual semeando o ódio.

Talvez isso aconteça porque quem quer que hoje se meta a tratar das questões sociais não pode ignorar – seja até para combatê-la – aquele especial colorido de ódio do qual as teorias marxistas as pintaram, e lhe é difícil permanecer totalmente isento de algum contágio.

Pode-se tomar posição contra certas ideias, e empregar para combatê-las os mesmos métodos de luta que são próprios daqueles que as professam. Assim, o ódio consegue se insinuar justamente no campo da caridade: a velha história da cizânia no meio do trigo.

"Os jovens" – escrevia Ugo Sciascia no trigésimo aniversário da morte de Pier Giorgio Frassati –, "digo os jovens católicos, vão perdendo o sentido da caridade. Estranho que o amadurecer da consciência social, tormentoso, desordenado e, no entanto, sublime trabalho do nosso tempo, aconteça quase incluindo no lamentado 'paternalismo' segundo a acepção marxista, até a 'caridade'. Enquanto o Oriente traz para a mente dos nossos jovens essa contribuição para a confusão das ideias, o Ocidente auxiliou em outro sentido: com o 'ai dos vencidos' aplicado aos derrotados da vida".

E sublinhava, por contraste, os caracteres da ação social em Pier Giorgio: "A sua base de partida é a vida sacramental. O primeiro enxerto fecundo está na exuberância de uma caridade tornada quase uma necessidade física.

Do plano caritativo, consequência e, ao mesmo tempo, alimento do plano espiritual, brota natural e legítima a atitude no plano social, por uma maior justiça, e no plano político...".[4]

---

[4] SCIASCIA, U. Pier Giorgio Frassati a trenfanni dália morte. In: Il *Quotidiano*, 3 luglio 1955.

É idêntica a gênese da ação social em Martinho de Lima: da vida sacramental à caridade, da caridade brota a ação.

Como se viu, Martinho foi um grande pioneiro e um organizador nesse campo. Não somente a originalidade e a vastidão das suas obras nos convida a olhar para ele como exemplo para quantos se dedicam a obras sociais: o que vale a pena tomar como modelo é o "modo" da sua ação.

"São poucos na terra aqueles que sabem amar como o Cristo...", escrevia o Padre Voillaume aos seus Pequenos Irmãos de Jesus, depois de ter meditado junto da urna do beato Martinho, posta, junto com a de Santa Rosa e do beato João, no altar dos santos peruanos na igreja do Santo Rosário em Lima. "Alguns pretenderão sabê-lo, mas o seu amor será frequentemente deformado por um início de ódio, por uma piedade insolente ou por uma falsa doçura que será uma evasão das exigências muito importunas da justiça". E augurava para aqueles que devem ser apóstolos dos índios, quase interpretando um desejo de Martinho de Lima, "não mais uma falsificação de amor, não mais uma piedade de homem forte, não mais um amor perturbado pela revolta ou por um princípio de ódio pelo opressor do pobre. Não, mas a força e a doçura de um amor que pode vir somente do coração do Cristo Jesus."

Martinho, portanto, agora que a autoridade da Igreja o elevou tão alto de modo a poder ser como um estandarte para toda a milícia de Cristo aqui embaixo, Martinho tem uma mensagem que a Providência reservou justamente para nós, homens do século XXI. E o que nos vai ensinar o pequeno frade mulato, senão a ter aquele amor "que pode vir somente do coração do Cristo Jesus"?[5]

---

[5] Voillaume, R. *Come loro*. Roma, 1953, p. 410.

Martinho não fará grandes discursos. Mas nos falará com o exemplo da sua vida. Nos tomará pela mão e nos conduzirá aos pés do seu grande Amigo, o Cristo crucificado, para fazer-nos compreender o que é e quanto pode a caridade.

Não nos dirá nada de novo: vai nos fazer recordar coisas velhas, mas tão simples que logo são esquecidas ou vividas como se tivessem sido esquecidas.

Há de nos recordar, antes de tudo, que a caridade é indispensável se somente queremos ser cristãos, porque é o único sinal de reconhecimento que o Senhor deixou como distintivos dos seus; nos dirá também que é o único meio eficaz para curar o mundo. É, de fato, o meio do qual se serviu o Senhor Jesus, que pôde dizer: "Eu venci o mundo".

Depois tornará evidente ao olho da nossa mente que caridade e ódio são incompatíveis, e que, por isso, não podemos nos iludir de continuar marcados pelo traço dos seguidores de Cristo se deixamos que o ódio, sob qualquer disfarce, se insinua na nossa alma, que é o santuário do amor divino.

E insistirá sobre o caráter da caridade autêntica que não consiste pura e simplesmente em dar. Poder-se-ia, de fato, não somente falar as línguas dos anjos e dos homens e não fazer outro som senão o do bronze ou do címbalo, mas também distribuir todo o patrimônio aos pobres sem entrar no banquete da caridade.

Tudo isso Martinho nos fará ver no Livro do qual ele mesmo aprendeu, conduzindo-nos aos pés do crucifixo que, elevando-o até ele no êxtase, lhe comunicava os segredos do seu coração.

Mas o Mestre, por sua vez, nos remeterá ao discípulo fiel que soube realizar em si com tanta perfeição o mandamento do amor. E nos dirá que façamos também como ele fez, que fazia o bem sem distinguir entre oprimidos e opressores, que retribuía as injúrias com benefícios, e não podia tolerar o pensamento – ele que acolhia todo insulto de muito boa mente – que o mais insolente dos seus próximos pudesse supor, nele, uma diminuição do amor e da benevolência.

E nos fará compreender que, se foi possível para Martinho de Lima, no século XVII, será possível também para nós no século XXI encontrar a chave de qualquer problema, social ou individual, na caridade perfeita, isto é, na caridade sobrenatural, que se torna princípio de ação depois de ter-se alimentado de contemplação.

Feliz, portanto, o dia que viu a suprema glorificação do santo da caridade. O divino semeador conservou cuidadosamente o fruto da planta germinada há mais de três séculos na terra do Peru, mas o vigário do Senhor da messe já abriu o celeiro, enquanto para todo o mundo devastado pelo ódio se abrem os sulcos ávidos da boa semente.

Se soubermos acolhê-lo "de coração bom e perfeito", livre de espinhos e de pedras, uma nova primavera revestirá o vale do nosso exílio, e os campos do Senhor serão cheios de trigo bom, fruto do grão que germina depois de uma longa inércia e ressurge para multiplicar-se: "primeiro as folhas, depois a espiga, depois o grão na espiga bem cheia".

REFERÊNCIAS BIBLIOGRÁFICAS

Documentos

Processus ordinaria auctoritate fabricatus super Sanctitate Vitae, Virtutibus heroicis et Miraculis. Ms. do arquivo da Ordem dos Frades Pregadores. Roma, S. Sabina, segn X. 2404 de 629 pp., com duas séries de numeração: ce. 1-542: Processo de 1660 (cit. *Processo* 1660); ce. 1-87: Processo de 1664 (cit. *Processo* 1664).

Positio super Dubio an constei de fama sanctitatis in genere, ita ut deveniendum sit ad Inquisitionem specialem. Romae, 1669. Arquivo da Postulação O. P. – M. 15. I (cit. *Positio*).

Beatificationis et Canonizationis Servi Dei Praths Martini de Lima, Laici Ordinis S. Dominici, Processus Limanus in specie, auctoritate Apostólica constructus (a. 1678-1712), 9 vol. mss. do Arquivo da Ordem dos Frades Pregadores. Roma, S. Sabina – X. 2406-14 (cit. *Processo* 1678).

Actus authentici, varia documenta foliaque adversaria de virtutibus, miraculis et cultu. Mss. et typ. Ed. Arquivo Post O. P. – X. 2405

Responsio ad Novas Animadversiones R. P. D. Fidei Promotoris super Dubio an constei de Virtutibus ecc. Romae, 1742. Arquivo Post. O. P. – M. 15. III (cit. *Ad novas*).

Novissimae animadversiones cum Responsionibus super Dubio an constei de Virtutibus ecc. Romae, 1762. Arquivo Post. O. P. – M. 15. IV (cit. *Novissimae*).

Proceso de Beatificación de fray Martin de Lima. Palencia, 1960.

Canonizationis Beati Martini de Lima. Positio super Miraculis. Romae, 1962.

Acta Capitulorum Generalium O. P. – vol. VII, VIII e IX.

Analecta S.O. FF. Praedicatorum. Vol. 17, pp. 651-653; Vol. 70, n. III.

Acta Gregori i XVI. Vol. 2, pp. 217-219. Romae, 1901.

Acta Apostolicae Sedis. Ser. II, vol. XV (1948); An. et Vol. LIV (Ser. III, Vol. IV, n. 6) 30 Maii 1962.

Biografias

A. DOMINICAN FATHER. *Blessed Martin Forres, O. P.* Dublin, 1930.

ANÔNIMO. *Compendio de la prodigiosa vida del Venerable Siervo de Dios Fr. Martin de Lima, Natural de Lima, Religioso Donado Profeso de la Orden de Predicadores, Sacado de los Autores los RR. PP. MM. Fray Hayme Baron y Fray Juan Meléndez de la misma Orden.* Barcelona, 1799.

ANÔNIMO. *Prodigiosa e ammirabile Vita del gran Servo di Dio Fr. Martino Porres, Terziario Professo dell'Ordine del glorioso Patriarca s. Domenico.* Palermo, 1696.

ANÔNIMO. *Vita del B. Martino de Lima, Terziario Professo dell'Ordine de'Predicatori nella Provincia di S. Giovanni Battista del Perú.* Roma, 1837.

BEDOYA VILLACORTA, Antolín. *Fray Martín de Lima y su apostolado hipocrático.* Lima, 1949.

_____. *Martin de Lima y los Congresos Panamericanos de Farmacia.* Lima, 1954.

_____. *Mosaicos históricos del Siervo de Dios fray Martín de Porres*. Lima, 1959.

CEPEDA, Felix A. *Vida del B. Fray Martin de Lima, sacada de "Flores de América"*. San Antonio, Texas, 1921.

DE MEDINA, Bernardo. *Vida prodigiosa del venerable siervo de Dios Fr. Martin de Porres*. Lima, 1673 – Madrid, 1675. Esta vida, a primeira biografía de S. Martinho, foi reproduzida pelos Bolandistas, Acta Sanctorum, 5 nov.

DE LIMA, Manuel. *Agiologio dominico*, t. IV. Lisboa, 1712, pp. 297-317.

DOHERTY, Eddie. *Martin*. New York, 1948.

_____. *Blessed Martin de Lima*. St. Paul, Minnesota, 1953.

FUMET, Stanislas. *Le Bienheureux Martin de Porrès, serviteur prodigieux des Frères Prêcheurs*. Paris, 1933.

GAFFNEY, Henry. *Blessed Martin Wonder-Worker*. Tralee (Ireland), 1949.

GAINOR, Leo C. Martin de Lima. *Versión española de fray Benigno de la Cruz*. Palencia, 1959.

GALDUF, Vicente. *El primer Santo negro. Martin de Lima*. Barcelona, 1961.

GARCIA FIGAR, Antonio. *Biografía breve del Beato Martin de Lima*. Madrid, 1952.

GEORGES, Norbert. *"Meet Brother Martin!"*. New York, 1935.

GRANGER, Arthur M. *Vie dy Bienheureux Martin de Lima*. St. Hyacinthe, P. Qué (Canadá), 1945.

GRILLET, Martino. *Il B. Martino de Lima, Confessore Domenicano*. Trad. It. de uma Religiosa dominicana do mosteiro de Bibbiena. Roma, 1940.

HERBERT, Lady. *The Life of Blessed Martin de Lima*. New York, 1889.

IRIARTE, Domingo. *Vida prodigiosa del gran Taumaturgo Peruano B. Martín de Porres*. Lima, 1926.

KEARNS, J. C. *The Life of Blessed Martín de Lima, saintly American Negro and Patron of Social Justice*. New York, 1937.

MÁRCHESE, Domenico María. *Sacro Diario Domenicano*, t. VI. Napoli, 1681, pp. 6-24.

MARTINDALE, C. C. *Blessed Martin de Lima. The Life of an American Negro*. St. Louis, 1924.

MELENDEZ, Juan. *Tesoros verdaderos de las Yndias en la Historia de la gran Provincia de san Juan Bautista del Perú de el Orden de Predicadores*, t. III. Roma, 1682, pp. 201-346.

MINGÓTE, Ángel A.; LAPAYESE, E.; SÁNCHEZ SILVA, J. M. *Fray Escoba*. Palencia, 1958.

OSENDE, Victorino. *Vida Sobrenatural del Beato Martín de Lima*. Lima, 1917.

PONSI, Domenico. *Ristretto della vita, virtù e miracoli del ven. Servo di Dio Fr. Martino Porres*. Roma, 1732.

QUETIF-ECHARD. *Scriptores O. P.*, t. II, p. 989.

ROMERO, Emilio. *El santo de la escoba*. Lima, 1959.

SANCHES-SILVA, José M. *San Martín de Lima*. Palencia, 1962.

SUÁREZ, Juan J. *El mulato de la escoba*. Buenos Aires, 1956[2].

TORNERO, José. *El Bienaventurado fr. Martín de Lima, Dominico Peruano, Apóstol de la Justicia Social*. Caracas, 1938.

VALDEZ, José Manuel. *Vida admirable del Bienaventurado Martín de Lima natural de Lima y Donado Profeso del Convento del Rosario del Orden de Predicadores de esta ciudad.* Lima, 1863; Lima, 1945[26].

VALDIZAN, Hermilio. *Martín de Lima Cirujano.* Roma.

VAN DE VYVERE, A. *De Gelukzalige Martinus de Lima. Vit, het fransch vertaald. Dominicaansch Missiewerk.* Groot Regijnhof, 52 – Sint Amandsberg.

VARGAS UGARTE, Tubén. *El Beato Martín de Lima.* Palencia, 1955.

VELASCO, Salvador de. *Fray Martin de Lima.* México, 1959.

VENTURA, Gioacchino. *I disegni della Divina Misericordia sopra le Anime riche.* Panegírico del Beato Martino recitato in occasione del Triduo per la Beatificazione nella chiesa di S. Maria Sopra Minerva. Roma, 1838.

WILMS, Hieronimus M. *Der Heilige der Neuen Welt, Bruder Martin von Porres O. P.* Köln, 1962.

WINDEATT, Mary Fabian. *El Chico de Lima.* Puerto Rico, 1944.

Impresso na gráfica da
Pia Sociedade Filhas de São Paulo
Via Raposo Tavares, km 19,145
05577-300 - São Paulo, SP - Brasil - 2013